JN241424

子どもの自殺問題の社会学

学校の「責任」は
いかに問われてきたのか

勁草書房

まえがき

自殺は，複雑な社会的事象である。

自殺は，辞書的には自分の命を意図的に断つ行為を指す言葉である。こうした辞書的定義にしたがうのであれば，自殺は明確に，行為者が能動的におこなう行為だということになるだろう。しかしその一方で，自殺はしばしば「追い込まれた末の死」として語られ，扱われる事象でもある。そのような時，自殺は，行為者が自らの意思のもとでおこなう能動的な行為として捉えられているとは言えないようにも思われる。つまり，自殺という行為には，それが能動的な行為として捉えられる場合と，そうでない場合があるということだ。自殺という行為それ自体が複雑な社会的事象だと言える理由のひとつは，ここにある。

そのうち後者のようなケース，すなわち，ある人の自殺が「追い込まれた末の死」として捉えられる場合にはほぼ必然的に，その自殺を引き起こした何らかの原因が想定されることになる。2022 年 10 月に閣議決定された「自殺総合対策大綱～誰も自殺に追い込まれることのない社会の実現を目指して～」においても，自殺は，「その多くが追い込まれた末の死」であり，「過労，生活困窮，育児や介護疲れ，いじめや孤独・孤立などの様々な社会的要因」によって引き起こされる事象として認識すべきことが指摘されている。ここで例示されている「いじめ」などの「社会的要因」は，それぞれが一般的に，自殺の原因として捉えうる事象だと言える。

では，ある特定の誰かの自殺に関して，その原因が明らかであるような場合に生起するのは，どのような実践だろうか。原因事象の種類によっても様々であることは言うまでもないが，原因が明らかである（と見なされている）多くの場合，そこで生起せざるをえないのは，まさにその原因事象を引き起こした誰かの責任を問う実践ではないだろうか。その実践の具体的なありようは個々の事例によっても異なりうるが，たとえば「過労」が原因であるならば当人をそこまで働かせた使用者・管理者の責任が問われうるし,「生活困窮」が原因であるならば適切な支援をおこなうことができなかった国や行政機関の責任が問われうる。「いじめ」が原因であるならば,「いじめ」をおこなった加害者ばかりか,加害者が子どもであるとすれば,その加害者の子どもを保護・教育する立場に置かれていた大人たちもまた責任を問われうる。このような意味で,自殺という出来事はしばしば,残された人びとの責任を問う／問われる実践を帰結する。

本書で目を向けるのもまさに,自殺という出来事が生じた後で生起することになる,責任を問う／責任が問われる実践である。なかでも特に,それが子どもの自殺である場合に生起しうる,学校の責任を問う／責任が問われる実践,その具体的なあり方に対して本書は関心を向ける。では,本書はそうした実践にどのような関心を向けようとするのか。また,そこで言う「責任」とは何であるのか。以下では,これらの2点について説明を加えることで,本書の背景にある問題関心を述べておきたい。

*

2024年10月31日,私はある裁判の判決を傍聴するために,東京高等裁判所を訪ねていた。その裁判は,2015年に茨城県取手市で発生した中学生の「いじめ自殺」事件に関するものだ。事件当時の担任教師は,いじめを助長したり自殺の引き金となる不適切な指導をしたりしたとして茨城県教育委員会から懲戒処分（停職）を受けていたが,その処分は不当・違法なものだとして,処分の取消を求める訴訟を起こしていた。この日は,その訴訟の第二審判決の日であった。

判決は,原告となった当該教師の主張を認める内容であった。すなわち,茨城県教育委員会が下した懲戒処分は不当で,取り消さなければならないという裁判所の判断が提示されたのである。その後,茨城県教育委員会が上告を断念したことで,この第二審判決が確定した。

この日,私が東京高等裁判所を訪ねたのは,率直に言えば,原告側を応援したい気持ちがあったからである。私の目にも,当該教師に対する懲戒処分は不当なものに映っていた。だから,どうか裁判を通じて,その不当な処分が取り消されるべきであると私は考えていた。

私がそのように考えていたのは，茨城県教育委員会が懲戒処分の理由として挙げた「事実」があまりにも杜撰に認定された「事実」であり，根拠を欠いたものであった（と私が考えた）からだ。杜撰に認定された「事実」にもとづいて，停職という決して軽くない懲戒処分がおこなわれることはおかしいし，それこそ不適切だと私は思っていた。そして実際，訴訟においては，茨城県教育委員会が懲戒処分の理由として挙げた種々の「事実」の確からしさが問い直されるかたちになったのである。

さて，ここで考えたいのは，私たちが信じる「事実」とは何かという問題である。私たちが誰かを非難したり，誰かの責任を追及しようとする時には，必ず何かしらの「事実」が前提とされることになるが，そこで前提とされる「事実」がどの程度確からしいものであるか，どのように認定された「事実」であるのかといった問題は，しばしば見過ごされてしまう。だが，特定の人や組織に対する非難・責任追及がおこなわれている時，そこで前提とされている「事実」がどのような過程を経て「つくられた」ものであるのかという点にも十分に反省的でなければ，（判決によれば，茨城県教育委員会がそうであったと見なされたように）それこそ不適切な仕方で特定の誰かを非難したり責任追及してしまう事態となりかねない。だとすれば，非難や責任追及といった実践の前提となるような「事実」を社会的に構成する実践のあり方にも目を向ける必要がある。本書では，このような問題意識から，子どもの自殺に関して，特に学校や教師の責任が問われる事態を考察していく。

*

ここまで，特段の説明を加えないままに，「責任」という言葉を用いてきた。一般に「責任」とは，(1)自分が引き受けておこなわなければならない任務，(2)自分が関わった事柄や行為から生じた結果に対して負う義務や償いを指す言葉である（『大辞林』第四版）。本書で主に検討を加えようとしているのは，他者から問われる「責任」であり，上記のうちのどちらかといえば，(2)に類する「責任」のほうである。とはいえ，たとえば子どもの自殺事件をめぐって，生徒間のいじめという原因を防げなかったと見なされる場合に教師・学校が問われるような，⑴義務とその履行に関わる「責任」にも，本書では注目する。

「責任」という言葉の多義性は，まさに「責任」という言葉・概念が様々な社会的実践の場において多様な仕方で用いられているがゆえにもたらされているものである。その複雑なありようを単純化するのではなく，具体的な実践の文脈に即して考えていくために，本書ではあえてこの「責任」という多義的な言葉・概念をひとつの参照点としながら，子どもの自殺問題と学校の関係を問い直していく。そのような作業を通じて，子どもの自殺という取り返しのつかない出来事に，私たちがどのように向き合うことができるのかを考えること，また同時に，私たち社会成員が拠って立つことができるような共通の足場をつくっていくことにすこしでも本書が貢献できるのであれば，それ以上に望んでいることはない。

子どもの自殺問題の社会学　**目　次**

まえがき　i

序　章 ……… 1

0.1　はじめに　1

0.2　子どもの自殺と学校の関係を問う視座　4

0.3　研究主題としての子どもの自殺問題　8

0.4　本書の基本方針　11

0.5　本書の構成　19

補　論──「自殺」の社会学的研究の展開　23

第1章　戦後日本における子どもの自殺言説の展開 ……… 27
──子どもの自殺はいかに語られてきたのか

1.1　本章の目的　27

1.2　分析対象とする資料と統計について　28

1.3　分析の方針　32

1.4　戦後から1950年代までの子どもの自殺言説の検討　36

1.5　1960年代における子どもの自殺言説の検討　46

1.6　1970年代以降の子どもの自殺言説の検討　48

1.7　本章のまとめ　64

第2章　子どもの自殺をめぐる司法の論理 ……… 67
──学校の法的責任はいかに問われてきたのか

2.1　本章の目的　67

2.2　「体罰自殺」事件において「学校の責任」が問われた裁判例　69

2.3　「いじめ自殺」事件に関する裁判例　77
2.4　本章のまとめ　86

第3章　子どもの自殺に対する補償・救済の論理 …… 89
——子どもの自殺はいかに「学校災害」となったのか
3.1　本章の目的　89
3.2　災害共済給付制度の概要　90
3.3　「学校災害」としての子どもの自殺の成立　92
3.4　「学校災害」としての子どもの自殺の範囲拡大　95
3.5　争点としての高校生の自殺　98
3.6　本章のまとめと補足　102

第4章　子どもの自殺をめぐる事実認定の実践 …… 107
——自殺の原因を認定する第三者調査委員会の実践に着目して
4.1　本章の目的　107
4.2　いじめ「重大事態」調査の第三者調査委員会　108
4.3　いじめと自殺の「因果関係の部分的な認定」　113
4.4　争点としての自殺の「直接的な原因」　119
4.5　争点としての自殺の「主な要因」　122
4.6　本章のまとめ　128

第5章　「いじめ自殺」事件における過去の再構成 …… 131
——「自殺の練習」報道の検証を通じて
5.1　本章の目的　131
5.2　新たな概念としての「自殺の練習」　133
5.3　「自殺の練習」報道と事件の理解可能性　136
5.4　「自殺の練習」概念と「過去の不確定性」　141
5.5　本章のまとめ　146

第6章　子どもの自殺をめぐる学校の事後対応の問題化 …………… 149
――「リアリティ分離」状況に着目して

6.1　本章の目的　149
6.2　分析視角と対象とする事例　151
6.3　学校の事後対応の問題化過程における
学校関係者のリアリティ経験　153
6.4　死因の公表方法に関する認識の不一致とその「解決」　159
6.5　本章のまとめ　164

第7章　子どもの自殺に関する新たな概念としての「指導死」 …… 167
――遺族の語りから見る社会的経験の変容

7.1　本章の目的　167
7.2　新たな概念と経験の可能性　169
7.3　インタビュー調査および資料収集の概要　171
7.4　「指導死」概念と遺族の経験　173
7.5　本章のまとめ　186

第8章　〈遺族〉というカテゴリーと経験 …………… 189
――「いじめ自殺」で子を亡くした遺族の語りから

8.1　本章の目的　189
8.2　「いじめ自殺」事件における「学校の壁」　191
8.3　〈遺族〉カテゴリーの社会的意味　192
8.4　〈遺族〉としての経験の共有　198
8.5　事件はいかに経験されるのか　202
8.6　本章のまとめ　205

終　章 …………… 211

9.1　「学校問題」としての子どもの自殺問題　211
9.2　「他者」としての自殺した子ども　214
9.3　課題と展望　220

初出一覧　221
あとがき　223
参考文献一覧　229
人名索引　237
事項索引　238

凡　例

1. 本書で引用する資料の情報は，本文内か脚注に記しているため参考文献一覧には記載しない。また，裁判判決を紹介する法律雑誌の情報も，その他の資料と同様に本文内か脚注に記している。参考文献一覧には，本書で引用する書籍と論文の情報を記載する。
2. 資料の引用頁は，「p.」あるいは「pp.」を用いて表記する。
3. 引用文中の〔　〕内は筆者（引用者）による補足を表す。
4. 書籍に再録された論文の原著年および初版の出版年は［　］内に表記する。

序　章

0.1　はじめに

2024 年 10 月末に政府が閣議決定した「令和 6 年版自殺対策白書」[(1)] では，「第 2 章 こどもの自殺の状況と対策」という子どもの自殺に関する特集が設けられることになった。その特集内の「1 はじめに」は，次のような文言ではじまる。

> 我が国の自殺者数は，近年，全体としては減少傾向にあるものの，こどもの自殺者数は増加傾向にある。特に，小中高生の自殺者数については令和 4 年に過去最多の 514 人となり，令和 5 年には同水準の 513 人となった。多くのこどもが自殺するような社会には明るい未来は望めない。こどもの自殺を食い止め，そして，こどもたちが自殺に追い込まれることのないような社会を作るため，社会全体で対策に取り組む必要がある。

ここにおいて，子ども[(2)] の自殺が社会的に対処されるべき事柄として，つまりは社会的な問題として語られていることは明らかである。

私たちにとっての子どもの自殺問題とは，時にはこのような問題であるだろう。すなわち，できるだけ子どもの自殺者数が少なくあってほしいが，にもか

---

(1)　厚生労働省のウェブサイトに公表された「令和 6 年版自殺対策白書」(https://www.mhlw.go.jp/stf/seisakunitsuite/bunya/hukushi_kaigo/seikatsuhogo/jisatsu/jisatsuhakusyo2024.html，2024 年 11 月 8 日最終閲覧)

(2)　同特集では，「こども」について，統計的な分析の必要に応じて「18 歳以下や小中高生など複数の定義を用いている」と説明されている（「令和 6 年版自殺対策白書」p. 48)。

かわらず日本社会において子どもの自殺者数は増加傾向にあるらしい。だとすれば，私たちは社会的な対策を通じて，子どもの自殺者数の増加傾向を食い止めなければならない，といったことだ。たしかに，「子どもの自殺問題」という言葉からまず想起されるのは，このような議論かもしれない。

とはいえ，当然のことながら子どもの自殺は，そのような統計的な事実が示す「現実」としてのみ語られている事柄ではない。むしろ，マスメディア報道などを通じて，私たち社会成員が日常的に「出会う」ことになっているのは，より具体的で個別的な子どもの自殺事件のほうであるようにも思われる。そして，そうであるとすれば，私たち社会成員にとっての子どもの自殺問題は，子どもの自殺者数の増加傾向といった「問題」としてのみならず，より多面的な事象として立ちあらわれ，経験されているものだと言える。本書が試みるのは，そうした多面的な事象としての子どもの自殺問題を，社会学的な立場から記述することだ。

子どもの自殺問題が多面的な事象であるとするならば，本書は，そのいかなる側面に記述を与えていこうとするものであるのか。ひとまずは次のように表現することができる。すなわち，本書で試みるのは，子どもの自殺問題の「学校問題」としての側面に記述を与えることである。

では，子どもの自殺問題の「学校問題」としての側面とは何か。簡潔に述べれば，それは子どもの自殺が一定の仕方で学校と関係づけて理解可能になっていることを意味する。しかし，このように述べるとさらに，子どもの自殺が一定の仕方で学校と関係づけて理解可能になっているとは一体どういうことか，という疑問が生じるかもしれない。

そこで，ひとつの具体的な例を提示しておこう。以下に引用するのは，子どもの自殺に関する法律問題を扱うある弁護士団体のウェブサイト上に記載された，「子どもの自死」という項目内の文章である[3]。

子どもの自死は，子どもたちが日々の大半を過ごす学校での生活に，何ら

(3)　以下は，「自死遺族支援弁護団」のウェブサイトに記載された「いじめの自死（自殺）」という項目内の記載をそのまま引用したものである（https://jishiizoku-law.org/problem/school/，2024 年 11 月 8 日最終閲覧）。

> かの原因があることも少なくありません。
>
> 具体的には，同級生等からのいじめにあっていたり，教師からの「体罰」を受けていたりしたことが，子どもの自死につながっていることがあるといえます。
>
> 特に，子どもたちが学校でいじめにあっているにもかかわらず，学校や教師がいじめ防止対策推進法に基づいた措置を適切に行わなかった結果，事態の深刻化を招き，自死に至ることも少なくありません。

ここで語られている子どもの自殺（自死）に関する認識は，現代の日本社会を生きる私たちにとって，常識的に理解可能なものであるように思われる。すなわち，いじめ，教師の体罰，教師の不適切な対応といった事柄が子どもの自殺を引き起こしうる事象であること，言い換えれば子どもの自殺の原因事象の例であることは，当たり前に知られた事実だと言えるだろう。

とはいえ，ここにおいてはなぜ，いじめ，教師の体罰，教師の不適切な対応といった事柄が，子どもの自殺の原因事象の代表的な例であるかのように語られているのか。それらの事柄以外にも様々な事象が子どもの自殺の原因になりうることは明らかであるのに，なぜ，いじめ，教師の体罰，教師の不適切な対応といった事柄だけがここで取り上げられているのか。これらの疑問に対しては，たとえば，この文章が子どもの自殺に関する法律問題を扱う弁護士団体のウェブサイト上に記載されたものだという特徴に注目して答えることができる。というのも，たしかに「健康問題」や「家庭問題」を原因・動機とする子どもの自殺も存在するとはいえ，そのような子どもの自殺をめぐって法律的な問題が生じることはあまりないと考えられるからだ。逆に言えば，上記の文章が弁護士団体のウェブサイトという場で掲載されたものである以上，そこで語られる子どもの自殺は必然的に，法律的な問題にもつながるものに限定されることになる。そして言うまでもなく，ある子どもの自殺がいじめ，教師の体罰，教師の不適切な対応に起因するものであったと考えられるような場合，それは弁護士の関与が求められるような法律的な問題にも帰結しうる。つまり，上記引用部において，学校に関係する事象を原因とする子どもの自殺，そのような意味で「学校問題」としての子どもの自殺が焦点化されているのは，それらの文章が弁護士団体のウェブサイトという場に書かれたものだからと考えることができる。

以上のような簡単な考察からもわかるのは，「子どもの自殺と学校が関係づけられる事態」といった一見単純な表現が，いくつかの異なる意味を持ちうるということだ。「子どもの自殺と学校が関係づけられる」という表現は，ある文脈においては学校に子どもの自殺の「原因」を見いだすような関係づけ方を意味するかもしれないし，また別の文脈では学校に子どもの自殺の「責任」を見いだすような関係づけ方を意味するかもしれない。そして実際，以下で見るように子どもの自殺と学校の関係を論じる先行研究の議論においては，子どもの自殺に何らかの事象が「結びつけて」「結びつけられる」という表現が，やや曖昧な仕方で用いられてきた。以下ではこのような点にも注意しながら，子どもの自殺に関する社会学的な議論を見直していくことで，本書の位置を明確にしたい。

0.2　子どもの自殺と学校の関係を問う視座

社会学・教育社会学領域について見るならば，そこで主に取り組まれてきたのは，子どもの自殺一般よりも「いじめ自殺」に関する議論だと言える。

なかでも先駆的であったのは，徳岡秀雄の研究である。徳岡は，1980 年代後半の時期にはすでに，「予言の自己成就」や「ポジティブ・フィードバック」といった社会学的概念を用いながら「いじめ問題」を論じはじめていたが，そこでは「いじめ自殺」にも関心が向けられていた（徳岡 1988a, 1988b）。徳岡が強調したのは，次のような循環的な構造である。すなわち，マスメディアが「いじめ問題」を喧伝することで，様々な行為が「いじめ」として解釈される社会的傾向が強まる。その結果，自身の経験を「いじめ」の被害を受けた経験として解釈する子どもが増加し，いじめという「動機の語彙」（Mills ［1940］ 1963=1971）を参照した遺書を残して自殺する子どもが登場・増加することになる。さらに，そうした「いじめ自殺」事件がマスメディアの報道対象とされることで，「いじめ問題」の深刻化という社会的な認識が強化されていく……(以上のプロセスが繰り返される)。ここで特に強調されているのは，いじめという社会問題においてマスメディアが果たしうる役割・機能である。徳岡の議論はその後，「いじめ自殺」に関する後続の研究においても参照されるなど（山本 1996; 伊藤 1997; 間山 2002; 北澤 2015)，「いじめ自殺」に関する社会学的な議論に一定の影響を与えることになった。

徳岡の研究を皮切りに「いじめ自殺」に関する議論が数多く展開されていたのとは対照的に，（教育）社会学領域において，子どもの自殺一般にはあまり関心が向けられてこなかった。そうしたなかで例外的に，子どもの自殺一般を取り上げた議論を展開してきたのは広田照幸と伊藤茂樹である。

とはいえ，そのうち広田は必ずしも子どもの自殺を主題的に論じたわけではない。広田が子どもの自殺に言及したのは，社会における学校像の転換と「教育問題」の変容という大きな論題が論じられるなかにおいてのことであり，子どもの自殺はそうした大きな論題にまつわる議論が展開されるなかでひとつの事例として言及されたに過ぎない。具体的に見ておこう。広田によれば，「70年代末までには子どもの自殺や青少年の凶悪事件の報道のされ方にも大きな変化が生じてきた」(広田 1998: 158)。それらの事象が，「教師の対応のまずさや指導の不十分さに結びつけて報道されるようになってきた」(広田 1998: 158)のだという。

なお，こうした広田の主張は興味深いが，主張を根拠づけるような具体的な例が言及されたわけではなかった。それゆえ，主張の確からしさは不明であると言わざるをえない(4)。その上で強調しておきたいのは，(「教師の対応のまずさや指導の不十分さに」)「結びつけて報道される」という表現がそもそも曖昧に思われるということだ。つまり，「結びつけて報道される」とはいかなる事態を指すのかがそもそも曖昧である。そのような表現によって，広田は，「教師の対応のまずさや指導の不十分さ」が子どもの自殺の原因として報じられる

(4)　そこで広田が「具体的な例を紹介しない」理由は「紙幅の余裕がない」ためであると説明されている（広田 1998: 158)。とはいえ，広田（1998）をほぼそのまま再録した広田（2001）においても，残念なことに具体的な例が紹介されていないことに変わりはない。

ようになったことを主張しようとしたのか。それとも，それらが「原因」視されるようになったという議論にも収まらないような，子どもの自殺報道の変化を主張しようとしたのか。広田自身がどのような含意を込めていたのかはわからないが，すこし議論を先取りすれば，こうした広田の主張が正しいとすればそれはどのような意味においてであるのかは，むしろその当時の子どもの自殺報道を調べることによって経験的に明らかにできると思われる。それゆえ，本書ではこの疑問をひとつの探究すべき問いとして引き受ける。

さておき，ここで検討しているのは，子どもの自殺と学校が関係づけられる事態がこれまでいかに論じられてきたのかということであった。この点に関して伊藤は，2000 年の論文のなかで，「勉学・受験による自殺」「不可解な自殺」「いじめ自殺」という 3 つの子どもの自殺の類型を提示した上で，「勉学・受験による自殺」と「いじめ自殺」である場合には「子どもの自殺が教育や学校と結びつけられるという特徴がある」（伊藤 2000: 29）と指摘していた。ここで伊藤は「子どもの自殺と教育の関係」と「子どもの自殺と学校の関係」というやや水準が異なるトピックを必ずしも明確に区別せずに論じてしまっているようにも思われるが，いずれにしても，そこでは自殺の原因が「学校と結びつけられる」事態に対して一定の関心が向けられていたと言える。

また，2014 年に刊行された伊藤の単著である『「子どもの自殺」の社会学』（伊藤 2014）においては，「いじめ自殺」に限定したかたちではあるものの，子どもの自殺と直接のいじめ加害者以外の主体の関係について，「『いじめ自殺』事件においては，いじめをしていた『直接的加害者』に加えて『間接的加害者』とでも呼ぶべき者も加害者として位置づけられることがしばしばある」（伊藤 2014: 98）ことが指摘されている。学校や教師もまた「間接的加害者」の位置に置かれうる存在であることは言うまでもない。このような「間接的加害者」に関する伊藤の議論は，本書全体に対して重要な示唆を与えてくれるものであるため，以下に引用しておきたい。

> 間接的加害者の関与や責任の度合いは，直接的加害者よりも当然小さい。その一方，間接的であるがゆえ，誰がその位置に置かれるかはより恣意的に認定される傾向がある。そこでは，当該の事件における役割や立場など

> よりも，一般的なイメージが作用し，日頃から「気に食わない者」が非難されたり責任を追及されたりするように思える。教師や教育委員会はそうしたイメージを付与されがちな存在である。…（中略）…間接的加害者は，「いじめ自殺」が起こってしまったという事実から遡及的に「いじめを止められなかったこと」「自殺を止められなかったこと」の2点について非難され，責任を追及される。（伊藤 2014: 99）

ここで指摘されているのは，一定の「事実」が前提とされることで，「間接的加害者」も他者から非難されたり責任を追及されたりする立場に置かれるということである。

とりわけ，「いじめ自殺」という事象を考察する上で重要なのは，「間接的」という言葉の含意であろう。というのも，ある子どもの自殺が「いじめ自殺」として解釈される場合，その自殺の直接的な原因はいじめである。だが，結果的に生じた「いじめ自殺」という出来事の責任が，いじめをしたとされる子どもたち（直接的加害者）だけに帰属されるかと言えば，必ずしもそうではない。むしろ，ある子どもの自殺が「いじめ自殺」として捉えられる時には多くの場合，自殺やその原因としてのいじめを止めることができなかった存在としての学校や教師も責任を追及されることになっている。

ここで注意すべきなのは，「原因が問われること」と「責任が問われること」の違いである。「いじめと自殺の因果関係は判断できない」という言明を例に取りながら北澤毅が論じたように，私たちはふつう，「責任の根拠としての原因」という基本認識にもとづいて様々なものごとに対する誰かの責任の有無を判断しているが，実は必ずしも原因（因果関係）が責任の根拠になっているわけではない（北澤 2012）。少なくとも，「原因を問うこと」と「責任を問うこと」は区別可能なのである。もちろん，裁判の場などで問題となる法的責任（民事上および刑事上の責任）は「原因を根拠とする責任」であるだろう。しかし，それもまた責任をめぐる多様な社会的実践の一部に過ぎない。むしろ，「私たちが誰を非難し誰に責任を負わせるべきかを決定するのは，法的論理に関連しつつもそれとは異なる社会の原理による」（北澤 2012: 12–13）と考えるべきである。

こうした点を指摘するために北澤が取り上げているのは，ある凶悪犯罪者の父親が自殺をしたという実際の出来事である。その父親は法的責任を問われたわけではなかった。では，それにもかかわらず，「なぜ父親は自殺をしたのか。そして私たちはなぜ父親の自殺を理解可能なのか」（北澤 2012: 13）。この問いに対する考察を通じて北澤は，「責任の根拠は因果連鎖というよりはカテゴリー問題にある」（北澤 2012: 13）という見方を提示している。このような「責任」の捉え方は，先に見た伊藤の「間接的加害者」に関する議論とも重なるものだろう。両者はともに「責任の根拠としてのカテゴリー」を論じている。

そうした議論は，やはり「原因が問われること」と「責任が問われること」の違いに目を向けることを可能にするという点で本書にとって示唆的である。本書は，このような「責任」についての見方を基本的な視座としながら，子どもの自殺に関して“学校の「責任」はいかに問われてきたのか”を問い直そうとするものである。

0.3　研究主題としての子どもの自殺問題

前節では，子どもの自殺がどのように問われてきたのか，また本書ではそれをどのように問おうとしているのかを述べた。ここでは，「子どもの自殺問題」という本書の研究主題についても説明を加えておきたい。本書が「子どもの自殺」ではなく「子どもの自殺問題」を主題化するのはなぜか。

この疑問に答えるために，ここであらためて取り上げておきたいのは伊藤茂樹の子どもの自殺に関する研究である。伊藤（2014）は，社会学的立場から子どもの自殺を主題化した希少な書籍であるが，そこでは子どもの自殺という社会事象に関して，いくつかの命題的な主張が提示されている。そのうちのひとつは，自殺のなかでも特に「子どもの自殺は問題化しやすい自殺である」（伊藤 2014: 17）という主張だ。伊藤は，子どもの自殺が「問題化」しやすい理由についても述べている。伊藤によれば，その理由とは，子どもの自殺が「そもそも想定しにくく，経験的にも稀な現象」であり，またそれゆえに「それが起こったときにはきわめて異常な出来事として強い感情的反応を喚起する」からだとされる（伊藤 2014: 19）。

たしかに，子どもの自殺が日常的に生起する普通の出来事ではないという意味において「異常な出来事」であり，また，それが周囲の人びとの感情的な反応を喚起するというのも間違いない。だが，そもそも子どもの自殺が「問題化」するとは，伊藤（2014）の議論において，一体どのような事態を指すのだろうか。

この点を考える上では，まず，伊藤が「問題化」と「社会問題化」という言葉を使い分けている点に注目する必要がある。伊藤によれば，子どもの自殺に限らず，そもそも自殺という事象は――「逸脱」と同様に――「集合感情」を侵害するものであるとされる。ここでの「集合感情」とは，E. デュルケムが逸脱現象，とりわけその例としての犯罪を論じるなかでに提示した社会学的概念である（Durkheim 1893=1989, 1895=2018）。デュルケムによれば，「集合感情」が侵害された場合にはその回復を図るために何らかの社会的反応が生起することになる。伊藤はこうしたデュルケムの「集合感情」論を参照しつつ，自殺もまた「集合感情」を侵害する行為・事象だと論じる。ここで重要なのは，伊藤がそうした自殺による「集合感情」の侵害と回復という一連のプロセスを，自殺の「社会問題化」（伊藤 2014: 16）と呼び替えていることである。つまり，伊藤（2014）において用いられる「社会問題化」という言葉には，それがデュルケムの「集合感情」論を前提としていることに起因して，独特な理論負荷性が備わっているということだ(5)。では，「問題化」のほうはどうか。ある箇所において，伊藤はそれを次のような単純なかたちで定式化している。すなわち，「問題化しているとは答えが出ていないということである」（伊藤 2014: 17）(6)。

さて，そもそも「問題」という言葉からして実に多義的である。それゆえ，「問題化」という言葉もまた多義的な言葉である。そのうちひとつの側面を捉えようとするのであれば，上述した伊藤による定式化も決しておかしなものではない。その上で，ここで指摘しておきたいのは，伊藤がそのような意味での

(5)　ただし，後に述べるように，必ずしもそのような独特な意味においてのみ，伊藤が「社会問題化」という言葉を用いているようには見えない。あらかじめ述べておけば，この点は，ある特定の時期に子どもの自殺がはじめて「社会問題化」したとする伊藤の命題的主張の真偽を考えようとする場合に困難を生むことになる。

み「問題化」という言葉を用いているとは言い難いことである。伊藤は，具体的な議論の文脈において，たとえば次のように「問題化」という言葉を使用している。

> いじめたりいじめられたりすること，特に子どもたちの間でのそうした行為が問題化すると，それを端的に表現できる名詞が必要になる。（伊藤 2014: 58）

> 80 年代末に鎮静化したとされ，半ば忘れられかけていたいじめが再びいっきに問題化したのは 1994 年 12 月である。（伊藤 2014: 82）

上記の引用部において，「問題化」という言葉は単に「答えが出ていない」という意味で用いられているようには見えない。そうではなく，ここで「問題化」という言葉はたとえば「社会的に注目される」といった意味合いで用いられているように思われる。実際，何らかの事象が「問題になる」「問題化する」といった表現が使われるのも，しばしばそのような意味においてではないだろうか(7)。

そして，そのような意味において何らかの事象が「問題化」する／される事態に注目すべきだという主張を研究方法論の中心に据えたのが，「社会問題の

---

(6)　なお，伊藤による議論の強調点は，むしろその「問題化しているとは答えが出ていないということである」という文に続く部分，すなわち，「従って，答えを見つけ『消化』するための試みが展開されることになる」（伊藤 2014: 17）という部分のほうに置かれていたようにも思われる。このように述べることで，子どもの自殺のなかでもとりわけ「いじめ自殺」に関する社会的な言説を「いじめ問題」を「消費」する言説として批判的に論じるある種の社会学的な議論が，伊藤（2014）において展開可能になっているからである。

(7)　ここで注意を促しているのは，ある言葉を一義的に定義づけた上で，その言葉を用いて社会的な現実に対する記述を与えようとする場合には常に生じうる，一般的な問題である。以下では，この問題を「社会問題」という言葉をめぐる「言語ゲーム」の多様性を指摘する文脈で論じたエスノメソドロジストらの議論について紹介することになるが（Bogen and Lynch 1993），そのような発想の起源としては，L. ウィトゲンシュタインの言語哲学（Wittgenstein 2009=2020）や P. ウィンチの概念分析論（Winch 1958=1977）を挙げることができる。また，「自殺」を例に取りながら社会の人びとの記述と社会学の記述の関係について論じた H. サックスの議論の概要については補論を参照のこと。

構築主義」という社会学研究の方法論的立場である。「社会問題の構築主義」は，M. スペクターと J. I. キツセ（Spector and Kitsuse 1977=1990）によって定式化された，「社会問題」の社会学研究をおこなうためのひとつの方法論的立場である。この立場において「社会問題」は，社会の何らかの「状態」そのものではなく，ある一定の社会の「状態」を想定してそれを「問題であると定義する人びとの活動」（Spector and Kitsuse 1977=1990: 117）だと主張された。

本書はこうした「社会問題の構築主義」の議論からも大きな影響を受けている。とりわけ，ある特定の事象が「問題」たりえるのはそれが（何らかの意味で）社会的に「問題」視されているからにほかならず，またそうである以上，何らかの「問題」が認識可能になっている場合にはそのような認識を主張する何らかの活動が存在しているか，あるいは少なくとも過去に存在していたはずだという「社会問題の構築主義」の基底を成す発想は，本書も共有している。本書が「子どもの自殺」ではなく「子どもの自殺問題」を主題としているのも，このような認識にもとづくものである。

0.4　本書の基本方針

先に，本書は「社会問題の構築主義」の議論から大きな影響を受けていると述べた。しかしながら，本書は「社会問題の構築主義」の立場を標榜するものではない。というのも，「社会問題の構築主義」には研究方法論上いくつかの難点が残されており，それらは本書にとって無視できないと考えるからである。そこで以下では，本書の研究課題との関係で「社会問題の構築主義」にどのような欠点があるのかを論じる。その上で，本書で一貫して採用する基本的な方針について述べる。

まずは，スペクターとキツセによる「社会問題の構築主義」の定式化まで立ち戻っておきたい。スペクターとキツセは，「社会学において，社会問題の適切な定義は存在していない」（Spector and Kitsuse 1977=1990: 117）という主張ではじまる社会問題研究のテキスト『社会問題の構築』のなかで，既存の社会問題研究で共有されてきたいくつかの前提の問い直しを図った。彼らが特に問題視したのは，「それまで社会学者が掲げてきた専門的な社会問題の判断基準」（中河 1999: 4）である。スペクターとキツセは，従来，社会学者たちによって共有されてきた社会問題の定義は概ね，「機能的アプローチ」によるものと「規範的アプローチ」によるものの 2 種類に大別できるとした。彼らは，それら従来のアプローチが採用してきた「社会問題」の定義は不十分なものであったと指摘した。そして，既存の研究における「社会問題」定義の不十分さの理由は，既存の研究が総じて社会の「状態」を判断基準とするかたちで「社会問題」を定義してきたことにあると彼らは考えた。社会の「状態」を判断基準として，ある事象が社会問題か否かを明確に区別することは本当に可能なのか。スペクターとキツセによって，こうした問いが投げかけられたのである。

では，どうすれば「社会問題」をより適切に定義できるのか。この点について，スペクターとキツセは従来のアプローチを再度批判しながら次のように述べる。

> 「社会問題とは……のような状態である」というかたちをとる社会問題の定義は，かならず概念上および方法論上の袋小路につながり，社会問題研究の専門領域を確定しようとする試みを妨げるだろうというのが，われわれの見解である。では，社会問題が状態でないなら，それはいったい何なのか。もっとも簡潔にいえば，社会問題とは，ある状態が存在すると主張し，それが問題であると定義する人びとによる活動である。（Spector and Kitsuse 1977=1990: 117）

こうしたスペクターとキツセの「社会問題」定義には，たしかに一定の説得力があるようにも思われる。また，もし彼らが言うように社会の状態を基準として「社会問題」を定義できないのであれば，発想を転換して，社会のなかで何が「社会問題」と定義されるかに着目することによって「社会問題」なるものを探究しようという彼らの提案は，従来のアプローチには見られなかった斬新できわめてラディカルな視座――社会問題は人びとの定義活動によってつくられる――を提供してくれる画期的な提案にも思える。

だが，その一方でこうした彼らの主張に対しては，次のような素朴な疑問も浮かぶ。すなわち，私たちにとっての社会問題とは，ある事象を社会問題として主張する「活動」のことではないのではないか，という疑問である。以下では，この疑問にもとづいて，社会問題とは「活動」であるという命題を問い直していくが，それに先駆けてまず，そのような「活動」を呼びあらわすために彼らが意図的に「クレイム申し立て活動」という専門用語を提起していた点にも言及しておきたい。彼らは次のように述べる。

> 社会問題とはある種の状態であるという考え方を捨てて，それをある種の活動として概念化しなければならない。この活動を，クレイム申し立て活動と名づける。（Spector and Kitsuse 1977=1990: 116，強調は原文）

> 社会問題の研究者も，〔職業の研究者と〕同じように，社会問題という活動の性質を発見し，その活動の特性を，もっとも明瞭かつ簡潔に説明する概念を作りださなければならない。…（中略）…われわれは，クレイム申し立て活動（claims-making activity）という専門用語を提起し，それを定義し，精緻化しなければならない。（Spector and Kitsuse 1977=1990: 116，〔　〕内は引用者）

かくして，スペクターとキツセにとって「社会問題」は活動，それも「クレイム申し立て活動」として定義づけられることになった(8)。だとしても結局，先に述べた素朴な疑問を回避することはできないはずだ。「たしかに『クレイム申し立て活動』は，社会問題に関する研究の一つの主題として十分意義があるものだとしても，明らかに社会問題自体の定義にはならない。『クレイム申し立て活動』自体は社会問題ではない」（藤巻 2004: 156）からだ。

では，すぐにそのような疑問が生じるにもかかわらず，なぜスペクターとキツセは「社会問題」を「クレイム申し立て活動」として定義したのか。言い換えれば，彼らは「社会問題」を「クレイム申し立て活動」と定義することによ

(8)　構築主義社会問題論の代表的論者であるJ. ベストは，スペクターとキツセ以上にはっきりと，「クレイム申し立てこそが――そしてクレイム申し立てのみが――あらゆる社会問題に共通する」（Best 2017=2020: 29）と述べている。

って，何をおこなおうとしていたのか。実のところ，答えははっきりしている。彼らは「社会問題」を「クレイム申し立て活動」と定義することで，「クレイム申し立て活動」（および，それに反応する活動の連鎖）を記述していくという，社会学者が共通して取り組むことができる「経験的研究の基礎を準備すること」（Spector and Kitsuse 1977=1990: 5）を目論んでいたのである。そして，そうした方針にもとづいた「社会問題」の研究こそが，「社会問題の社会学」（Spector and Kitsuse 1977=1990: 5）という新たな研究分野を担うのだと彼らは考えた。実際，スペクターとキツセが提案した方針にどの程度忠実にしたがっているかはさておき，彼らの議論を参照して「社会問題の構築主義」を標榜する研究がその後数多く展開されていく(9)。

他方で，スペクターとキツセの定式化以降，「社会問題の構築主義」は様々な批判に晒され続けることにもなった。なかでも「社会問題の構築主義」をめぐる大きな論争のきっかけとなった構築主義研究への批判としてよく知られているのは，S. ウールガーと D. ポーラッチによる，構築主義研究の「存在論上の恣意的区分（Ontological Gerrymandering: 以下，OG）」に対する批判である（Woolgar and Pawluch 1985=2000）。彼らの批判は，スペクターとキツセをはじめとする構築主義者たちが，「活動」への着目という研究方針を強調するあまり，構築主義は社会の「客観的状態」に関心を向けるべきではなく，「状態」の真偽について自分たちは「非決定の立場を取りつづける」（Spector and Kitsuse 1977=1990: 121）という宣言（状態に対する無関心宣言）をおこなったことから導かれたものである。ウールガーとポーラッチは，構築主義者たちがそうした宣言に反して一定の仕方で社会の「状態」を判断している点を指摘した。ここで一定の仕方とは次のような論理形式のことを指す。すなわち，構築主義者の社会問題論には，“「親が子どもを殴る」ことは以前からあったものの，それが「児童虐待」として定義されるようになったのはある時期以降だ”といった仕方で，「状態」の不変性を仮定しつつ「定義」の可変性を強調するという，似通った「説明の構造」が見られる。こうした説明図式を採用する際，構築主義

(9)　その国内外における研究の広がりを知る上では，中河（1999），Best（2017=2020），Treviño ed.（2018a, 2018b）などが参考になる。

者たちは明らかに，存在論上の境界線を恣意的に引いている。ウールガーとポーラッチが批判した構築主義研究のOGとは，以上のようなものであった。

繰り返せば，こうしたウールガーとポーラッチによるOG批判は，「社会問題の構築主義」の状態に対する無関心宣言を前提とするものであった。そうである以上，構築主義者たちがそのような宣言を取り下げさえすれば，少なくとも構築主義論者たちにのみ固有の問題は何も存在しないことになるだろう(10)。実際，構築主義を標榜する一部の論者たちは「状態」に言及することを必要不可欠であると捉え，「選択的相対主義」（Woolgar and Pawluch 1985=2000: 19）を引き受けるという判断をおこなった。自身もまたそうした立場を選択することを宣言したJ. ベストによってそれは「コンテクスト派構築主義（Contextual Constructionism）」と名づけられることになったが（Best 1993, [1989] 1995），そのような立場を選択することは「構築主義から主観的定義と客観的状態という二元論への一歩後退」（中河 1999: 281）としても捉えられる(11)。

なお，そこで伊藤は必ずしも構築主義の立場を標榜していないものの(12)，伊藤（2014）の議論には一部「コンテクスト派構築主義」とも重なる特徴が見られることが指摘できる。それはたとえば，次のような伊藤の「説明の構造」にあらわれている。すなわち，伊藤は，子どもの自殺そのものが社会問題化した（と伊藤が主張する）1970年代後半の時期，子どもの自殺が「社会問題化するにあたっては子どもの自殺の増加がしばしば指摘された」が，そうした指摘は根拠を欠いたものであったとして，当時の言説に「誤認」を見いだしている（伊藤 2014: 31）。こうした伊藤の議論において，社会の「状態」に対する一定

(10)　ウールガーとポーラッチのOG批判は水準の異なる2つの問題を指摘するものであったと解釈できるが（中河 1999），そのうち構築主義的な議論に対してのみ妥当するのは，先に述べた，構築主義者らによる公準破りに対する批判である。彼らが指摘したもうひとつの問題は，「何かが『ある』と言明（表象）することにまつわる一般性の高い論点」（中河 1999: 276）であり，中河の表現を借りれば，避けようのない「擬似問題」である。

(11)　たとえばベストは，「行方不明の子ども」の「実態」をめぐる論争について読み解くなかで，実際にはどの程度「行方不明の子ども」が存在してきたかという点に関する彼自身の試算を提示した（Best 1990）。ここにおいて，ベスト自身が社会の「状態」に関する一定の判断をおこなっていることは明らかである。

(12)　なお，日本犯罪社会学会の機関誌『犯罪社会学研究』に掲載された高原正興による書評（『犯罪社会学研究』第41号所収）において伊藤（2014）は，「基本的な社会学的方法は構築主義」の書籍として評された。

の判断が前提となっていることは明らかだ。実際，そこで伊藤は，人口動態統計における「未成年者の自殺者数」という統計的指標を参照しながら，当時の言説における「誤認」を指摘していた。こうした「説明の構造」は，「コンテクスト派構築主義」の議論に見られる特徴とも重なるものだ。

なお，この点に関して対照的であるのは，北澤の「いじめ自殺」研究である（北澤 2015）。伊藤とは異なり，明確に「社会問題の構築主義」の立場を標榜した北澤は，「いじめ自殺」の社会問題化過程を記述するそこでの作業において，ここまでに述べてきたような意味での社会の「状態」に対する判断を徹底して避けている。ただし，その一方で北澤（2015）には，まさにそこで「社会問題の構築主義」が標榜されたがゆえに，「いじめ自殺」をめぐる社会的実践の記述という研究主題にとっては直接に関係のない，理論的問題が残されてしまったようにも思われる。それは，なぜ「クレイム申し立て活動」という言葉を用いて「いじめ自殺」という社会問題の歴史が問い直されなければならないのかが必ずしも明確ではないという問題である。

この点について考える上で重要なのは，エスノメソドロジストであるD. ボーゲンとM. リンチが展開した「社会問題の構築主義」批判である（Bogen and Lynch 1993）。ボーゲンとリンチは，いわゆる「厳格派」の立場から「社会問題の構築主義」の再出発を試みたP. R. イバラとJ. I. キツセの議論（Ibarra and Kitsuse 1993=2000）を特に強力に批判したが，イバラとキツセの議論がそこで特に槍玉に挙げられることになったのは，彼らの議論にはスペクターとキツセ以上の一般化志向があらわれていたからだと考えられる。では，一般化を志向することにはどのような問題があるのだろうか。

「社会問題の構築主義」に見られる一般化志向の問題は，大別して2点ある。第1に，「クレイム申し立て活動」という概念のもとで多様な活動が一括されることによって，「社会問題」をめぐる「人びとの活動の多様な編成とその中でのさまざまな指し手」（中河 1999: 312）が見えづらくなってしまうことである。第2に，「社会問題」とは「クレイム申し立て活動」だという概念的な限定が設けられることで，そもそも「社会問題」という概念自体が私たちの日常的な生活のなかにおいては多様な仕方で用いられていること，言い換えれば，社会学者が定義を与える以前から「社会問題」は社会の人びとにとって語られ，経験されている現象であることが忘れられてしまうという問題である（藤巻 2004, 2006）。

なお,「社会問題の構築主義」の研究プログラムを擁護しようとする平英美と中河伸俊によって特に重視されたのは，このうち前者の問題であったと言えよう。というのも平と中河は，ボーゲンとリンチの批判を踏まえて,「クレイム申し立て活動」に関しては,「いったん調べたい人びとの活動の観察を開始したら，その先の記述や考察にあたっては捨ててしまってかまわない『感受概念』」（平・中河 2006: 314）としてそれを捉えるという方針を提案するに至ったものの,「社会問題」はそれ自体が多様な「言語ゲーム」に開かれているというボーゲンとリンチの指摘を十分に受け止めることはなかったように思われるからだ。むろん，その点を真っ向から受け止めてしまえば，スペクターとキツセが構想したような方向性の「社会問題の社会学」は成り立たなくなってしまうだろう。そしてそのような意味で，構築主義とエスノメソドロジーは方法論上，原理的に両立不可能な関係に置かれている（岡田 2001）。

以上の検討を踏まえて，最後に，本書の基本的立場について述べておきたい。そのためにここで再び,「いじめ自殺」という社会問題に注目した北澤が構築主義を標榜した理由を考えておこう。北澤が構築主義を標榜した理由は，たとえば次のような記述のなかにあらわれているように思われる。

> 「いじめ問題」現象の成立過程を明らかにしつつ,「いじめ苦」の歴史的由来に接近できるなら，そこに「いじめ苦」からの解放の可能性を見いだすことができるのではないか。つまり，いじめられている子どもたちが経験する「苦しみ」が社会文化的に作られたものであることを知ることが,「いじめ苦」からの解放への確かな一歩となるはずだ（北澤 2015: 2–3）

ここで語られているのは，自殺につながりうるような「いじめ苦」経験を可能にしてしまう社会的常識（「いじめは自殺に値する苦しみをもたらしうる」）が実は「社会文化的に作られたもの」に過ぎないと指摘することで「いじめ苦」経験の相対化を図るという，構築主義的な戦略である。こうした問い直しを続けていくことで，いつか，いじめが自殺につながらない社会状況がもたらされるのだとしたら，それは間違いなく望ましいことだ。それゆえ，社会において「いじめ自殺」が〈根絶＝解消〉（間山 2002）されないままである限り，「いじめ自殺問題」の構築主義研究の意義は疑いようがない。だが，では「子どもの自殺問題」の構築主義研究に，「いじめ自殺問題」を対象とする場合と同じような意義があるかと言えば，必ずしもそうは言えないだろう。いじめを動機とする子どもの自殺を〈根絶＝解消〉することと，子どもの自殺一般の発生を防ぐことは，水準の異なる課題であるからだ。

また，子どもの自殺は必ずしもいつも予防（および根絶）の関心からのみ社会的に語られ，経験されている事象ではない。本書は，むしろそうした「子どもの自殺予防」といった関心からは離れて，実際に子どもの自殺が起こってしまった後で生起する，残された人びとの社会的実践に関心を向けるものだ。その意味で，本書の中心的な関心は子どもの自殺そのものというよりも，子どもの自殺をめぐる人びとの実践のほうにある。本書が主題化する子どもの自殺問題とは，そうした様々な人びとの実践によって構成される社会的現実そのもののことである。

以上を踏まえて，本書では，子どもの自殺問題の記述をおこなう際，あくまでも人びとの実践に即した記述をおこなうという基本方針を採用する(13)。このような基本方針は，記述をおこなうことを通じて社会的な現実の相対化を図る構築主義研究の方針とは一線を画すものだ。もちろん，ある実践を記述することが結果的に何らかの現実の相対化につながることはありうるし，そのような可能性やその意義を否定する必要はまったくない。しかし，本書は少なくとも，現実の相対化それ自体を目的とするものではない。（たとえば「いじめ自殺」のような対象ではなく）子どもの自殺をめぐる人びとの実践を記述しようとする本書にとって，相対化を図ることで「解決」が期待できるような問題はほとんど何も存在していないと考えるからだ。むしろ本書は，子どもの自殺をめぐる人びとの実践がいかなる規範のもとで秩序だったかたちで生起しているかに注意を向ける。その意味で，本書は構築主義というよりも「エスノメソドロ

(13)「人びとの実践」という表現は，とりわけ国内のエスノメソドロジー研究者たちが，エスノメソドロジー研究の基本的な立場や研究方針を述べる際に用いてきた表現である（たとえば，前田ほか編 2007）。

ジー」（Garfinkel 1967）の研究伝統に位置づくものだと言えよう(14)。

0.5　本書の構成

ここまで，本書の内容に関連する議論を参照しながら本書の主題と基本方針について述べてきた。それを踏まえて次章以降では，具体的な対象に即して子どもの自殺問題の多様な側面を記述していく。

まず第1章では，新聞記事や雑誌記事などを中心的な資料として，戦後から1970年代終わりまでの子どもの自殺言説を検討する。そうした作業は，本書の主題にとっては唯一の直接的な先行研究と言える伊藤茂樹の研究（2000, 2014）とも重要な接点を有している。伊藤もまた，同時期の子どもの自殺言説を検討し，その上でいくつかの命題的主張を提示したからである。特に，伊藤が提示した2つの主張――(1)「子どもの自殺そのものが社会問題化したのは77年から79年にかけての時期が初めてだった」（伊藤 2014: 31），(2)その期間に「根拠なく『子どもの自殺が増えている』と伝える言説は少なからずあった」（伊藤 2014: 31）――を補助線に，1970年代終わりまでの子どもの自殺言説を種々の資料をもとに再検証していく。

第2章から第8章までは，子どもの自殺問題に関わる様々な制度や実践について，各論的に論じていくことになる。以下，子どもの自殺事件に関する諸アクター・諸制度を――あくまで本書の内容に即して――示した見取り図である**図0-1**を参照しながら，第2章から第8章までの概要を述べる。

第2章では，子どもの自殺事件に関する裁判に着目し，とりわけ民事裁判の場において「学校の責任」がいかに問われてきたのかを検討する。子どもの自

(14)　国内におけるエスノメソドロジー研究の主導者のひとりである岡田光弘は，構築主義とエスノメソドロジーは「社会的な事実というものが，人びとの実践と言説によっている」（岡田 2001: 27）という基本的な認識を共有していながらも，研究方法論上，相容れない関係に位置づくと指摘する。一方，構築主義研究には「エスノメソドロジーの知見に学ぶ構築主義」と呼びうるような展開可能性が残されているという指摘もなされてきた（中河 1999）。「社会問題の構築主義」の研究プログラムのさらなる展開可能性を考えようとする文脈において構築主義とエスノメソドロジーの関係をどのように解釈できるかという問題は，今後さらに考察されなければならない論点のひとつだろう。

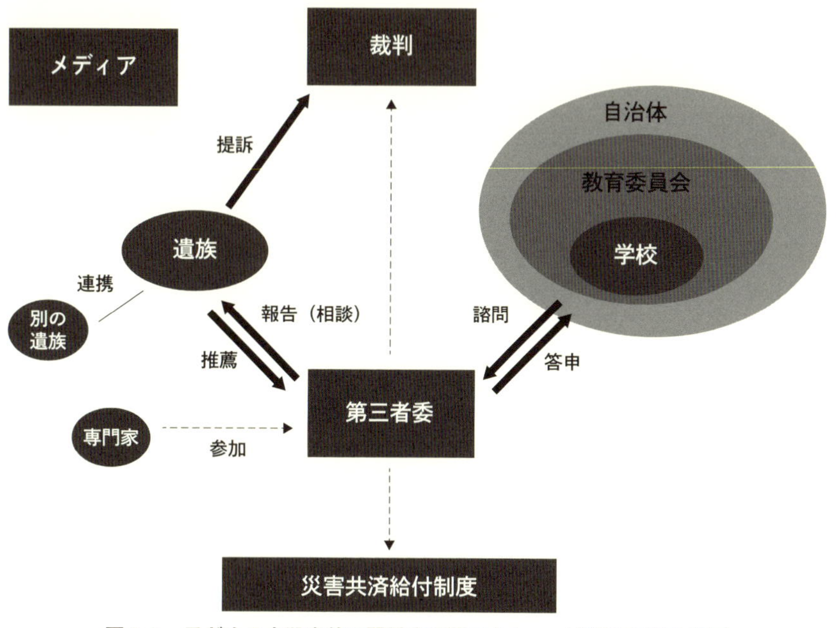

図 0-1　子どもの自殺事件に関係する諸アクター・諸制度の基本構図

殺に関して学校側の責任が問われた裁判例は，「体罰自殺」事件に関するもの，「いじめ自殺」事件に関するもの，「指導死」事件に関するものに分類できるが，「指導死」に関する裁判で学校側の責任が認定されるに至った事例は今のところ見当たらない。それゆえに，実際に検討することになるのは「体罰自殺」事件と「いじめ自殺」事件に関する裁判の判決内容である。学校側の責任が認定される時，どのような論理が採用されてきたのかを，本章では明確にする。

第 3 章では，独立行政法人日本スポーツ振興センターが運営している災害共済給付制度に着目し，子どもの自殺が「学校災害」として扱われるようになった歴史的経緯とその後の展開を検討する。その上で，ある時期以降には災害共済給付制度と自殺事件後におこなわれる「学校の設置者等が行う調査」のあいだに明確な関連性が見られるようになったことを指摘する。それをふまえて第 4 章では，特に，いじめ防止対策推進法によって新たに規定されたいじめの「重大事態」に関する第三者調査委員会の事例に着目して，子どもの自殺事件に関して第三者調査委員会が果たしている役割と機能を考察する。

第5章では，2011年に発生した滋賀県大津市の中学生自殺事件を事例として，「いじめ自殺」事件の問題化過程においてマスメディアなどの外部的なアクターがどのように関与しうるのかを考察する。着目するのは過去のいじめ事実を指示する「自殺の練習」という言葉をめぐってマスメディアが展開した報道活動である。そうした報道活動の結果として，「自殺の練習」という新たな概念のもとで過去が再構成された可能性を具体的に検討する。

第6章では，子どもの自殺事件発生後の学校関係者の経験に焦点を当てる。特に注目するのは，事件発生後の学校側の対応が「不適切」であったとして問題化される場合についてである。そのような場合，誰が学校側の対応が「不適切」であったと判断・評価するのか。学校側の対応がどのようなものであったのかという過去の事実をめぐる認識に相違や対立が生じた場合，学校関係者側のリアリティ経験は他のアクターからどのように扱われることになるのか。これらの点を，2つの具体的事例にもとづいて検討する。

第7章では，「指導死」という2000年代以降に一定の社会的認知を獲得した子どもの自殺類型に注目し，そうした新たな自殺類型が子どもの自殺をめぐる人びとの社会的経験のありようにいかなる変化をもたらしたのかを考察する。特に，のちに「指導死」事件の遺族として自身の経験を捉えることになる遺族たちが，「指導死」という概念が提起される以前の状況をどのように語るかといった点に着目することで，「指導死」概念が可能にした社会的経験の変化について考察する。

第8章では，「いじめ自殺」に焦点化するかたちで，子どもの自殺事件の遺族たちによって〈遺族〉というカテゴリーが担われること，また遺族たちに〈遺族〉というカテゴリーが帰属されることの社会的な意味を考察する。特に，同じ〈遺族〉というカテゴリーのもとで遺族たちのいかなる活動が可能になっているのかを検討する作業を通じて，〈遺族〉と学校側の対立関係をカテゴリー的問題として解読する。

終章では，第1章から第8章までの議論を振り返った上で，子どもの自殺をめぐる実践のあり方についての総合的な考察をおこなう。その上で，本書から得られた知見を踏まえて，自殺してしまった子どもが周囲の関係者たちをはじめとする社会の人びとに対して残すことになるのは，他者理解という課題であることを論じる。最後に，今後の課題と展望を述べる。

補　論――「自殺」の社会学的研究の展開

第1章以降では，具体的な対象をもとに日本社会における子どもの自殺問題を考えていくことになる。ここでは補論として，「子どもの自殺」に限らず，そもそも「自殺」という行為・現象がいかに問われてきたのかを，自殺の社会学的研究の展開に即して整理しておきたい。

かつて「自殺」を経験科学としての社会学の研究対象として扱い，それによって同時に，学問としての社会学の方法を提示したのがE. デュルケムである。デュルケムは，その代表的著作のひとつである『自殺論』（Durkheim 1897=1985）において，「自殺」という現象とその「社会的要因」を説明することを通じて，自身の社会理論と方法論を確立することを目指した[(1)]。

ここでは中河（1986）を参考に，デュルケム『自殺論』に見られる特徴を5点指摘したい。第1に，デュルケムが公式統計に依拠して，様々な集団間の自殺率の比較をおこなうという方法を採用したことである。とはいえ中河が言うように，そうした方法はすでに道徳統計家（moral statistician）と呼ばれる人びとにも採用されていたものであり，デュルケムが参照した統計上の知見（たとえば自殺率は，女性より男性，若者より老人，農村の住人より都市の住人，カトリック教徒より新教徒のほうがそれぞれ高い）も，そのほとんどがすでに道徳統計家らによって明らかにされていた。その上で，デュルケムに特徴的であったのは第2に，そうした統計的事実を説明する，一貫性を有する理論（自殺は，社会集団の統合の強さを示し，その強度に反比例するかたちで増減する）を有していたことだ。第3に，デュルケムが言うところの「非社会的要因」（精神異常，人

(1)　デュルケムは『自殺論』に先行して著した『社会学的方法の規準』（Durkheim 1895=2018）において，社会学的探究は「社会的事実」を「事物」として，すなわち客観的に実在する対象として扱うことで可能になると主張した。『自殺論』においては，統計的に把握された「自殺率」とそれに関する「社会的要因」こそが，客観的に実在する「社会的事実」として考察されるべき対象として位置づけられたのである。

種や遺伝，気候や季節のあり方など）による自殺の説明をほぼ完全に斥けた点である。第 4 に，自殺を社会の「病理現象」と見なしたことである。関連して第 5 に，デュルケムがそうした社会の「病状」（産業化にともなう「アノミー」状態）を診断し，それに対する処方箋（「中間集団の再建」）を示そうとしていた点である。

以上，中河（1986）を参考にして，デュルケムの自殺研究の特徴を述べた。要するにデュルケムは，自殺という現象それ自体よりも，自殺を取り上げることで「社会」を論じようとしたのだと言える。その際，「自殺はいわば社会のマクロな状態を一対一で示す天然の『症候』のように取り扱われる」ことになり，その結果，「自殺が引き起こされ，また問題化される具体的なメカニズムや条件」や，「自殺を引き起こし，解釈し，利用する複雑な社会的な関係」は議論の俎上に載せられないままになってしまった（貞包 2016: 24）[2]。以上のような特徴が指摘されるデュルケムの自殺研究は，その後，『自殺論』を範例とした自殺の統計学的研究の潮流を導くことになった。

他方で，デュルケム的な方向性を批判し，「自殺をそれ自体固有の社会的現象として分析する試み」（貞包 2016: 24）も展開されていく。そうした試みをおこなった代表的論者のひとりは J. ダグラスである。ダグラスは，自殺の公式統計の信頼性や妥当性に関わる問題を指摘し，公式統計を使用する自殺研究一般に疑義を呈した[3]。その上で，自殺者本人や関係者たちにとっての自殺の「社会的意味」を解明することこそが，自殺の社会学的研究の主たる課題だと主張した（Douglas 1967）。ダグラスが記述すべき対象として位置づけたのは，公的機関の職員らが死因判定の際に用いている技法と死者に対するカテゴリー執行の方法であったが，その際，ダグラスが参照したのは，様々な文書資料（精神科医や臨床心理学者による事例報告，宗教書，芸術作品，ルポルタージュ，ノンフィクション，自殺企図者へのインタビュー記録，自殺企図者によって記された遺書・日記，新聞記事など）であった。ダグラスはそれらの様々な文書資料を検

(2) ただし，貞包が指摘した事柄のうち，自殺が「引き起こされ」るメカニズムや条件の考察という課題に関しては，デュルケムも少なくとも部分的には取り組んでいたと言うべきであるだろう。

(3) 中河が的確に論じているように，ダグラスの公式統計批判は，自殺の定義問題に関する議論と，いわゆる「暗数」問題に関する議論の 2 つに分けて考えることができる（中河 1986: 131–132）。

討することから，自殺の「社会的意味」を明らかにすることを目指した。

しかしながら，そこで探究すべき課題とされたはずの，自殺の「社会的意味」についてのダグラスの議論はきわめて不十分なものであったと言わざるをえない。というのも，第1に，ダグラスはその語をM. ウェーバーの社会理論に由来するものと述べるだけで，それ以上具体的な説明を与えることはなかったからである。それゆえに，ダグラスが「社会的意味」という言葉で具体的にいかなる探究課題を指し示そうとしていたのかは不明確なままであった。さらに第2に，ウェーバーに依拠したことの帰結でもあるが，結局のところダグラスは，（主として遺書を手段とする）自殺者本人による動機の説明を「本当の」動機についての説明として特権化していたばかりか，「本物の自己」にとっての自殺動機を重視した点において，動機内在論とも縁を切ることができていなかった[(4)]。結局のところダグラスは，市井の人びとによる動機帰属の実践を重視せず，それを周辺的なものとして扱うことしかできなかったのである（藤原 2012）。

そうしたダグラスの不足点を指摘し，自殺をめぐる人びとの実践そのものを社会学的な探究に値する対象として位置づけたのは，J. M. アトキンソンである。アトキンソンは，検死官という職業的専門家たちの実践に着目し，ある死が「自殺」として扱われるまでの過程を調査した。アトキンソンは特に，検死官たちの実践において常識的知識がいかなる役割を果たしており，常識的知識と精神医学的知識がいかなる関係にあるのかといった点を具体的に検討した（Atkinson 1978）。

なお，アトキンソンがそうした人びとの常識的知識に着目した経験的研究に取り組む上で，理論的背景として参照していたのがH. サックスの議論であった。サックスは，「自殺」をなんとか適切に定義づけようと苦心したデュルケムとは対照的に[(5)]，「自殺」という概念・カテゴリーは社会の人びとによって日常的に用いられているものであることを強調し，自殺の社会学的研究の課題

(4)　ここで深入りすることはできないが，ウェーバーの理解社会学以降の「動機」をめぐる社会学的議論の展開については今井（2018）を参照。

(5)　デュルケムは自殺を「死が，当人自身によってなされた積極的，消極的な行為から直接，間接に生じる結果であり，しかも，当人がその結果の生じうることを予知していた場合」（Durkheim 1897=1985: 22，傍点は原文）と定義した。

について次のように論じた(6)。

> 自殺が起きたという決定はどうなされるのか，ということの研究，また，ある事態を「自殺」として語ることができるためには，その事態はどういうふうに捉えられなければならないか，ということの研究，こういったことこそ社会学がまず取り組むべき問題である。自殺として分類していくためのやり方が記述されるなら，つぎのことがあきらかになるだろう。つまり，真に興味深い社会学的問題は，その〔「自殺」という〕カテゴリーであり，それを適用するための方法なのである。(Sacks 1963: 8)

このようなサックスの提言に従ったアトキンソンの検死官の実践研究（Atkinson 1978）は，自殺を「自殺」たらしめる実践それ自体を扱った研究の例である。検死官という職業的専門家はまさしく，業務活動の只中において，ある死を「自殺」として同定する実践に取り組んでいるからである。

とはいえもちろん，自殺という事象を取り扱うのはそうした職業的専門家だけではない。アトキンソンはある死（者）が発見され，それが自殺（者）としてカテゴリー化されるまでの過程に注目したが，「自死遺族」の経験に関する研究に継続的に取り組んできた藤原信行が指摘するように，そうした議論において，自殺の「動機付与／帰属が達成され，突然の死（者）が自殺（者）とカテゴリー化された後における『爾後の取り扱い』」（藤原 2012: 70）は議論の埒外に置かれていた。その後も経験的研究が豊かに蓄積されてきたとは言い難く，「自殺」の社会的構成過程に関する実践の社会学的探究は，いまだほとんど手つかずのままになっている(7)。

(6)　Sacks（1963）については邦訳も刊行されているが，ここでは，より平易な日本語で訳出されている西阪（1992）の訳文を引用する。〔　〕内の補足も西阪による。

(7)　遺族が亡くなった家族の死を「自殺」として同定する過程について考察した藤原（2016）は，そうした状況において例外的に存在する希少な経験的研究である。

第1章　戦後日本における子どもの自殺言説の展開
──子どもの自殺はいかに語られてきたのか

1.1　本章の目的

本章の目的は，新聞・雑誌記事をはじめとするテクスト資料をもとに，戦後から1970年代までの期間における子どもの自殺言説の特徴を検討する作業を通じて，戦後日本において子どもの自殺がいかに語られていたのかを明らかにすることである。

以上の課題に取り組む上で念頭に置いておきたいのは，序章でも言及した伊藤茂樹の議論である。伊藤は，当時の子どもの自殺言説に「誤認」──実際は増えていないにもかかわらず，子どもの自殺が増加していると語られた，など──を見いだしたのであった。しかしながら，ある地点から見れば「誤認」であるように見える社会的な認識がその時代的・社会的状況下でいかに可能になっていたのかを問うことなしに，当時の社会の人びとにとって子どもの自殺がどのような問題であったのかを知ることはできない。そのため以下では，先行研究である伊藤（2000, 2014）の主張・見解を資料を検討する作業をおこなうための補助線としつつ，資料の検討を通じて伊藤の主張それ自体を検証することを試みる。

それにくわえて，子どもの自殺がいかに学校と関係づけて捉えられてきたのかという点もあわせて検討する必要がある。この問いについて先行研究では，専ら「いじめ自殺」という類型の出現に焦点を当てるかたちで議論が展開されてきた（山本 1996; 伊藤 2014）。それゆえ，「いじめ自殺」が社会的に注目されるようになる1980年代より前に子どもの自殺が学校といかに関係づけて語られていたのかは明確にされてこなかった。そこで本章では，戦後から1970年代までの期間に子どもの自殺がいかに学校と関係づけて捉えられていたのか／

いなかったのかを検討する[(1)]。

1.2　分析対象とする資料と統計について

本章で分析対象として扱うのは，主に，新聞記事や雑誌記事にくわえて白書などの政府刊行物といったテクスト資料である。

新聞は，全国紙である『朝日新聞』『毎日新聞』『読売新聞』の記事を，各社が提供するオンラインデータベース[(2)]および原紙にあたって収集した。また，1979年に「なぜ死を急ぐ」という子どもの自殺に関する特集記事が連載されていたことなどを踏まえて，『サンケイ新聞』も，原紙にあたって収集した。雑誌については，公益財団法人大宅壮一文庫の雑誌記事索引検索システム「Web OYA-bunko」と国立国会図書館の検索システムで用語検索をおこない，「子どもの自殺」に関連する記事を収集した。新聞と雑誌に関しては「自殺」と「子ども（子供，こども）and 自殺」という言葉で全文検索およびキーワード検索をおこない，内容的に関係しない記事を除外した上で全記事をリスト化・収集した。

白書は各省庁によって公刊された『厚生白書』（厚生省），『警察白書』（警察庁），『青少年白書』（内閣府）にくわえて，『子ども白書』（日本子どもを守る会編，1964年創刊）の該当時期の巻号を収集した。そのいずれもできる限り網羅的に収集した[(3)]。

次に，以下で取り上げる資料においても参照されるものであるため，「子ど

(1)　戦後以降を対象とするのは，新学制がはじまった1947年をひとつの画期と見なせるからである（なお，自殺者数を示す主要な統計である人口動態統計においても，戦中期には統計数値が計上・公表されておらず，1947年から再び自殺者数が計上・公表されるようになった）。その意味で，ここでの「戦後」の出発点は1947年だと言える。もちろん，戦前・戦中期についても検討することで，より広い視野から「子どもの自殺」という事象と社会や学校制度との関係を問うことが可能になるかもしれないが，そうした検討は本書の議論の射程を超えると言わざるをえず，今後の課題としたい。

(2)　記事の検索にはそれぞれ『聞蔵Ⅱビジュアル』（朝日新聞社），『毎索』（毎日新聞社），『ヨミダス歴史館』（読売新聞社）を用いた。なお，『聞蔵Ⅱビジュアル』は2022年に全面リニューアルされ，『朝日新聞クロスサーチ』へと名称変更された。

もの自殺」に関わる公式統計について概説しておきたい。「子どもの自殺」に関する主たる統計としては，次の3種の統計がある(4)。

第1に，厚生労働省（2001年1月まで厚生省）が集計・公表している人口動態統計である。人口動態統計では毎年（1月1日〜12月31日）の「自殺」を含む主要死因ごとの死亡者数（および率）が，性別・年齢（5歳階級）別に示されている(5)。

第2に，警察庁が公表する統計である。「平成16年中における自殺の状況」以降，令和6年（本書執筆時点）までの同資料が警察庁のウェブサイトでも公開されているが，そこでは1978（昭和53）年以降の年齢別自殺者数（19歳以下，20歳代，30歳代，40歳代，50歳代，60歳以上，不詳）が示されている(6)。また，1973（昭和48）年にはじめて刊行された『警察白書』では，1978年版ではじ

---

(3)　また以下で直接的に言及していないが，未成年者の自殺を主題とする書籍も収集した。なかでも「子ども」の自殺を主題とする書籍が刊行されるようになるのは，基本的には1970年代以降である。

(4)　日本における自殺の社会統計的研究の先駆者のひとりであった岡崎文規によれば，世界的に見ても，「自殺の統計資料は19世紀以前にはほとんど全く存在していなかったといつてよい」（岡崎 1960: 33）とされる。また，未成年者に限った内容ではないものの，日本の自殺統計の沿革およびその概要について岡崎は次のように記している。

> 日本の自殺統計資料の沿革をみると，1898年までは，警察当局で自殺と認定した自殺者について作成したものである。ところが，1899年以来，警察当局の発表する自殺統計のほかに，内閣統計局（現在の総理府統計局）が死因統計のなかで，自殺統計を発表している。戦後の死因統計は厚生省統計調査部の所管事務になっている。それで，1899年以来，2種類の自殺統計は併存しているわけである。（岡崎 1960: 34）

なお，岡崎は同書で「少年の自殺」についても論じている（岡崎 1960）。そこでの議論は人口動態統計の数値にもとづいておこなわれ，「少年」は15歳未満の者とされた（強調されたのは，男女間の自殺率の差異）。15歳以上の者の自殺については，「西欧諸国の年令別自殺率にくらべて，日本の年齢別自殺率は，全く異なつた傾向を示している。すなわち日本では，男女ともに，20〜24才の年令層にある青年の自殺率はその前後の年令層の自殺率よりもいちじるしく高く，また70才以上の老令者の自殺率は，あらゆる年令層を通じて最高である」（岡崎 1960: 133）というかたちで，国際的な比較を通じて日本の年齢別自殺率に見られる特徴が指摘された。

(5)　人口動態統計の沿革や調査体系などについては，法政大学附属の日本統計研究所が発行している『研究所報』の第18号（1992年3月発刊，タイトルは「厚生統計」）に詳しい。死因の選定は死亡診断書をもとになされており，死因の分類は「疾病及び関連保険問題の国際統計分類」（ICD）に準拠している。ICDは1900年の国際会議ではじめて採択され，同年以来，日本でも採用されている。

めて「少年の自殺の実態」が記されるようになり（前年にあたる1977年の「自殺少年」総数は784人とされる），1979（昭和54）年版ではじめて年次推移が記された(7)。

第3に，文部科学省（2001年1月まで文部省）によって公表される，児童生徒の自殺の統計である。文部科学省が年度ごとに公表している『児童生徒の問題行動・不登校等生徒指導上の諸課題に関する調査』(8)の調査結果では，自殺した児童生徒数が明らかにされている。なお，同調査によって示される児童生徒の自殺者数は，1974（昭和49）年から1987（昭和62）年までは年間の数，1988（昭和63）年以降は年度間の数であることが付記されている。また，1976（昭和51）年までは国公立中学・高等学校のみ調査対象とされていたが，1977（昭和52）年からは公立小学校，2006（平成18）年からは国立小学校および私立小中学・高等学校，2013（平成25）年からは高等学校通信制過程がそれぞれ調査対象に含まれるようになったことも付記されている(9)。

以上を踏まえて，子どもの自殺に関する主要な統計を整理したのが**表1-1**である。

---

(6)　なお，総務省統計局のウェブサイトでは，警察庁の「自殺の状況」と厚生労働省の「人口動態統計」の自殺者数の違いについて，次のような参考情報が付されている。

1. 警察庁の「自殺の状況」は，日本における日本人及び日本における外国人の自殺者数としているのに対し，厚生労働省の「人口動態統計」は日本における日本人のみの自殺者数としています。

2. 警察庁の「自殺の状況」は発見地に計上しているに対し，厚生労働省の「人口動態統計」は住所地に計上しています。

3. 警察庁の「自殺の状況」は，捜査等により自殺であると判明した時点で自殺統計原票を作成し，計上しているのに対し，厚生労働省の「人口動態統計」は自殺，他殺あるいは事故死のいずれか不明のときには原因不明の死亡等で処理しており，後日原因が判明して死亡診断書等の作成者から自殺の旨訂正報告があった場合には，遡って自殺に計上しています。

（「統計データFAQ」の「25B-Q03　自殺の統計」（https://www.stat.go.jp/library/faq/faq25/faq25b03.html），2022/11/18最終更新版）

(7)　1979（昭和54）年版『警察白書』では，1965（昭和40）年から1976（昭和51）年までの数値は「厚生省統計」に拠っていると付記されている。そのため，警察庁が独自に未成年者の自殺統計を取りはじめたのは1977（昭和52）年の数値からと推測される。**表1-1**中の「同右」は以上の事情を踏まえたものである。

(8)　平成13年度までは旧称『児童生徒の問題行動等生徒指導上の諸問題に関する調査』。

表 1-1　子どもの自殺の統計数値（1947 年〜1979 年）

年		文部科学省				警察庁	厚生労働省「人口動態統計」			
西暦	和暦	小学校	中学校	高　校	合　計	(19 歳以下)	5–9 歳	10–14 歳	15–19 歳	合計
1947	昭和 22						19	77	756	852
1948	昭和 23						2	33	792	827
1949	昭和 24						6	37	1,045	1,088
1950	昭和 25						0	2	1,310	1,312
1951	昭和 26						0	55	1,430	1,485
1952	昭和 27						1	52	1,551	1,604
1953	昭和 28						0	63	1,875	1,938
1954	昭和 29						0	76	2,495	2,571
1955	昭和 30						3	88	2,735	2,826
1956	昭和 31						1	73	2,404	2,478
1957	昭和 32						2	76	2,468	2,546
1958	昭和 33						3	93	2,671	2,767
1959	昭和 34						2	69	2,258	2,329
1960	昭和 35						1	62	2,217	2,280
1961	昭和 36						1	86	1,878	1,965
1962	昭和 37						3	97	1,360	1,460
1963	昭和 38						0	85	1,000	1,085
1964	昭和 39						2	63	839	904
1965	昭和 40					同右	0	46	806	852
1966	昭和 41					同右	0	48	968	1,016
1967	昭和 42					同右	0	48	852	900
1968	昭和 43					同右	1	50	876	927
1969	昭和 44					同右	1	55	733	789
1970	昭和 45					同右	0	55	702	757
1971	昭和 46					同右	1	60	717	778
1972	昭和 47		(71)	(162)	(233)	同右	3	83	819	905
1973	昭和 48		(108)	(233)	(341)	同右	0	95	814	909
1974	昭和 49		69	208	277	同右	1	67	786	854
1975	昭和 50		79	211	290	同右	1	88	768	857
1976	昭和 51		72	216	288	同右	1	83	717	801
1977	昭和 52	10	89	222	321	784	4	89	720	813
1978	昭和 53	9	91	235	335	866	3	87	776	866
1979	昭和 54	11	104	265	380	919	4	90	814	908

注：警察庁統計の数値については，1979（昭和 54）年版『警察白書』，および，「平成 16 年中における自殺の状況」を参照している。

1.3　分析の方針

以下では，戦後から 1970 年代までの日本における子どもの自殺に関する言説を検討していく。その際に重視するのは，特定の「語り」において，そこで語られている事柄（語りの内容）と，その方法的特徴（語られ方）と，その語りが置かれている文脈とをそれぞれ切り離すことなく，当該の「語り」それ自体を人びとの実践を通じて組織・達成される秩序立った現象として扱うという方針である。このような方針は，「『言説』というものは，エスノメソドロジー的に記述される時には，実践的に編成された現象」（Lynch 2001=2001: 51）であると述べた M. リンチをはじめとする，エスノメソドロジストらの視点と重なるものである(10)。

そして，そのような視点に依拠する以上，ある人の自殺がまさに〈子ども〉(11) の自殺として語られているか否かは，当該の語りの編成の仕方に即し

---

(9)　それゆえ，一般的に，中学生・高校生は 1974 年分から，小学生は 1977 年分から調査がはじまったとされるが，各都道府県教育委員会（および文部省）による調査・集計はそれ以前から部分的に実施されていたようである。

たとえば，1978 年 8 月 18 日付の『内外教育』（時事通信社が発行している教育専門情報誌）の記事「中学生が 17 人増加」では，「文部省の小・中・高校生の自殺の実態調査」という呼称でこの調査の結果が伝えられているが，そこには 1972（昭和 47）年の数値（中学校で 71 件，高等学校で 162 件）や，1973（昭和 48）年の数値も示されている（中学校で 108 件，高等学校で 233 件）。

なお，1974 年分の調査結果より古い時期における統計数値については稲村博の著作が詳しい。稲村（1978a）には，「中学生の自殺者推移」として，1972（昭和 47）年から 1976（昭和 51）年までの中学生の自殺者数が学年・性別ごとにまとめられている（稲村 1978a: 4)。また，稲村（1978b）には，「中・高校生の自殺」として，同じ時期の中・高校生の自殺が学年ごとに（高校生は 4 年まで）まとめられている（稲村 1978b: 163)。それらの出典はいずれも「文部省中等教育科資料」とされるが，資料の詳細は不明である。さらに稲村・齋藤（1980）でも，「中学生の自殺者の推移」として，1973 年から 1978 年までの中学生の自殺者数が学年・性別ごとに記され，ここでも「文部省中学校教育課調べ」という出典が（詳細は不明ながら）付記されている（稲村・齋藤 1980: 18)。それらによれば，1972 年の自殺者数は中学生 71 人，高校生 162 人とされており，それらの自殺者数は，先述した 1978 年 8 月 18 日付の『内外教育』の記事内に記されている数とも合致している。**表 1-1** 中の（　）内の数値は，これらを参照して記載したものである。

なお，1973 年分から 1978 年分までの調査結果については，1979 年 1 月付で文部省が刊行した『生徒の問題行動に関する基礎資料（中学校・高等学校編）』でも表にまとめられているが，「この調査は各都道府県教育委員会が把握している範囲内で，国・公・私立の生徒について調査したものである」という但し書きが付記されている。

て考えなければいけない。もちろん，ある自殺の行為主体をあらわす際に「子ども」という語が直接に用いられている場合には，そうした語の使用のあり方に従って，その自殺を「子どもの自殺」として同定できる場合が多いだろう。他方，「子ども」という語が直接に用いられていない場合，ある人の自殺についての語りを「子どもの自殺」についての語りとして同定可能か否かは，その都度検討を要する課題となる。仮にそうした問題を無視して，観察者として——自殺の主体が「未成年者」であれば「子ども」と見なすといった——ある一定の基準を設け，その基準に照らして当該のテクスト上で語られているのは「子どもの自殺」か否かを区別・定義しようとするならば，それは人びとの具体的な実践とその組織化のあり方を無視した「構築的分析」（Garfinkel and Sacks 1970）となってしまう。

このことは分析の方法に関わる問題である。本章の課題に即して，より具体的に述べておこう。日本で発刊された雑誌の記事を相当程度網羅的に収集している公益財団法人大宅壮一文庫の雑誌記事索引検索システム「Web OYA-bunko」で「青少年の自殺」カテゴリーに分類されている記事は，1979 年までを対象範囲とすると，279 件ヒットする（**図 1-1** は年代ごとの記事件数の推移）(12)。問題は，この記事件数という数値から何を述べることができるかである。

明らかなのは，この 279 件の記事すべてが，〈青少年〉というカテゴリーを実際に用いて，ほかならぬ「青少年の自殺」について述べた記事であるわけではないということだ。というのも，記事分類カテゴリーとして用いられている「青少年の自殺」は，あくまでも記事を分類する際に参照されているカテゴリ

(10)　そのような方針においては，山本（2009）で参照される M. フーコーやカルチュラルスタディーズ系統の議論のように，「言説」という語自体に何らかの特別な理論的意味が込められているわけではない。したがって本書では，「言説」という言葉を，単に「語り」「語り方」といった日常的な意味合いで用いる。

(11)　本書では，それが人の分類に関わる社会的カテゴリーであることを強調するために〈　〉を用いる。

(12)　検索作業は 2020 年 5 月 14 日に実施した。なお，当該検索システムは 2023 年 7 月 18 日にリニューアルされ，旧来よりも索引数や一括検索できるデータが増加したとされる（https://www.oya-bunko.or.jp/tabid/990/Default.aspx）。実際，1979 年までという期間を指定して「青少年の自殺」という小分類の記事を検索すると 293 件ヒットし，同分類内の記事件数の増加が確認できる（2024 年 10 月 30 日確認）。

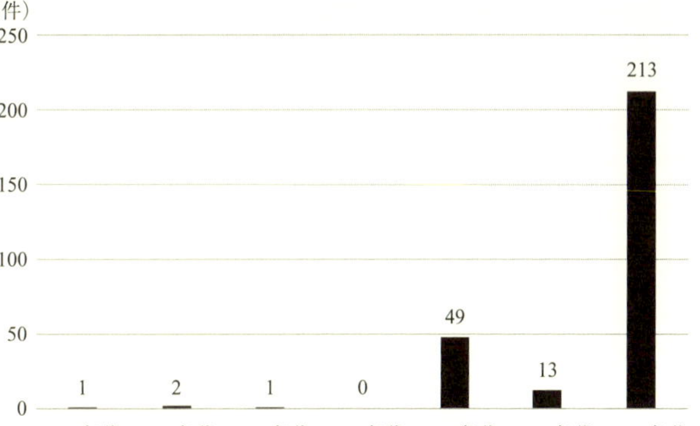

出典：公益財団法人大宅壮一文庫「Web OYA-bunko」

図 1-1　「青少年の自殺」雑誌記事件数の年次推移

ーであって，そこに含まれる全記事が実際に〈青少年〉の自殺を論じているかどうかは記事の内容を見ることなしには判断不可能であるからだ。より具体的に言えば，279件の記事のなかには，〈子ども〉の自殺や〈小学生〉の自殺について述べた記事が含まれているが，それらの記事で常に〈青少年〉の自殺が語られていると言えるわけではない。にもかかわらず，このウェブ検索サービスの記事分類カテゴリーとしての「青少年の自殺」に分類されている記事を，そのまま〈青少年〉という特定の社会的カテゴリーを参照しながら書かれたものとして扱うならば，記事そのものの理解可能性(13)を無視し，外部的視点に依拠した分析に陥ってしまう。

この点で，伊藤（2000）の議論には看過し難い問題がある。伊藤は，1980年代と1990年代に「いじめ自殺」に関心が集まった一方，1970年代後半には「『子どもの自殺』そのものについての言説が大量に生み出されていた」（伊藤

(13)　ここで「記事そのものの理解可能性」という言葉で強調しているのは，当該の記事が読み手にとって普通どのように理解されうるかを限定する，記事それ自体に備わる特徴の存在である。記事は，読み手の様々な「解釈」がなされる以前に，一定の理解，つまりは「読み方」を導くかたちでデザインされている。あらゆる社会的ものごとに備わる理解可能性（intelligibility）は，エスノメソドロジー研究にとって前提的な概念のひとつであるが（前田ほか編 2007），特にテクストの理解可能性に関する議論としては岡沢（2022）が参考になる。なお，新聞記事というテクストをエスノメソドロジーの視座から分析した研究として Lee（1984），Eglin and Hester（2003）などがある。

2000: 33）と指摘する。その根拠として参照されているのが，まさに大宅壮一文庫の記事分類カテゴリー「青少年の自殺」に分類されている記事件数なのである。伊藤は，明治期以降 1995 年までを対象範囲とした『大宅壮一文庫雑誌記事索引総目録』上の「青少年の自殺」カテゴリーの記事が，「77 年に前年の 20 件から 42 件に増え，78 年は 38 件，79 年は 51 件と多かったが，80 年には 9 件へと急減している」（伊藤 2000: 45）ことに注目し，それを 1970 年代後半の「子どもの自殺」をめぐる言説の量的傾向，さらにはそれに対する社会的な「関心」の度合いをあらわす指標と見なした。

もちろん，そうした伊藤の指摘がある種の実証性を有していることは確かだろう。というのも，記事をカテゴリー別に分類する作業もまた，まったく無秩序なかたちでおこなわれているわけではなく，一定程度，記事それ自体の理解可能性に即しておこなわれているはずであるからだ（そうでなければ，利用者から「間違って分類されている記事がある」といった指摘を受けかねない）。そして，そうである以上，「青少年の自殺」カテゴリーに分類された記事の件数は，当時の社会における子どもの自殺言説の多寡やその推移を捉えようとする際にも有用な参照点となりうる。しかしながら，その一方で，それらの記事件数それ自体を子どもの自殺言説の量的傾向をあらわす指標として扱うことにも問題がある。というのも，繰り返すように，その「青少年の自殺」カテゴリーに分類された記事のすべてにおいてほかでもなく〈子ども〉の自殺が論じられているのかは記事内容を検討せずには判断できないからである。それゆえ，子どもの自殺言説のありように関する伊藤の議論は，その方法上，対象としているはずの資料（データ）の理解可能性に準拠せずに，そこから飛躍した知見を導いてしまう危険性から免れることができていない。

そこで本章では，先行研究である伊藤（2000, 2014）の主張・見解を，資料を検討する作業をおこなうための補助線としつつ，資料の検討を通じて伊藤の主張を問い直すことをひとつの課題として位置づける。その際重要なのは，新聞記事や雑誌記事をはじめとする種々のテクスト資料それ自体の理解可能性にもとづいて，そこで子どもの自殺がいかに語られていたのかを検討することである。

以下では特に，伊藤による次の 2 つの主張を中心に検討を加えたい。第 1 に，

「子どもの自殺そのものが社会問題化したのは77年から79年にかけての時期が初めてだった」という主張であり，第2に，その1977年から1979年の期間に「根拠なく『子どもの自殺が増えている』と伝える言説は少なからずあった」（伊藤2014: 31）という主張である。このうち第2の主張に関しては，議論を先取りするかたちになるが，次の点を指摘しておきたい。すなわち，伊藤がそのような主張を提示するのに際して参照したのは人口動態統計における0歳～19歳の自殺者数の推移であったが，その当時の子どもの自殺言説において参照されていた統計的な「事実」は，人口動態統計の0歳～19歳の自殺者数の推移だけではない。この点について検討することなしに「根拠なく」子どもの自殺の増加が語られたと言いきることはできないはずである。以下で具体的に検討する。

1.4　戦後から1950年代までの子どもの自殺言説の検討

以下では便宜的に，戦後から1950年代，1960年代，1970年代と時期区分して，子どもの自殺をめぐる言説がいかに産出されてきたのかを検討する。

1.4.1　新聞報道における未成年者の自殺

戦後，1940年代後半の時期には，新聞・雑誌ともに，未成年者による自殺事件を報じる記事は基本的に見当たらない(14)。

そうした時期を経て，1950年代になると新聞紙面上(15)では，「女子高校生飛込み自殺」（『朝日新聞』1954/1/14朝刊），「川崎駅で飛込み自殺　東京の女子高校生」（『朝日新聞』1954/3/11朝刊）など，個別の事件について報じた記事が

(14)　ただし，検索システムを用いる手法の限界である可能性は否定できず，別の方法で記事収集をおこなえば該当記事が見つかるかもしれない。なお，「子ども and 自殺」で記事検索をすると，1940年代（あるいはそれ以前）から1950年代にかけて目立つのは，子どもの自殺というよりも，親による子どもとの心中事件に関する記事である。

(15)　本章以下では，不要な煩雑さを避けるため，特に必要がない場合は新聞・雑誌記事の掲載頁までは表記しない。また，記載のない場合は東京本社版の記事であり，大阪本社版や西部本社版についてのみ「大阪版」「西部版」と記載する。

散見されるようになる。大学生の自殺事件に関する記事「女子明大生自殺」（『朝日新聞』1955/11/4朝刊）では，「沼田署の調べによると，松本さんは神経衰弱になり」といった記述も見られ，当時「神経衰弱」という精神医学的な言葉が自殺やそれにつながりうる心理的状況を説明するための語として使用されていたことがわかる(16)。とはいえ，上記のいずれの記事も紙面上での扱いは小さく，そこに〈子ども〉など，特定のカテゴリーの担い手の自殺を問題化しようとする志向は見られない。

その一方で，1955年には，子どもの自殺に関するいくつかの特徴的な記事も掲載された。以下の2つの記事はいずれも1955年7月5日に発生したある小学2年生の自殺事件に関する新聞記事である。事件の翌日の『読売新聞』夕刊記事では，「子供の悲劇・だれの罪」という大見出しのもとで，兵庫県神戸市の小学2年生の自殺事件と，北海道旭川市で発生した母子心中を意図した母親による子の殺害という，2つの異なる事件に関する文章が併記されている。同記事のリード文では，「先生の激しいしっ責にたった8歳の感じやすい学童が鉄道自殺をしためずらしい，しかも悲惨な事件が5日神戸に起ったが，同じ日に北海道旭川ではやはり8歳の学童が成績が悪いという理由で母親にしめ殺される惨事があった。いずれも児童の教育に対する教師，親などのあり方に考えさせられる深刻なものがあるようだ」（『読売新聞』1955/7/6夕刊）として，同じ「8歳」の児童の事件であることに着目し，両事件を「教師，親などのあり方」という「問題」と結びつけている(17)。

1955年7月7日には，同事件に関する「八歳の坊やの自殺　母と子の問題として」という見出しの記事が『朝日新聞』の家庭面に掲載された。そのリード文は次のものである。

(16)　同様に「校舎六階から飛降り　法大女子学生が自殺」（『朝日新聞』1955/2/10朝刊）という記事でも「同大事務局の話では最近少し神経衰弱気味だった」と伝えられていた。

(17)　なお同記事では，自殺した児童を叱責したという小学校教諭による「私の説諭に死ぬほど打撃を受けたとは思われない。もし私の言葉で自殺したとすれば子供の心になにか勘違いしたのではないか」というコメントも紹介されている。このような，いわゆる自責の念を感じさせない教師の語りが新聞紙面上に掲載されていたという事実それ自体が，当時の子どもの自殺報道言説と現代のそれとの差異を示唆しているようにも思われる。

> まだ八つの坊やが，鉄道自殺した。それも，先生にしかられて…（中略）…神戸市東灘区本山第三小学校2年生，赤田治男君。先生にはかわいがられていたいい子だというし，お母さんの君子さん（42）の話でも，非常にほがらかな，大の動物好きの子だったという。
>
> 自殺者が急カーブでふえているこの国のありさまが，こんな小さな子どもの心にも，おとなたちの思い及ばぬ自殺というカゲをおとしていたのだろうか。多くのお母さんたちは，このニュースをきいて，きっと，小さなわが子の上に，不安な眼を投げたにちがいない。
>
> この事件のほんとうの原因はまだ分かっていないが「八つの子が自殺した」という，そのことだけをここでは母と子の問題として考えてみよう。1人は小児科医，1人は小学校の先生，それぞれの立場から――（『朝日新聞』1955/7/7夕刊，傍点は引用者）

まず注目したいのは，「先生にしかられて」という児童の自殺の原因についての記述である。この点にのみ注目すれば，記事は「教師の指導のあり方」を問題化するものであるように思われるかもしれない。しかしながら，興味深いのはむしろ，「先生にしかられて」という記述があるにもかかわらず，記事全体としては「教師の指導のあり方」や「児童と教師の関係のあり方」といった問題としてではないかたちで，当該児童の自殺を文脈づけている点である。記事の見出しとリード文のなかで用いられているカテゴリーに着目すると，「八歳の坊やの自殺　母と子の問題として」という見出しは，当該の「八歳の坊やの自殺」に関する記事をほかでもなく「母と子の問題」を論じた記事として読むべきことを指示し，記事全体をそのようなものとして理解可能にしていると言えよう。続けてリード文に目を向けると，そこでのカテゴリー使用のあり方には，いくつか特徴的な点があることに気づく。ひとつは，自殺した子どもを指示する上で〈坊や〉というカテゴリーが用いられていることである。「坊や」は，辞書的には男の幼児に親しみを込めて使われる呼称とされるが，新聞紙面上でわざわざそうしたカテゴリーが用いられていることは，当該の記事を単なる「事件報道」としてではなく，読者にとってより身近な出来事について論じた記事として読ませるための仕掛けになっているように思われる(18)。

次に注目したいのは，リード文の第2・第3段落で，当該の子どもの自殺事件と関連づけながらも，事件に限定されない内容が語られていることである。第2段落ではまず，日本における自殺者数の増加傾向という事実が参照され，そうした社会的傾向が小さな〈子ども〉にも影響しているのだとすればそれは〈おとなたち〉の「思い及ばぬ」小さな〈子ども〉の「心」への悪しき影響だ，といった内容が語られている。さらに続けて，当該の自殺事件を知ったことで，多くの〈お母さんたち〉は小さな〈わが子〉に対しても不安を感じたはずだと述べられている。このような語り方において，当該の自殺事件は，個別の子どもの自殺事件という文脈を超えた意味を与えられているのである。第3段落では，自殺の「ほんとうの原因」は不明確であるが，ここではそれを〈母〉と〈子〉の問題として扱うという立場が宣言されている。そこで事件は，「母と子の関係」という問題を問うためのきっかけ・資源として位置づけられているのである。つまり，この記事において当該事件は，単に個別の事件としてではなく，より一般化された文脈のなかに置かれている。それはすなわち，「自殺者数の増加傾向」といった社会状況を問題化する文脈であり，さらには母子関係のあり方を問題化する文脈である。とはいえ，これらの新聞記事でも「子どもの自殺」そのものを問題化する志向は見られない。

1.4.2　未成年者の自殺への「クレイム申し立て活動」

ただし，1950年代という時期の新聞紙面上においても，未成年者の自殺を社会問題として論じようとする志向がまったく見られなかったわけではない。

そうした観点から取り上げておきたいのは，「しかられた子また自殺　新潟で中学生2人」（『読売新聞』1955/7/24朝刊），「また中学女生徒が入水自殺」（『読売新聞』1955/8/7夕刊）といった見出しの2つの記事である。これらの記事では，見出しに「また」という表現が用いられることで，同種の自殺事件が近い過去にも発生していたことが示唆されている。言い換えれば，そこで報じられた自殺事件は，単に個別の事例としてだけではなく，一定程度連続して発生

(18)　もちろん，この記事が家庭面に掲載されていたことも，記事の性質やそこで言及されている事件についての意味づけ・文脈化のあり方と無関係ではない。一般的に，テクストがどのような場に記されたものであるかもそのテクストの理解可能性に関わると言えるからである（岡沢2022）。

している複数の事例のひとつとして位置づけられているのである。ただし，両記事はいわゆるベタ記事で，そこに「子どもの自殺」を社会問題として論じようとする強い志向を見てとることはできない。

これらとは対照的に，1957 年 11 月 16 日『毎日新聞』家庭面に掲載された「いらだつ子供たち　自殺　ノイローゼ　アルコール中毒」という見出しの記事は，〈子供たち〉の自殺を社会問題として論じようとする志向が見られる記事だと言える。見出しにもあらわれているように，同記事では，「自殺」「ノイローゼ」「アルコール中毒」といった事象がいずれも〈いらだつ子供たち〉の問題として関連づけられ，「新時代の特徴にさえあげられるほど」の状況とされているからである。さらに同記事の「自殺」に関する部分では，同年 3 月に発生した 16 歳の少年（「章君」）の自殺事件が言及され，次のような記述が与えられている。

> 厚生省の調べによると 15 才から 19 才までの自殺者は（昭和 22 年を 100 として）男 25 年 182，28 年 261，30 年 392，女 25 年 151，28 年 203，30 年 304 とうなぎ上りの状態です。自殺の原因には①世の中がいやになった②精神の混乱，衰弱などが多くなっています。
> 章君の場合も，精神的に弱かったうえ感傷的になって，生きてゆくのがいやになった結果だとみられています。（『毎日新聞』1957/11/16 朝刊）

ここで特に注目したいのは，「厚生省の調べによる」とされる統計数値が言及されていることである。そうした統計数値を参照することで「15 才から 19 才」の自殺者数の増加傾向が印象づけられる内容となっている。ここでは，直接的には「15 才から 19 才」という年齢階級に当てはまる人びとの自殺が問題化されているわけだが，同時にまた記事では，それがまさに〈子供たち〉の問題として意味づけられている。つまり，この記事は「15 才から 19 才」の自殺者数という統計数値を参照しながらも，見出しなどでは〈子供たち〉というカテゴリーを用いることで，「子どもの自殺」を問題化しようとする志向があらわれている。言い換えれば，この記事自体が「子どもの自殺」を社会的な問題として位置づけようとする活動，すなわち「クレイム申し立て活動」（Spector and Kitsuse 1977=1990）として理解可能なかたちでデザインされている[19]。

雑誌記事ではどうだろうか。上述した「青少年の自殺」カテゴリーに該当する1950年代の記事の多くは個別事例を対象にしたものだが，なかには個別の事件報道に留まらず，自殺という問題そのものに対するクレイム申し立て活動として理解可能な記事も存在している。例を挙げれば，①「人命軽視時代　なんとなく死にたくなる十代の子」（『週刊読売』1953/10/25），②「死を急ぐ若い世代」（『婦人公論』1954年4月），③「若人よなぜ死にたがる？　“10代の自殺の実態”」（『週刊朝日』1955/3/6），④「理由なき自殺：十代は死を急ぐ」（『週刊東京』1957/2/23），⑤「十歳で自殺した少女とその周辺」（『週刊読売』1959/9/20），⑥「若者よ，なぜ死ぬか」（『週刊朝日』1959/12/27）などの記事は，個別の自殺事件に言及しながらも，それらをより一般的な文脈に位置づけている。

ただし，それらを他ならぬ「子どもの自殺」という問題へのクレイム申し立て活動として単純に捉えることもできない。というのも，記事の見出しにもあらわれているように，それらの記事が対象としているのは，少なくとも直接的には，〈10代の自殺問題〉，あるいは〈若い世代の自殺問題〉，〈若人の自殺問題〉，〈若者の自殺問題〉であるからである。

以下，それぞれの記事の特徴を簡単に紹介しておこう。①では，他者からは容易に理解できないような「理由にならぬ理由」で自殺や殺人をおこなってしまう人が増えているという社会認識が語られ，さらにそうした傾向は〈10代〉に顕著だとされている。②では，専ら「若い男女の心中が非常に多くなっている」ことが強調されている。③では，はっきりと「10代の自殺が，激増していることは事実だ」と述べられている。なお，その情報源は「本誌が全国通信網によって集めた，最近の資料」とされ，詳細は不明である。また，記事の内容自体は個別事例を列挙するかたちになっており，そのほかに統計的な根拠が示されているわけではない。その点，④から⑥はやや異なっている。④では，〈10代〉による「大した理由もなし」の自殺の流行が問題化され，「厚生省の統計」が参照されている。そして，日本は国際的に見ても自殺死亡率が全年層

（19）　ここでの検討は，ある活動の「クレイム申し立て活動」としての理解可能性の探究（小宮 2017）という方針を踏まえた経験的研究のひとつの実例として位置づけられるだろう。

的に高いが,「なかでも特徴あるのは, 青少年の自殺者がきわめて多いこと」だとされている。そこでは「年齢別に見れば, 20 歳前後をピークに 30 歳未満の自殺者が世界第 1 位」であると言及され, 記事の見出しでは〈10 代〉が強調されているものの, 内容的にはより広範な年齢層や〈青少年〉の自殺が問題化されている。⑤では, 警察庁の統計数値(20) が参照され,〈10 代〉の自殺者数の増加傾向が問題化されている。見出し上は個別事例に関心が向けられているようであるが, 内容的にはむしろ〈10 代〉の自殺そのものを問題化する論調となっている。⑥では, 厚生省が同年 12 月に発表した『厚生白書』が参照され, そこで社会全体における交通事故死者数と自殺者数の増加傾向が「若い者や子どもに目立つ」とされたことが注目されている。

以上をまとめると, 1950 年代にも相対的には少ない数ながら,〈10 代〉や〈若者〉の自殺を問題化する志向が見られる記事が存在したと言える。なかには, 何らかの統計的事実を参照することで, 主張を根拠づけている記事もあった。ただし繰り返すように, そのいずれにおいても, 単純に「子どもの自殺」が問題化されたとは言いきれない側面がある。明示的に多く語られることになっていたのは,〈子ども〉よりはむしろ,〈10 代〉や〈若者〉といったカテゴリーであった(21)。

(20)　同記事では,「警察庁の調べでは 33 年度〔1958 年度〕の 10 代の自殺者は 4989 名。しかもこの数字は年々激増して行く一方で, 戦前に比べれば 3 倍, 4 倍という有様だ。このうちロー・ティーンがどのくらい含まれているかの数字はないが, 例えば 29 年度〔1954 年度〕の調査ではロー・ティーンの自殺が 269 名もあったのからみれば, やはり, 少なからぬロー・ティーンの死がそこには含まれており, その数字は増えこそすれ減ってはいないと推定される」とされている(〔　〕内は引用者補足)。ここで言われる「警察庁の調べ」の詳細は不明だが, 後述の 1957 年版の『青少年白書』で参照されている資料を踏まえれば, 当該年度に「警察が取り扱った自殺者数」であると推察され,「未遂」件数が含まれた数値であると思われる。

(21)　1949 年に設置された中央青少年問題協議会(1966 年からは青少年問題審議会)は, 1956 年に『青少年児童白書』を創刊し, 翌 1957 年から『青少年白書』を毎年刊行したが, 1957 年版と 1958 年版では, 自殺に関する記述が見られる(以後, 1972 年版までは関連する記述が見られなくなる)。参照している統計情報の性質も関係すると思われるが, そこでは主として〈青少年〉カテゴリーが用いられている。なお, この点は『厚生白書』も同様であり, 1959 年版『厚生白書』では 10 代から 20 代といった「若い年齢層」の自殺死亡率が顕著であるとして, 自殺は「青少年層」の問題のひとつと位置づけられた。

1.4.3　児童生徒の自殺事件と学校の関係

ではこの時期，未成年者の自殺は，いかなるかたちで学校と関係づけられて語られていた／いなかったのだろうか。次にこの点を検討したい。ここでは，すでに取り上げた新聞記事2件に加えて，1955年のあるひとつの雑誌記事を取り上げる。それらはいずれも〈小学生〉や〈中学生〉の自殺について報じたものである。

まず新聞記事について見よう。「しかられた子また自殺　新潟で中学生2人」（『読売新聞』1955/7/24朝刊）という見出しの記事で報じられたのは，2人の中学3年生による青酸カリの服毒自殺事件である。同記事によれば，7月22日に学校から帰らない2人を案じて地域住民が捜索したところ，同夜12時頃に村内の神社境内で青酸カリを飲んで死亡した生徒と，虫の息となっているもう1人の生徒が発見されたという。記事では続けて，「遺書によると…（中略）…同中学校で黒姫山に登山した際野営した男子生徒のうち両君だけは寒いので女子生徒が泊まった山小屋に入り，先生に注意されたのを苦にしたものらしい」と記されている。ここでは教師の叱責が自殺の直接的要因になったとされているが，教師の指導のあり方を直接問題にするような記述は見られない。「また中学女生徒が入水自殺」（『読売新聞』1955/8/7夕刊）という記事では，家出の後に海岸で水死体となって発見された中学3年生の女子生徒について，「樺太で父に死別，おじの寺沢さん方に引取られたが級友から冷たい眼でみられるのを苦に自殺したらしい」と記されている。ここでは「級友から冷たい眼でみられる」ことが自殺の直接的要因と見なされているわけだが，それでも事件が学校や学級の問題として文脈づけられているわけではない。

他方，「ある腕白坊主の自殺　冷たい“大人の社会”に傷つけられた童心」（『週刊サンケイ』1957/11/17）という小学6年生の自殺事件に関する雑誌記事では，学校との関係という観点からも，注目すべき点がある。当該児童が首を吊った姿で発見されたのは同年10月5日の夜とされるが，記事ではその日前後の出来事にも言及がある。なかでも大きく取り上げられている出来事は，9月9日におこなわれた町内小学校合同運動会での，学級担任の教師による当該児童への「乱暴」である。記事によれば，教師が当該児童に「お前のようなきかん坊は殺してしまうぞ」と述べながら「左の腕をねじり上げ平手やゲンコツの雨を降らせた」という。その理由は，当該児童がクラスの女子児童の髪の毛を引っ張るいたずらをし，教師が注意してもそれを止めなかったためであったとされる。また，教師の「乱暴」がエスカレートしたのは，祝い酒を飲んで酒気を帯びていたためとされている。続けて記事では，そうした体罰的指導の身体的影響自体はそれほど大きくなかった一方で，その出来事以来，周囲から「腕白」な子とまなざされていた当該児童の様子は変化し，学校に行くことも嫌うようになったと記されている。それでも，その出来事をまだ把握していなかった「しつけに厳格な父親」は，当該児童を怒鳴っては学校に行かせていたが，まもなくして近所の人から運動会での出来事を聞かされて驚き，町の教育委員会に訴え出ることになったという。結果，教師が「酒を飲んでいたので思わずカッとなって殴った」と教育委員会は弁解し，父兄側に陳謝することで決着していたという。その上で記事では，学校での盗難事件の犯人が当該児童であったと発覚したことや，家族が問いただしたところ当人はその理由を「先生を困らせようと計画してやった」と説明したこと，その後に当該児童の「態度はさらに変った」ことなどが伝えられている。結果的には，ある日の深夜，自宅裏で首を吊って亡くなっている姿が発見されることになってしまったが，枕元には家族に宛てて書かれたノート2枚の遺書も残され，家族への謝罪の言葉などが記されていたという。そして当該児童の自殺は所管の警察署に届け出されることになったが，「その原因は一語『厭世』と記されただけだった」とされる。

ここで着目したいのは，事件発生後の展開についてである。同記事の後半では，「責任のなすり合い」という小見出しのもと，次のような記述がなされている。

> 自殺の原因がどうもおかしいと感じた報道陣は直ちに車で七飯町にかけつけ学校長や渋谷先生〔担任教諭〕に面会した。
>
> しかし学校側では，全然心当りがないと述べ，家庭が厳格過ぎて両親の愛情が足りなかったのではないだろうかと語っただけだった。
>
> ところが一行君〔当該児童〕の家を訪れ，始めて渋谷先生の暴行事件が判り両親始め親戚一同は口を揃え先生に対する恐怖心が直接の原因だと語り学校側の態度をなじった。

> 一行君の死に異常なショックを受けたPTAや町教育委員会，さらに道教委渡島事務局では直ちに真相の究明に乗り出し，両親をはじめ渋谷先生，PTA役員ら関係者が一堂に会し，問題を調査した。だがこの結果も一行君の家庭では子供に対するしつけが非常に厳しく，小学校の2，3年ごろから田の草取りを怠けたといって夜遅くまで家に入れなかったことや，遠足の時も弁当を作ってやらなかったことなど平常から腕白だった一行君に対する両親の冷たさが取り上げられ，これが結局一行君を死に追いやった大きな原因であると結論されてしまった。
>
> このため渋谷先生は教育委員会から体刑は慎むよう改めて注意を受けてなにごともなくすんだものの我が子を失った両親にとってこの結末はなにかしら割り切れない感情のシコリが残された。
>
> 一行君の仏前に両手を合わす父親喜八郎さんは「我が子の死がまだ信じられません」と鼻をつまらせ，ただ深く頭をうなだれるだけだ。
>
> 一行君の死については世間の批判もまちまちであるが，家庭と学校側の愛情が幼い子供達の成長に大きな影響を与え，共に心血をそそいでその育成に当らなければならぬことを今度の事件は教えている。（『週刊サンケイ』1957/11/17，傍点および〔　〕内の補足は引用者）

以上によれば，自殺の発生後に「報道陣」が積極的な取材活動をおこない，遺族ばかりか学校関係者にまで直接聞き取りをしていたということがわかる。その際，遺族側と学校側では児童の自殺の原因に関する言い分が食い違い，その後さらに「関係者が一堂に会し」ての調査も実施された結果として，家庭での厳しいしつけや両親の態度が「大きな原因」になったと結論づけられたことが伝えられている。すなわち，「体刑」と見なされるような教師の指導があり，その影響を受けた児童が自殺したとされるこの事件ですら，最終的には家庭の問題として決着していたのである。

以上を踏まえると，1950年代の時期においては，〈小学生〉や〈中学生〉の自殺事件が一定程度注目された場合でも，必ずしもそれが学校の問題として語られたわけではなく，「子どもの自殺」を学校と深く結びついた問題として自明視するような認識は共有されていなかったと考えられる。

1.5　1960 年代における子どもの自殺言説の検討

1960 年代に入ると，1950 年代までの言説状況からはいくつかの点で変化が見られるようになる。その具体的な検討作業にとっては外在的な指摘に過ぎないが，補足的に述べておけば，1960 年代という時期，〈子ども〉あるいは未成年者や青少年層の自殺に関する言説は，1950 年代や 1970 年代と比べて相対的に目立たなくなっている。新聞・雑誌紙面上の関連記事の掲載数が 1950 年代と比べて著しく減少しているのに加えて，『青少年白書』でも 1960 年代は「自殺」関連の記述が見られなくなっている。しかしその一方で，1960 年代の「子どもの自殺」言説には，学校との関係を捉えようとする際には無視できない点もある。以下，資料に即して具体的に検討する。

1.5.1　学業・受験を苦にした自殺の数え上げ

1960 年 2 月 28 日の『読売新聞』夕刊に「受験期の中学生が自殺　勉強しないとしかられ」という見出しのベタ記事が掲載された。記事によれば，この中学生の自殺は，家族から受験勉強をしない状況を叱られて家出した後のことであったという。注目したいのは，わざわざ見出しにも「受験期の」と書かれているように，自殺の背景としての「受験」に注意が向けられていることである。

1960 年頃には，雑誌記事でも受験と自殺を結びつけるような記事が散見されるようになる。たとえば，「自殺の多い入試前後　青年を圧迫するオアズケ心理」（『サンデー毎日』1960/3/20）という記事では，「ここ数日，受験生の自殺が続いている」として 4 件の高校生や浪人生の自殺事件が列挙されている。同記事では「警察庁の調べでも，昭和 33 年の 1 年間に『学業の失敗により』自殺を企てた 20 才以下の少年，少女は合計 166 人。少年，少女たちにとって，入学試験はそんなにまでも重圧になっているのだろうか」として，統計的な数値も参照されている。また，「悲しき十六歳の詩集　ボクは雲になりたい！受験地獄に敗れた或る中学生の遺書」（『週刊サンケイ』1961/4/3）という記事では，「高校入試にも無事パス」した中学生による自殺事件が取り上げられ，受験との関連度合いは不明とされながらも，見出し上はそれが「受験地獄に敗れた」中学生の自殺事件として位置づけられている。同記事内では「われわれは，今年に入って，すでに5人の犠牲者を出し“受験ノイローゼ”の実態を，このケースをもとに見通してみたい」として，やはり受験と自殺が結びつけて論じられている。

着目したいのは，それらの記事において，学業・受験を苦にした自殺が数え上げられていることである。前者の記事では警察庁発表の公的な統計数値が参照され，後者の記事では「今年に入って，すでに5人」と独自の数え上げが示されている。もちろん，伊藤（2000, 2014）も指摘していたように「学業・受験を苦にした自殺」は主要な子どもの自殺類型のひとつであり，1950年代にもそのように報じられた事件が存在していたが，個別の事件報道を超えて，「同じ」ような事件の「連続性」や「多発性」を強調する語り方が登場しはじめたのは主に1960年頃からであったと考えられる。

1.5.2　自殺の「低年齢化」傾向の指摘

以上を踏まえて次に取り上げたいのは，1967年度版の『子ども白書』である。1952年に発足した社会運動団体「日本子どもを守る会」が1964年に創刊した『子ども白書』において「自殺」がはじめて項目化されたのは1967年度版においてであったが，1967年度版『子ども白書』の「子どもの自殺について」という項目ではまず，「小学生が自殺する」という見出しのもと，「日本では青少年の自殺が他の国に比べて多いといわれています。しかも近年その年令は，幼い方へと進行してきつつあります。今年度は小学生の自殺さえもおこりました」として「低年齢化」の傾向が指摘され，さらにそうした傾向は「世界でも異例なこと」だと指摘されている。もちろん1950年代にも〈小学生〉の自殺事件として語られた事例は存在していたわけだが，ここでは「今年度は小学生の自殺さえも」（傍点は引用者）といった表現でその新奇性が強調されていた。

なお，自殺の「低年齢化」傾向については，時期は前後するものの，1963年に『朝日新聞』の家庭面に掲載された「こどもと自殺」（『朝日新聞』1963/2/19朝刊）という見出しの記事でも関連する記述が見られた。記事のリード文は「13日に大阪で，宿題をしてこなかった小学6年生が教室の窓から飛降りて死んだ事件がありました。続いて14日には，東京の中学2年生が東京に進学できそうもない，という理由で首つり自殺をしました」と直近の事例への言及にはじまり，本文では「1955年の警察の調査によると，15歳以下のこどもの自殺は，全国で91件（男子58，女子33）報告されています」として，10代前半の自殺者数が注目されている。

ただし，その一方で同記事では，「いったい，小学6年生ぐらいのこどもが，本気で自殺を考えるものでしょうか。また中学生や高校生の場合でも，自殺するようなこどもはごく例外的なこどもではないでしょうか。こどもの自殺の心理と背景，対策などを心理学者に聞いてみました」とも記され，「東大医学部の樋口幸吉助教授」の言葉として「自殺するような子は，かなり衝動的な性格のこども，特殊なこどもと考えられます。だから，ふつうのこどもの場合『うちの子も自殺しやしないかしら』などと心配する必要はない」といった見解が紹介されている。それゆえこの記事は，1960年代までのなかではめずらしく「こども」という語を「自殺」と関連づけるかたちで見出しに用いたものであるが，「子どもの自殺」やその「低年齢化」といった一般的傾向を社会的な問題として論じようとする強い志向があったとは言い難いものであった。

以上をまとめると，1960年代には，子どもの自殺の「低年齢化」傾向を指摘する言説や，学業・受験を苦にした自殺という自殺類型を「増加」「続発」といった数量的なレトリックで論じようとする言説も一定程度見られたが，それらはあくまで例外的な事例に留まっていたと言える。

1.6　1970年代以降の子どもの自殺言説の検討

本章での年代ごとの時期区分はあくまで便宜的なものだが，それでも1970年代における「子どもの自殺」に関する言説状況は，1950年代や1960年代とは大きく異なるものだと言える。以下ではその具体的様相を見ていくが，それに先立ち補足的に述べておきたいのは，言説の量的変化の傾向についてである。オンラインデータベースの検索システムを用いて全国紙3紙（『朝日新聞』『毎日新聞』『読売新聞』）を調べると，「子どもの自殺」（「子供の自殺」「こどもの自殺」を含む）という言葉を直接見出しに含む記事は，1970 年代には『朝日新聞』で 13 件，『毎日新聞』で 23 件，『読売新聞』で 32 件がヒットする。一方，1950 年代と 1960 年代の時期は同じ条件で検索しても，わずかに『読売新聞』で 3 件の記事がヒットするのみであった。また，国立国会図書館の検索システム『国立国会図書館サーチ』を用いて検索すると，「子どもの自殺」（「子供の自殺」「こどもの自殺」を含む）という言葉をタイトルに含む書籍が刊行されるようになるのも，1970 年代以降であったことがわかる。

では 1970 年代当時，子どもの自殺はいかに語られていたのか。

1.6.1　子どもの自殺の「増加」「低年齢化」のレトリック

1970 年代の新聞紙面上では「子どもの自殺」という言葉を見出しに含む記事も相対的に多数見られたが，それらの記事はすべて 1975 年以降に掲載されたものであった。

しかし他方で，1970 年代前半には「子どもの自殺」が注目されていなかった，とも言いきれない。たとえば，1972 年 9 月の『毎日新聞』では「若者たちはなぜ死を急ぐのか」と題された社説が掲載されたが，そこには次のような記述が見られる。

> このところ，中，高校生の自殺が目立つ。「人間に生まれてこなければよかった」と書残して，団地で投身自殺した中学 2 年生，「世の中の問題が自分の胸をバリバリかきむしる」との遺書をあとに，日光・華厳の滝に消えた女子高校生などあとをたたない。
>
> 親や学校側にしてみれば，これといった自殺の動機がはっきりしないものばかりで，そのショックも大きい。少年たちは，何故，死を選ぶのであろうか。…（中略）…
>
> 青少年白書によれば，15 歳から 19 歳の日本の少年の自殺は，35 年，10 万人に対して 23.1 で，世界でもトップクラスであった。その後，減少の傾向をみせ，40 年 7.5 人，45 年 7.7 人となっているが，最近また増えはじめたという。いずれにしても，欧米先進国にくらべれば，その率は高い。…（中略）…

> 少年たちの自殺の原因が多種多様でわかりにくいものであっても，大人が自殺する場合と違って，それほどせっぱつまったものではないだろうか。少年たちの周囲にいる大人たちが，温かい配慮をしてやれば，その多くは防ぐことができるであろう。（『毎日新聞』1972/9/18朝刊，傍点は引用者）

ここでは，「中，高校生の自殺が目立つ」という主張に続けて複数の具体的事例が言及された後，『青少年白書』に掲載された統計情報をもとに(22)，過去の数値や他国の数値と比較して1970年代当時の「15歳から19歳の日本の少年の自殺」が増加していると問題化されている。記事のなかで直接に用いられているカテゴリーは〈中学生〉〈高校生〉や〈少年たち〉といったものだが，それらが〈大人たち〉と対置されていることに注目したい。というのも，ここでは，〈大人たち〉からすれば「動機がはっきりしない」自殺と特徴づけることで，「大人の自殺」とは区別されて対比的に捉えうるものとしての「子どもの自殺」が語られているからである。すなわちここでは，〈大人〉－〈子ども〉というカテゴリー対にもとづいた自殺に対する理解が提示されている。

なおこのような，「大人からは理解し難い子どもの自殺」という語り方は，次のように，1972（昭和47）年版『青少年白書』にも見いだすことができる。

> 青少年の自殺件数は昭和43年以降増加の傾向にある。47年には，中学生や高校生の自殺が相ついだ。これらの自殺の中には，おとなの目から見れば「とるに足らない理由」によるものや，「全く理由がわからない」とされているものも少なくない。（1972年版『青少年白書』，p. 1）

ここでは，「青少年」の自殺が増加しており，近年はとりわけ中高生の自殺が続発していること，それらの自殺のなかには「おとなの目から見れば」自殺に値するとは思えない理由によるもの，そもそも理由が不明なものが少なくないことが指摘されている。

---

(22)　ただし，1972年に公刊されていた1971（昭和46）年版『青少年白書』では，そもそも自殺に関する記述を見つけることができず，具体的にどの部分を参照しているのかは不明である。

さらに，1970年代前半における子どもの自殺に関する議論として見過ごせないのが，国会での議論である。1973年2月23日の第71回国会・衆議院文教委員会では，新たに文部大臣に就任した奥野誠亮への質疑がおこなわれるなかで，委員の栗田翠から次のような質問がなされている[23]。

> 次は，やはりこれも親にとって実に深刻な問題ですが，いまの高校の受験地獄の問題です。もちろん大学の受験地獄の問題もあるわけですけれども，いま当面，高校の受験問題にしぼって私は質問さしていただきます。
>
> ここに2月21日の朝日新聞を持ってまいりました。この日，2人の中学生が自殺をしております。…（中略）…
>
> これは，たまたま2月の21日の新聞ですけれども，ことしに入っただけでも受験をめぐりましてあたら若い中学生が，14，5歳，13歳くらいの子供たちが，自分の命を断っている記事が続々と出てきております。こういう事態は一体どういうところからきているか，どう考えていらっしゃるか。それをまず伺います。（第71回国会　衆議院　文教委員会　第3号　1973（昭和48）年2月23日）

ここでも，「受験地獄」と関連づけられながら，中学生の自殺が問題化されている。注目したいのは，委員の栗田翠が新聞の情報を資源としながら「子どもの自殺」を問題化する自らの主張を組み立てている点である。そのような特徴は，後述する1976年の第77回国会・参議院文教委員会での質疑にも同様に見ることができる。

次に，1973年4月17日の第71回国会・参議院文教委員会での議論を見ておきたい。そこでは，「教育，文化及び学術に関する調査のうち，昭和48年度における文教行政の重要施策に関する件を議題と」するという永野鎮雄委員長の言葉に従うかたちで，以下のような質疑応答が見られた。

> 鈴木美枝子委員

（23）　以下で引用する会議録は，いずれも原文ママ。

文部大臣にお伺いしたいんでございますけれど，私はどうしても，女でおかあちゃんなものですから，近ごろたいへん子供の自殺が多いことが気になるばかりじゃなくして心が痛むのでございます。で，そういう原因について，いつもあらゆることについて家庭のおかあさんのせいだとか，おとうさんのぜい（ママ）だというような形の中に埋没されているようなことが多うございますけれども，私はおかあちゃんの立場から言いますと，やはり教育や，社会の立場がずいぶん原因しているのじゃないかと思います。この重大なことを大きなアウトラインで聞くのは，ちょっとあれなんですけれども，まず，文部大臣に子供の自殺の実態と原因を伺わしていただきたいと思うのです。

奥野誠亮文部大臣

厚生省の人口動態調査がございますので，その数字を申し上げさしていただきます。15歳から19歳の青少年の自殺率は，戦後最高を示した昭和30〔1955〕年には10万人に32人でございましたが，その後減少して，昭和40年には7.4人となっております。その後多少の増減を見せながら横ばいの状態が続き，昭和46〔1971〕年においては8.4人でございます。一方，10歳から14歳の子供の自殺率は，戦後最高の昭和33〔1958〕年で人口10万人に対して0.9人であり，昭和40〔1965〕年には0.5人まで下がりましたが，昭和43年には0.6人，昭和45〔1970〕年には0.7人とわずかながら増加の傾向が見られております。（第71回国会　参議院　文教委員会第4号　1973（昭和48）年4月17日，傍点および〔　〕内の補足は引用者）

ここで引用したやりとりには興味深い点がいくつもあるが，なかでも注目しておきたいのは，質疑をおこなう鈴木委員によって「近ごろたいへん子供の自殺が多い」という現状認識が述べられていることである。そうした現状認識を前提に，鈴木委員は奥野文部大臣に対し，「子供の自殺の実態」について意見を求めているが，それに対して奥野文部大臣は，人口動態統計の数値を参照しながら応答している。

そこでは15歳〜19歳と10歳〜14歳という2つの年齢階級に分けて自殺率

の推移が述べられているわけであるが，そこにおいては，15歳～19歳では1955年，10歳～14歳では1958年と，それぞれ戦後最悪の数値を示した年を参照点として長期的に見た場合の減少（改善）傾向が述べられつつ，その一方で昭和40年代（1965年～1974年）を通じた10歳～14歳の微増（悪化）傾向が指摘されていることが特徴的である。つまりそこでは，必ずしも未成年者の自殺が一定して増加してきているわけではないが，昭和40年代の10歳～14歳という年齢層について見れば状況は悪化している，といった現状認識が語られている。

1970年代前半のこの時期以降，このような認識は広く語られることになるが，その際に人口動態統計などの統計数値を根拠に状況の悪化を主張していた中心的アクターは，新聞や雑誌といったマスメディア各社であった。たとえば，1976年1月27日の『毎日新聞』夕刊記事「自殺年齢　下がるばかり」(24)では，「50〔1975〕年，小中学生の自殺」と題された図表にて1975年中に発生した31事例が列挙されるとともに，人口動態統計にもとづいて「子ども（小中学生）の自殺は47〔1972〕年を境に確実にふえている」ことが主張されている。具体的には，「人口動態統計によると，5–14歳の自殺は40〔1965〕年にわずか46件だった。ところが，47〔1972〕年には86件，48〔1973〕年95件，49〔1974〕年68件，そして50〔1975〕年は約90件（推定）。15–19歳が40〔1965〕年の806件から49〔1974〕年の786件に減少したのと比べると“自殺年齢”が低下傾向にあることがわかる」と述べられ，「いまや小中学生の自殺は“一部の，特殊な現象”ではない」と述べられている。なお，記事の中見出しには「受験に揺れる心」という文言が付され，中学生の場合は特に「受験」との関連が考えられる自殺に注意が向けられている。

また，以下に引用するように，1976年3月4日の第77回国会・参議院文教委員会での質疑応答においても，そうした新聞報道が参照されている。

鈴木美枝子委員

永井文部大臣にお伺いいたします。

(24)〔　〕内はすべて引用者補足。

文部大臣も御承知かと思いますけれど，最近，小学生，中学生の非常に年の若い子供さんの自殺がふえてきたことでございます。それで，自殺する理由とか年齢とかを文部省から取り寄せまして調べてみましたら，49〔1974〕年のしかないようでございまして，昨年50〔1975〕年をあわてて私自身が調べてみました。調べてみますと，大体，年齢から言いますと，小学校5年生，小学校6年生，中学3年生——これは50年度でございますけれど，大体，年齢からいいますとそういう小学校，中学校の子供さんばかりでございます。そして，自殺のやり方からしましても，最も残酷なやり方をしておりまして，ガス自殺，首つり自殺，あるいは高度な場所からの飛びおり自殺というようなやり方で，ほとんどが首つり自殺をするというような傾向を持っております。これは50年度の記録で，現に51〔1976〕年になりましてからももう何人か自殺しております。最近のことは新聞でも御存じと思いますけれど，高校生で2月の3日に日比谷高校生が飛び込み自殺をしたという，そうしてもう55年度で100人になんなんとしているわけでございます。

このことを，この記録された世論といいますか，新聞に書かれていることを申し上げますと，「小中学生の自殺は47〔1972〕年を境に確実にふえている。厚生省が医師の死亡診断書を基に作っている人口動態統計によると，」5歳から14歳の自殺は「40年にわずか46件だった。ところが，47〔1972〕年には86件，48年95件，49年68件，」そして，ただいま申し上げましたように，50〔1975〕年は約90件以上を超えようとしている。「自殺年齢が低下傾向にあることがわかる。」死因順位も10歳から14歳の男子，小中学生に最も多いのだ。いまや小中学生の自殺は一部の特殊な現象ではない。まして，一人の自殺児童の周囲に十人の未遂者がいるかもしれない。また，その周りに，百人，千人の悩める自殺準備状態を持っている子供がいるかもしれない。これは，慈恵大学の精神医学の大原先生が談話として発表していることでございます。…（中略）…この自殺に対して永井文部大臣のお考えをちょっと伺っておきたいと思います。

永井道雄文部大臣

> 自殺，特に若い人の自殺の問題というのは，非常に複雑な問題でございます。
>
> ただいま鈴木先生の御指摘がございましたように，自殺年齢の低下現象というものがありまして，10歳から14歳の水準のところがふえてきているわけであります。ただ，ここでも幾分むずかしい問題は，昭和30〔1955〕年という時点が頂点になっておりまして，それから減ってきている。そうして　さらに最近になってふえたという現象があります。（第77回国会　参議院　文教委員会　第4号　1976（昭和51）年3月4日，傍点は引用者）

ここでも文部大臣への質疑をおこなっている鈴木委員は新聞記事を参照しながら自らの主張をおこなっている。具体的な情報は明言されていなかったものの，述べられている内容からは，それが上述した1976年1月27日の『毎日新聞』記事であることが推察できる。同記事では，人口動態統計を根拠に自殺の「低年齢化」の傾向が主張されていた。したがってここでは，公的統計を参照した新聞記事がさらに参照されるかたちで，国会での議論がおこなわれていたことが確認できる。そして答弁者の永井道雄文部大臣も，10歳〜14歳の年齢階級において自殺の増加傾向が見られ，「自殺年齢の低下現象」が認められるとしている。

そうした子どもの自殺に関する社会状況についての認識は，この1970年代後半の時期，様々な場で同じように語られていた(25)。新聞紙面上では，たとえば『読売新聞』の社説記事「幼い自殺の背景にあるもの」（『読売新聞』1977/9/9朝刊）で，人口動態統計を参照しながら10歳〜14歳の年齢層の自殺が増加していると言及されている。同じく「君たち　なぜ死に急ぐ」（『読売新聞』1977/9/26朝刊）と題された記事でも，未成年者の自殺の増加傾向と低年齢化の傾向が問題視され，人口動態統計を参照しながら「同年代10万人当たり

(25)　以下で取り上げる新聞記事のほかに，『毎日新聞』の記事「子ども白書から　10年で2倍　自殺志願児」（『毎日新聞』1976/9/10朝刊）では，1976年版『子ども白書』の内容紹介というかたちで，次のように人口動態統計の数値が言及されている。「子ども（5–14歳）の自殺は40年に46件だったのが…（中略）…50年は90件と，この10年の間に2倍も増加している」。

の自殺率は 15–19 歳が 40〔1965〕年の 7.4 人に対し，51〔1976〕年には 9.8 人に増え，10–14 歳も 0.5 人から 1.1 人と 2 倍になっている」と言及されている（〔　〕内は引用者補足）。雑誌では，「急増した中学生の自殺」（『中央公論』1977 年 2 月），「子供の自殺急増の真因」（『婦人公論』1977 年 7 月），「『自殺しちゃおう』 学校・家庭からどんどん遠くなる少年・少女たち」（『週刊文春』1977/8/18）などの記事で人口動態統計が参照され，「子ども（小・中学生）」「10 代」「少年」の自殺の増加傾向や，自殺の低年齢化傾向が指摘されている。

1. 6. 2 「子どもの自殺問題」への公的機関の反応

1970 年代末期には政府や公的機関が様々な仕方で「子どもの自殺問題」に対する対策を講じることになる。それについて見る前にまず，1970 年代初めまで一旦時期を遡って，教育行政の中心的アクターである文部省の動向について見ておきたい。

1972 年～1973 年頃にはすでに，子どもの自殺の「増加」「低年齢化」が語られるようになっていたことは既述のとおりだが，その際に『毎日新聞』の社説記事や『青少年白書』，衆議院文教委員会での質疑において特に注意を向けられていたのが，〈中学生〉や〈高校生〉の自殺についてであった。

文部省が中高生の自殺に関する独自調査を実施しはじめるのも，まさにこの時期からである。教育関係情報紙『内外教育』の記事では，同調査の概要について次のように記されている。

> 最近，中，高校生の自殺が相次いで起こっているが，これを重視した文部省は 5 月，都道府県教委を通じて実態調査を行ない，このほど結果をまとめた。これにる(ママ)と，昭和 45 年以降の 3 年間に全国で起きた自殺件数は中学生 50 件，高校生 43 件となっている。また原因別では，中学生が家庭の事情に関するものがトップなのに対し，高校生は厭（えん）世，あるいは学業に関するものといった個人的な問題が目立っている。
>
> 今回の調査は，公立中学，高校を対象に各都道府県教委がとらえた数字であるため，文部省は①私立が生徒の 3 割を占める高校では誤差がある②とくに 45，46 年については，調査の網から漏れたものがある――として

> いる。しかし，これまでの統計，厚生省の人口動態調査は年齢 5 歳刻みの調査であり，原因別，月別の調査は全く行われていなかったため，この調査の意義は大きい。（「死を急ぐ中，高校生たち」『内外教育』1973 年 7 月 3 日号，p. 8）

ここからも，1973 年に実施された，1970 年～1972 年の 3 年間における中高生の自殺件数に関する調査が，文部省による児童生徒の自殺に関する初めての統計調査であったことを確認できる。また，そうした文部省の調査が，いくつかの不足・限界はあるにせよ，人口動態統計よりも詳細に「実態」を明らかにすることを可能にする新たな調査として期待されていたことも窺い知ることができる。そして先述のとおり，中学・高校生については 1974 年分から，小学生については 1977 年分から，年度ごとに調査が実施されるようになる。教育行政を担う公的機関のなかでも中心的なアクターである文部省がそうした統計調査を実施しはじめたこと自体，中高生の自殺という「問題」に対する反応であったと言えるだろう(26)。

1978 年には，警察関係でいくつかの特徴的な動向が見られるようになる。第 1 に，警察庁によって，対象を未成年者の自殺に焦点化した「白書」（統計）が取りまとめられたことである。「自殺年齢，低下はっきり　警察庁が未成年者の白書」という見出しの『毎日新聞』記事では，「少年少女の自殺の予防対策を研究している警察庁は 2 日，昨年 1 年間の『未成年者自殺白書』をまとめた。9 歳-14 歳の自殺者は 12 年前の 2 倍に増え，自殺者の年齢が著しく低下してきたことを示している」（『毎日新聞』1978/3/3 朝刊）として，その白書の概要が紹介されている(27)。第 2 に，警視庁防犯部少年第一課内・少年心理研究会

(26)　1970 年代には，地方公共団体レベルの施策においても，「子どもの自殺」をめぐって様々な動向が見られた。東京都教育庁は 1975 年に，生徒の自殺の前兆の見つけ方などについて記した『中学生・高校生の心の健康とその指導——自殺・家出・登校拒否の予防のために』という教師向けの手引書を刊行し，公立小学校・中学校・高校，区市町村教育委員会などに 5700 部を配布したことが伝えられている（「あなたの子に愛の目を　『自殺や家出を防ぐために』　都が『手引書』」『毎日新聞』1975/2/27 朝刊）。また，愛知県教育委員会も 1974 年 3 月に『精神健康指導の手びき——自殺問題を中心として』を刊行したが，同書によれば「昭和 47 年 9 月 18 日，自殺する児童や生徒の増加の問題を検討することを含め，『児童・生徒の精神健康研究協議会』を設け」たことが同手引を作成するきっかけとなったとされている（同書「まえがき」より）。

編の『少年の自殺防止十則――心で，大接近。お母さんサインがわかりますか。』という書籍が刊行されたことである[28]。第3に，警察庁によって1973（昭和48）年版以来毎年刊行されている『警察白書』の1978（昭和53）年版で「少年の自殺の実態」がはじめて項目化されたことである。そしてそれ以後，『警察白書』で未成年者の自殺が取り上げられるようになったことを踏まえると，この時期から警察は未成年者の自殺という事象に対し，全年齢の自殺問題と区別されうる固有の関心を向けるようになったと言えよう[29]。

1979年には，総理府青少年対策本部が青少年の自殺に関する「関係省庁連絡会議」を開催し，さらに総務長官の私的諮問機関という位置づけで，政府（総理府）に大学教員らをメンバーとする「青少年の自殺問題に関する懇話会」が設置されることにもなった。同会の初会合について報じた『毎日新聞』記事によれば，同会が1979年2月に発足することになったのは「今年になって，小，中，高校生の自殺が相次ぎ，とくに低年齢化の傾向が著しいことを重視したため」であり[30]，「政府が青少年の総合的な自殺防止対策に本格的に取り組むのは初めて」であったという（「子供の自殺　政府の『懇話会』が初会合」『毎

(27)　ただし，当時この「白書」が一般に公刊されたのかは不明である上，おそらくは冊子体のような「白書」ではなく，年間ないし年度統計のことを指していると推察される。また，この「白書」の呼称にもばらつきが見られ，「少年の自殺白書」（『内外教育』1978年3月10日号，『少年補導』1978年5月）や「少年自殺白書」（『女性自身』1978/5/25）とも表記されている。

(28)　雑誌『週刊読売』の記事では，5月29日の刊行以来，編者たち自身も驚くほどの売れ行きで，数ヶ月で発行10万部に近づいている「ベストセラー」として，同書が取り上げられている（「ベストセラー　自殺防止の本（警視庁）の読まれ方」『週刊読売』1978/9/10）。また同時期，雑誌『婦人公論』では，同書の編集代表で警視庁防犯部少年第一課課長の宇多川信一氏へのインタビュー記事が掲載されている。記事によれば，警視庁の「少年心理研究会」が組織されたのは，1977年8月末に宇多川氏が少年一課長に着任した翌日に小学生の自殺事件が発生するなどして，「子供の自殺」を「少年問題」として取り組むべき問題と見なす機運が高まっていたためであると説明されている。

(29)　なお1978（昭和53）年版『警察白書』では，「警察では，市民保護活動の推進に資するため，53年から，全国で発生した自殺者の年齢，職業，原因，動機別等の統計をとり，自殺の背景を調査して，関係行政機関等による自殺防止の諸施策の促進に寄与しようとしている」（p. 141）として，警察の統計調査の拡充についても言及されている。

(30)　伊藤も「79年1月には小学生，中学生，高校生の自殺が相次いで報じられ，その後警察庁は，この月104人の未成年者が自殺し，月間の数としては昭和30年代以来最多になったと発表した」（伊藤 2014: 31）と言及しているように，1979年1月中の未成年者の自殺者数には特に注目が集められていたと言える。

日新聞』1979/2/27朝刊）[31]。同会は1979年10月2日付で「子供の自殺防止対策について」と題した提言を公表し，必要な施策などについての指摘をおこなった。さらに，その指摘を引き受けたかたちで総理府青少年対策本部編『子どもの自殺防止のための手引書』が1981年7月20日付で刊行されることにもなった。また，1978（昭和53）年版『青少年白書』（総理府青少年対策本部編）では，「最近，少年の自殺がマスコミ等でとりあげられ，社会に注目をあびている」（p. 183）として，はじめて「少年の自殺」が項目化された。この1978年版以降は毎号，未成年者の自殺に関する統計への言及が見られるようになった。

また，1979年に文部省が刊行した『生徒の問題行動に関する基礎資料――中学校・高等学校編』は，1960年代から1990年代までシリーズ形式で継続的に刊行された生徒指導に関する資料のなかの1冊（主に中学校を対象とする『生徒指導資料』の第14集，主に高校を対象とする『生徒指導研究資料』の第9集）であるが，そこでも「自殺」という章が立てられ，様々な統計資料（人口動態統計，文部省統計，警察庁統計）が参照されている。

以上，これまでに列挙してきたように，1970年代の特に末期には，子どもの自殺に関する公的機関の新たな取り組みが様々に見られた。なかでも，この時期に整備・拡充された文科省や警察庁による統計調査は以後継続しておこなわれることになり，後年への影響という点でも大きな意味を持つものであった。以下では最後に，1970年代当時，それらの統計において「学校問題」という言葉がいかに用いられていたのかを見ておきたい。

1.6.3　子どもの自殺の動機としての「学校問題」

繰り返すように，文部省による統計的調査の端緒は，1973年に実施された，1970年～1972年の3年間における中高生の自殺件数に関する調査であった。以後，中学・高校生については1974年分から，小学生については1977年分から，年ごとに調査が実施されることとなり，今日まで継続されている。では

（31）　なお，『毎日新聞』の同紙面では，1979年2月26日付で文部省が全国の都道府県教育委員会に対し自殺防止のための通達を出したことも報じられている。「自殺防止で通達　文部省，各教委に」と題されたその記事によれば，自殺防止のための文部省通知は，1978年3月に続いて3度目のものとされる（『毎日新聞』1979/2/27朝刊）。

1970 年代の調査開始当時，児童生徒の自殺に関する分類カテゴリーはどのようなものであったのだろうか。

文部省がはじめて中高生の自殺に関する調査結果をまとめた 1973 年段階で，自殺の原因・動機についての分類カテゴリーとしては，「家庭事情」（下位分類として「貧困」「家庭不和」「欠損家庭」「その他」），「病気悲観」（下位分類として「病弱」「身体欠損」），「厭世」，「学業不振」，「進路問題」（下位分類として「進学」「就職」），「精神障害」，「異性問題」，「その他」，「原因不明」が設けられていた[32]。このなかで，学校生活と直接関連するのは，「学業不振」，「進路問題」である。

年間統計としては，1974 年中の中学・高校生の自殺をまとめた実態調査が最も古いが，そこでは「家庭事情」，「精神障害」，「厭世」，「進路問題」，「病弱・身体障害等による悲観」，「学業不振」，「異性問題」，「その他」，「原因不明」という分類カテゴリーが設けられていた[33]。ここでも学校生活と直接関連するのは，「学業不振」，「進路問題」である。

他方，警察庁の統計について見ると，『警察白書』で「少年の自殺」がはじめて項目化されたのは，1978（昭和 53）年版からである[34]。そこでは 1977 年中の少年の「自殺の原因，動機」が表形式で以下のようにまとめられている（**図 1–2**）。

ここで確認しておきたいのは，「学業問題」という大分類についてである。その下位分類を見ると「学友との不和」「先生にしかられて」「停学処分を受けて」という，それ自体としては「学業問題」とは言い難いような原因・動機も含まれていることがわかる。

翌 1979（昭和 54）年版『警察白書』でも同様に「自殺の原因，動機」が表形式でまとめられているが，そこでは以下のようになっている（**図 1–3**）。

この 1979 年版『警察白書』では，「教師のしっ責」や「学友との不和」を含む「学校問題」という分類カテゴリーが用いられていたことが確認できる。また以後，少なくとも『警察白書』に引用されている統計情報を見る限り，「学

(32)「死を急ぐ中，高校生たち」（『内外教育』1973 年 7 月 3 日号，p. 8）を参照。
(33)「生徒自殺，減少に減じる」（『内外教育』1973 年 7 月 11 日号，p. 17）を参照。
(34) なお，警察庁の統計を参照する『青少年白書』も同様である。

	原因，動機	計	%	男	女		原因，動機	計	%	男	女
総	数	784	100	529	255	家庭問題	兄弟との不和	3	0.4	1	2
学業問題	計	219	27.9	163	56		その他	2	0.3	2	0
	成績不振	86	10.9	66	20	病苦等	計	68	8.7	46	22
	入試を苦に	35	4.4	28	7		病気を苦に	65	8.3	43	22
	入試に失敗して	25	3.2	21	4		身体障害を苦に	3	0.4	3	0
	進学(路)問題に悩み	20	2.6	15	5	職場・生活問題	計	29	3.7	21	8
	学校がきらいで	20	2.6	11	9		仕事に悩み	13	1.6	11	2
	学友との不和	11	1.4	5	6		就職に失敗して	6	0.8	5	1
	宿題ができず	7	0.9	5	2		生活苦	4	0.5	2	2
	先生にしかられて	3	0.4	3	0		その他	6	0.8	3	3
	停学処分を受けて	3	0.4	2	1	その他	計	266	33.9	186	80
	その他	9	1.1	7	2		えん世	54	6.9	41	13
異性問題	計	107	13.7	51	56		精神病	42	5.3	28	14
	失恋して	45	5.7	30	15		ノイローゼ	41	5.2	26	15
	結婚に反対され	34	4.3	12	22		自分の将来を悲観	21	2.7	14	7
	交際を反対され	6	0.8	2	4		孤独感	17	2.2	11	6
	三角関係清算	6	0.8	2	4		交通事故がもとで	11	1.4	10	1
	その他	16	2.1	5	11		薬物中毒による精神障害	9	1.1	9	0
家庭問題	計	95	12.1	62	33		犯罪発覚をおそれ	6	0.8	3	3
	父母にしかられて	42	5.3	34	8		運転免許が取れず	3	0.4	3	0
	家庭の不和	17	2.2	10	7		同情して	3	0.4	2	1
	親との不和	11	1.4	7	4		死にあこがれ	2	0.3	0	2
	家族の死	8	1.0	4	4		その他	21	2.6	13	8
	配偶者との不和	7	0.9	1	6		不明	36	4.6	26	10
	家族の将来を悲観	5	0.6	3	2						

出典：1978（昭和53）年版『警察白書』，p. 140

図 1-2　少年の「自殺の原因，動機」

校問題」という分類カテゴリーは定着している。それは統計上の小さな変化に過ぎないとも言えるが，公的機関の統計において学業問題に限定されない「学校問題」という原因・動機分類が制度化されたことは，それ自体が「子どもの自殺」についての社会の認識が反映された事態と捉えることができる。そして1979年版『警察白書』では，上記**図 1-3** に示されているとおり，「『学校問題』によるものが27.8％と最も多く」（p. 50）なっており，それ以後も1980年版か

原因，動機別	区分	計	%	男	女	原因，動機別	区分	計	%	男	女
総	数(人)	866	100.0	577	289		その他	5	0.6	4	1
家庭問題	計	94	10.9	62	32	男女関係	計	140	16.2	65	75
	親との不和	26	3.0	15	11		結婚反対	17	2.0	9	8
	兄弟との不和	2	0.2	2	0		三角関係清算	18	2.1	1	17
	両親間の不和	10	1.2	7	3		失恋	67	7.7	40	27
	家族の死亡	5	0.6	2	3		交際反対	17	2.0	7	10
	家族の将来悲観	7	0.8	2	5		その他	21	2.4	8	13
	父兄等のしっ責	35	4.1	28	7	学校問題	計	240	27.8	181	59
	その他	9	1.0	6	3		入試失敗	30	3.5	24	6
病苦等	計	97	11.2	57	40		入試苦	43	5.0	35	8
	病苦	65	7.5	41	24		学業不振	107	12.4	81	26
	身体障害苦	10	1.2	7	3		教師のしっ責	4	0.5	3	1
	身体的劣等感	14	1.6	5	9		学友との不和	21	2.4	11	10
	その他	8	0.9	4	4		その他	35	4.0	27	8
経済・生活問題	計	20	2.2	18	2	その他	計	211	24.3	152	59
	負債	2	0.2	2	0		薬物による精神障害	13	1.5	13	0
	失業	1	0.1	1	0		その他の精神障害	101	11.7	68	33
	就職失敗	8	0.9	6	2		犯罪発覚等	14	1.6	11	3
	生活苦	3	0.3	3	0		後追い	5	0.6	1	4
	その他	6	0.7	6	0		あてこすり	2	0.2	1	1
職場問題	計	25	2.8	15	10		思想，イデオロギー	3	0.3	3	3
	仕事上の失敗	3	0.3	3	0		孤独感	28	3.2	18	10
	上役等のしっ責	3	0.3	2	1		その他	45	5.2	37	8
	仕事の不調	8	0.9	4	4	不詳		39	4.6	27	12
	上役，同僚との不和	6	0.7	2	4						

出典：1979（昭和54）年版『警察白書』，p. 49

図1-3　少年の「自殺の原因，動機」

ら1984年版まで「学校問題」カテゴリーが原因・動機別で最大の割合を占めることになっている。

『警察白書』ではまた，「自殺少年の学識別状況」も同じく1978年版から記載されるようになる。1978年版『警察白書』では「学識別にみると，高校生が242人と最も多く，次いで有職少年171人，無職少年159人となっている」

(p. 141), 1979年版『警察白書』では「高校生では271人と最も多く，次いで有職少年224人，無職少年139人となっている」(p. 50) と言及されている。そうした「学識別状況」について見ると，1970年代末期においても「有職少年」と「無職少年」があわせて4割程度の割合を占めていることが確認できるが，それでもこの時期社会的に注目されていたのは「高校生」さらには「中学生」の自殺であったと言える。少なくとも，学校外の「有職少年」「無職少年」の自殺に注目した議論は基本的に見つからなかった。たとえば1979年7月27日の『朝日新聞』記事では，「少年非行の7割　自殺の半数　中・高生が“主役”に」と題された記事が掲載され，「少年非行，自殺少年の主役はますます中，高校生に――警察庁が26日まとめた今年上半期の『少年の非行と自殺の実態』はこんな傾向を裏づけている」，「少年の自殺の2人に1人は中，高校生」といった内容が記されている（『朝日新聞』1979/7/27朝刊）。

なお，『警察白書』についてさらに見ると，1985（昭和60）年版では「最近学校内においては，生徒間のいじめに起因する事案が多発し，特に，いじめの仕返しを動機とする殺人，放火等の凶悪な事件やいじめを原因とする自殺が発生するなど，重大な社会問題となっている」といったかたちで「いじめ自殺」が言及されるようになり，さらに翌1986（昭和61）年版では「いじめが原因で自殺した少年の状況」として，1984年と1985年それぞれの小・中学生による「いじめ自殺」の件数が年齢別にまとめられている。そうした記述からは，少なくとも1986年版『警察白書』が刊行された時期にはすでに，「いじめ自殺」という「問題」が一定の社会的認知を得ていたことを確認することができる。

以上，1970年代から1980年代にかけて，文部省や警察庁の統計やその取り扱いに見られる変化を概観してきた。特に1970年代末期の『警察白書』からは，子どもの自殺の原因としての「学校問題」という分類カテゴリーが定着していく過程が確認できたが，「教師のしっ責」や「学友との不和」カテゴリーをも包含する「学校問題」カテゴリーの出現という事態は，まさに，それらの原因・動機にもとづく子どもの自殺が発生しているという社会の認識を反映するものであったと言えよう。そうした統計分類の制度化によって，未成年者の自殺の主要な原因・動機は「学校問題」だという認識が，統計的に根拠づけられることにもなったのである。

1.7　本章のまとめ

本章では，戦後から 1970 年代までを中心に，子どもの自殺に関する言説を検討した。明らかになった知見をまとめれば次のようになる。

1950 年代の新聞報道では，未成年者の自殺事件に関する記事が散見されたものの，それらは基本的に単発の事件報道に留まるもので，子どもの自殺を問題化する言説は基本的に見当たらなかった。また 1950 年代の新聞・雑誌では，〈10 代〉や〈若者〉といったカテゴリーに加えて〈小学生〉や〈中学生〉の自殺が注目された場合も，必ずしも学校の問題としては語られておらず，そのことから子どもの自殺を学校と深く結びついた問題として自明視するような認識は共有されていなかったと言える。1960 年代には，子どもの自殺の「低年齢化」傾向を指摘する言説や，学業・受験を苦にした自殺という類型に注目する言説が見られるようになった。そして 1970 年代には，子どもの自殺が社会的に解決・改善を目指すべき問題，すなわち社会問題として様々に語られることになった。そうした言説は 1970 年代前半においてもすでに見られたが，1970 年代後半にはさらに目立つようになった。その時期，新聞・雑誌といったマスメディア報道，国会での議論，『警察白書』や『青少年白書』といった公的機関の刊行物などにおいて，子どもの自殺は統計的根拠を参照しながら様々に語られることになっていた。1970 年代にはまた，文部省や警察庁によって子どもの自殺に関する調査統計が新たに取り組まれることになった。

以上を踏まえて，先に言及した伊藤（2014）の 2 つの主張について考えたい。まず，「子どもの自殺そのものが社会問題化したのは 77 年から 79 年にかけての時期が初めてだった」という第 1 の主張についてである。この主張の真偽を問うためにはそもそも何をもって「社会問題化した」と見なすのか，定義や基準を明確にする必要があるだろう。そこで伊藤自身の定義づけを確認すると，伊藤は「自殺の『社会問題化』」を，それによって人びとの集合感情が揺さぶられ回復が図られるプロセスと定義づけていた（伊藤 2014: 16）。しかしこの定義は，その抽象度の高さゆえに具体的な事象がいつ・いかにして社会問題として扱われるようになったのかを特定するための基準として用いることは難しいものである。実際，伊藤が「子どもの自殺そのものが社会問題化したのは77年から79年にかけて」だと述べるに際しても，必ずしもそのような定義・基準が用いられているわけではなく，その主張はむしろ伊藤自身の直感に拠っているように見える。とはいえ，だからといって伊藤の主張が「間違っている」ことにもならない。前節で見てきたように，1970年代の特に末期には，子どもの自殺という「問題」が様々に語られていた上，その「問題」への公的機関の反応として理解できる，様々な新たな取り組みも確認できた。また，「最近，大きな社会問題となっている子供の自殺」（「子供の自殺　親子の対話が防止の決め手　中野区教委の調査」『毎日新聞』1979/4/6朝刊）といったきわめて直接的な記述が観察可能であったのも，基本的には1970年代末期になってからであった。これらの事実を踏まえれば，1977年から1979年の時期に「子どもの自殺が社会問題化していた」という伊藤の主張は間違ったものではないと言える。その上で，1977年から1979年の時期の「子どもの自殺の社会問題化」が「初めて」の事態であったか否かについてはやはり何をもって「社会問題化」したと見なすかの基準が明確化されなければ判断できないが，本章での検討を踏まえて述べるならば，1970年代前半にはすでに〈小学生〉〈中学生〉〈高校生〉の自殺という「問題」が一定程度注目され，〈中学生〉〈高校生〉を対象とする文部省の統計調査も新たに取り組まれることになっていたのであり，1970年代前半には子どもの自殺そのものを問題化するようなかたちで児童生徒の自殺が注目されはじめていたことも指摘できる。

次に，1977年から1979年の時期には「根拠なく『子どもの自殺が増えている』と伝える言説は少なからずあった」（伊藤 2014: 31）と語られたという第2の主張についてである。すでに見たように，当時の言説において参照されていたのは，人口動態統計における0歳～19歳の自殺者数の推移ではなかった。参照されているのが人口動態統計である場合でも，より年齢階級や比較時期が限定されたかたちで参照されていたのであり，文部省統計や警察庁統計が参照されている場合も少なくなかった。その意味では，「子どもの自殺が増えている」という主張は，やはり当時も一定程度根拠づけられたかたちで提示されていた。もちろん，そうした当時の主張を統計上のレトリックであるとか，誤った認識だと否定することもできる。伊藤の主張も，そうした当時の社会における「誤認」を指摘するものであった。だが，そのようなかたちで当時の言説やその形成主体である社会の人びとに「誤認」を帰属しようとする立場からは，まさにその当時の社会において子どもの自殺という事象がいかに語られ，いかなるものとして理解可能にされていたのかを把握することが困難になってしまう。そこで本章で採用したのは，「子どもの自殺が増えている」という主張がいかに根拠づけられながら提示されていたのかを，その当時の子どもの自殺言説の一部を成していた種々のテクストの理解可能性に即して検討するというアプローチであった。

以上のように本章では，先行研究である伊藤（2000, 2014）の主張を一種の仮説として参照しながら，戦後から1970年代にかけての子どもの自殺に関する言説を再検討してきた。それによって観察されたことのひとつは，メディア報道，議会，白書や書籍といった様々な場における参照関係であった。この参照関係に着目する観点から，次章では，裁判という法制度に規定された場において，子どもの自殺をめぐる人びとの実践がいかに展開してきたのかを検討する。

第2章　子どもの自殺をめぐる司法の論理
——学校の法的責任はいかに問われてきたのか

2.1　本章の目的

本章の目的は，損害賠償を請求する民事裁判の場で問われる法的な責任に焦点化して，子どもの自殺に対する「学校の責任」がいかに問われてきたのかを明らかにすることである[(1)]。

議論の前提として，まず，子どもの自殺に関して学校側の法的責任が問われる裁判の基本的な形式について述べておきたい。元森絵里子が「いじめ自殺」に関する裁判について述べているように，刑事裁判や少年審判とは別に，遺族らが学校側の責任を追及しようとする場合，遺族などの当事者にとっての第一義的目的が金銭ではないとしても，形式上は損害賠償請求となる（元森 2016）。民事裁判において原告が請求する損害賠償には大きく分けて債務不履行（民法第 415 条）にもとづくものと不法行為（民法第 709 条）にもとづくものがあるが，学校の責任を問う損害賠償請求訴訟の場合，現在は不法行為構成が一般的である（福田 2008）。不法行為構成で学校の責任を問う損害賠償を請求する訴訟において，原告となる遺族らは一般的に，国家賠償法第 1 条 1 項を根拠に（私立学校の場合は民法第 715 条），学校側の不法行為（注意義務違反，いじめ防止義務違反など）や安全配慮義務違反を問うことになる。そして，そうした学校側の不法行為等が自殺という損害を生じさせたとして，子どもの自殺に関する学校

(1)　なお，民事裁判では民法の規定上，通常は学校の設置者が責任主体として被告になるため，児童生徒らの自殺に関して特定の学校や教師個人の法的責任が直接に問われるわけではないが，その種の裁判において実質的には学校・教師の責任が問われているのであり，法学者らによってもそうした裁判は学校側の責任が問われた事例として論じられているため（潮海 1992; 伊藤 1992），本書でもそれを「学校（側）の責任」が問われた裁判と呼ぶ。

側の法的責任が問われるのが，以下で見ていく裁判例の基本的な形式となる。

自殺事件の裁判で問題となるのは，学校側の各種の義務違反にもとづく過失と自殺の因果関係が認められるかどうかであるが，ここで言う「因果関係」とはいわゆる「相当因果関係」を指している。判例上，民事裁判で不法行為と損害の関係が争われる際には，一般的に相当因果関係が問われることになるが，それはつまり，事実的な条件関係（あれなければこれなし）を意味する「事実的因果関係」に加えて，当該の不法行為が結果としての損害の発生に対して「相当性」を有していると認定されなければならないことを意味する(2)。

そして，子どもの自殺事件に関する裁判で相当因果関係の有無が判断される際に通常，争点となるのが自殺の「予見可能性」の有無である。すなわち，子どもの自殺に対する学校側の過失が認められるためには一般的に，学校・教師が自殺を予見すべきであったにもかかわらず，自殺という帰結を避けるための方策が取られなかったということが認定されなければならないのである。そうした自殺の予見可能性の有無が問題となるのは，判例上，不法行為構成であっても類推的に次の民法第416条の規定が適用されるからである(3)。

民法第416条（損害賠償の範囲）(4)

1.　債務の不履行に対する損害賠償の請求は，これによって通常生ずべき損害の賠償をさせることをその目的とする。

2.　特別の事情によって生じた損害であっても，当事者がその事情を予見すべきであったときは，債権者は，その賠償を請求することができる。

このうち1項で定められるのが「通常損害」，2項で定められるのが「特別損害」と呼ばれるものである。ある不法行為によって生じた損害が「通常生ず

(2)　福田（2021）によれば，「相当因果関係」という言葉は不法行為法においていくつかの意味を持つが，「いじめ自殺」をめぐる裁判例においては一般に賠償範囲を画定する基準としての意味を持つとされる。

(3)　民法第416条は債権法上の規定であり，これを不法行為に単純に類推適用することに対しては批判もある（野村 2023）。

(4)　なお2項内の「当事者がその事情を予見すべきであったときは，」という文言は，2017年の改正以前は「当事者がその事情を予見し，又は予見することができたときは，」というものであった。

べき損害」と見なしうる場合，同時にその損害は予見可能であったことになる。だが，「多くの自殺の場合，それが『通常生ずべき損害』とは，常識的に考えていいきれない」ために自殺は普通「『特別損害』と見なされることになるが，そうすると，当事者（この場合は被告にあたる学校）が自殺という特別な損害を予見できたか否か（「予見可能性」）が焦点となってしまう」（元森 2016: 193）。つまり，学校の責任が問われる際には，安全配慮義務違反や不法行為となる義務違反があったか，それと自殺が関係しているかといった点だけでなく，「学校側が自殺を具体的に予見可能だったかが問われる」（元森 2016: 193，傍点は原文）ということだ。

これらの点を前提に，以下では，自殺の予見可能性の有無および相当因果関係の有無に関する判断のあり方に注目するかたちで，具体的な裁判例について見ていく。あらかじめ，その全体像について述べておけば，子どもの自殺に関して学校側の法的責任が問われた裁判例は基本的に，教師の体罰に起因する児童生徒の自殺を意味する「体罰自殺」に関するもの，いじめに起因する自殺に関するもの，教師の指導をきっかけとする自殺を意味するいわゆる「指導死」(5) に関するものの3種類に分類できる。そのうち「指導死」については，学校側の安全配慮義務違反があったとして損害賠償請求訴訟が提起された事例も存在するものの，それらの事例において，学校側の責任は否定されてきた。結果的に，これまでのところ「指導死」事件の裁判で学校側の責任が認められた事例は見当たらない(6)。そのため本章では，「体罰自殺」と「いじめ自殺」に関する裁判を対象に，学校側の責任がいかに問われてきたのかを検討する。

2.2 「体罰自殺」事件において「学校の責任」が問われた裁判例

法律雑誌などの刊行物に登載された裁判例のうち，教師の体罰と児童生徒の自殺とのあいだの因果関係が問われた結果(7)，体罰の存在が認定されながら

(5) 「指導死」については第7章で中心的に扱う。
(6) 確認できている事例として，平成18年(ワ)第323号，平成18年(ワ)第1206号，平成28年(ワ)第3126号などがある。

表 2-1　体罰と自殺の相当因果関係が争われた裁判例

No.	事件	審級	判決時期	予見可能性	相当因果関係	備考
①	田川東高校事件	1審	1970年8月	×	×	
	同上	2審	1975年5月	×	×	
	同上	3審	1977年10月	×	×	
②	中津商高校事件	1審	1993年9月	×	×	
③	北九州市事件	1審	2009年10月	○	○	2審審理中に和解。体罰は否定された。
④	龍野市事件	1審	2000年1月	○	○	
⑤	桜宮高校事件	1審	2016年2月	○	○	

も体罰と自殺のあいだの相当因果関係は認定されなかった裁判例としては，1962年に福岡県で発生した高校生の自殺事件に関するものと，1985年に岐阜県で発生した高校生の自殺事件に関するものを挙げることができる（以下で取り上げる「体罰自殺」事件に関する裁判例には便宜的に①〜⑤の番号を付す）。反対に，体罰と自殺の因果関係が認められた裁判例には，2006年3月に福岡県北九州市で発生した小学5年生の自殺事件に関するもの，1994年9月に兵庫県で発生した小学6年生の自殺事件に関するもの，2012年12月に発生した大阪市立桜宮高等学校の男子生徒の自殺事件に関するものがある（**表 2-1**）[8]。

2.2.1　体罰と自殺の相当因果関係が否定された裁判例

体罰の存在が認定されながらも体罰と自殺のあいだの相当因果関係は認定されなかった裁判例に，① 1962年に福岡県で発生した高校生の自殺事件（以下，田川東高校事件）の1審判決[9] と，② 1985年に岐阜県で発生した高校生の自

(7)　何をもって特定の教師の行為を「体罰」と呼ぶのかはそれ自体議論を要する問題だが，本書では，判決文中にて(1)教師の「懲戒」行為のなかでも不当な「有形力の行使」がおこなわれたことが認定され，かつ，(2)体罰禁止を規定している学校教育法第11条に照らして違法性ある行為だと認定された教師の指導行為を「体罰」と呼ぶ。

(8)　以下，本書では法律雑誌の出典は慣習に倣い掲載開始頁数のみを記載し，引用頁数を記す際にのみ「p.」表記を用いる。

(9)　福岡地裁1970年8月12日判決，『判例時報』613号30頁，『判例タイムズ』328号267頁を参照。

殺事件（以下，中津商高校事件）の1審判決[10] がある。①田川東高校事件は，生徒の喫煙やカンニングをきっかけに教師の懲戒行為（体罰）がおこなわれたと認定された事件である。同事件をめぐる裁判は最高裁まで争われることになったため広く知られている事例であるが，2審判決（福岡高裁）は1審判決を支持する内容で，最高裁判決も2審判決を支持するものであった。②中津商高校事件は，部活顧問による指導のなかで侮蔑的発言や懲戒行為（体罰）がおこなわれたと認定されたが，それら教師の行為が自殺の唯一の原因であると断定することはできないなどとして，相当因果関係が否定された事例である。

両事件の経緯や形態は当然ながら様々に異なるが，判決文の論理には，少なからぬ共通点を見いだすことができる。特に，生徒の自殺は教師の不適切な指導によって誘発されたという意味で「条件関係」があったことが認められながらも相当因果関係は否定された点において，また，体罰ないし懲戒によって生徒が自殺するというのはきわめて特異なことであり，教師にとって生徒の自殺は予見不可能であったとして相当因果関係が否定された点においても，両判決が採用した論理は似通っている。

そうした予見可能性の判断にとって重要な要素となるのが，自殺した生徒当人の意思[11] の取り扱いである。とりわけ②中津商高校事件の1審判決においては，自殺は最終的には本人の意思にもとづく行為であり，またそれゆえに第三者が予見することは一般的に困難だとして教師の予見可能性が否定された結果，教師の体罰と自殺との相当因果関係が否定されることになっていた。つまり，そこでは自殺者当人の意思の介在が想定され続けたと言える。その点は①田川東高校事件の1審判決も同様であったが，この判決には，2つの注目すべき点がある。それは第1に，結果として当該事案はそれに該当しないとされたものの，自殺が予見可能な場合もあるとされたことである。たとえば以下の部分に，そうした想定があらわれている。

　而して，なによりも自殺行為による死亡という結果は，自殺者の自らの選

（10） 岐阜地裁1993年9月6日判決，『判例時報』1487号83頁を参照。
（11） 法令用語としては「意思」表記が一般的であるため，本書でも「意思」表記を用いる。

> 択した行為によるものであり，他人の行為によって受けた精神的，肉体的苦痛ないし衝撃が極めて重大で，何人も生きる希望を喪失し自殺を選ぶ外に道がなく，それが何人にとっても首肯するに足る状況にあったと見られる場合は格別であるが本件の場合，客観的にはいまだかかる切迫した限界状況にははるかに及ばない場合であったものと見るのが相当であり，かかる事情を彼此考慮すれば，次太郎の死亡と本件懲戒行為との間に法律上の因果関係を肯定することは相当でないといわざるを得ない。（『判例時報』613号，p. 37）

以上からわかるように，この判決では，自殺は時に予見可能だが，それは「格別」な場合と言うべきもので，当該事案はそのような場合に当てはまらないと判断されたのである。

第2に，教師の予見能力が検討されたことも注目に値する。判決文において，当該教師は「高等学校の教師として，これにふさわしい科学的教養を身につけていた」と言うことができ，「懲戒に対する生徒の心理的反応を判別するにつき通常人より以上の能力をもっていた」とされた。また同様に，教師であるからこそ，体罰を受けた生徒が「生きる希望を失い自殺を決行するに至るということに関する特別の事情についての予見の能力は通常人に比してすぐれていた」とされた（『判例時報』613号，p. 36)。であるならば，自殺を予見することも可能であったと判断されたのかと言えば，そうではなかった。その点に関する裁判所の判断は次のようなものであった。すなわち，当該教師は確かにきちんと「科学的教養」を身につけた高等学校の教師として「通常人」よりは高い予見能力を有していたが，「教育心理学などの専門家ではなく教育現場を担当する高等学校の一教師であるにすぎない」者であったのであり，（鑑定の結果によれば）教育心理学的には自殺は予測できたとも言えるが，教育心理学の専門家ではない当該教師が生徒の様子をもとに自殺という結果を直ちに予見することは困難であったとされ，予見可能性が否定されたのである。

ここで重要なのは，当該の教師がどのような人物なのか（教師として「科学的教養を身につけていた」人物・「教育心理学の専門家ではない」人物）という問題が，予見可能性の有無に関する判断と密接に関連するものとされている点である。言い換えれば，そこでは，当該の教師を何者として描き出すかという人物記述のあり方が，生徒の自殺に対する予見可能性の有無，ひいては教師や学校の過失責任の有無に関する裁判所の判断がどのようなものでありうるかを決定づける上で重要な要素となっていることが確認できる。

2.2.2 体罰と自殺の相当因果関係が認定された裁判例

生徒の自殺に対する予見可能性の有無（ひいては，学校側の責任の有無）が判断されるのに際して，体罰的指導をおこなった教師の人物記述のなされ方が重要な意味を持つのは，当然ながら，体罰と自殺の因果関係が否定される場合に限ったことではない。

その点を確認するためにも，次に，③2006年3月に福岡県北九州市で発生した小学5年生の自殺事件（以下，北九州市事件）の1審判決について見よう[12]。北九州市事件の1審判決では結果的に，児童の自殺の「直接的な原因」は，教師の体罰（懲戒）とその後児童を「放置」したことにあると認定され，それらの出来事と自殺の相当因果関係が認定されるに至った。

判決文において特徴的であったのは，第1に，当該児童の「心因的要因」が注目されていることである。この判決では，体罰と言うべき教師の懲戒やその後の「放置」的な対応が児童の自殺の原因となったことに疑いはないが，教員の行為の様態や当時の状況を鑑みて，児童の自殺が「必然的」なものであったとまでは言えず，また児童が自殺したことには児童の「心因的要因」が相当程度寄与していると判断された。より具体的には，判決において当該の児童は「衝動的な行動に陥りやすい児童であった」と評価づけられていた。関連して第2に，当該教師は，当該児童のそうした「心因的要因」についても，担任教諭としての1年間の指導を通じて「十分に認識していた」と評価されたことである。ここにおいて当該教師は，本人の性格特性といった点とは別に，当該児

(12) 福岡地裁小倉支部2009年10月1日判決，『判例時報』2067号81頁，『判例タイムズ』1321号119頁を参照。なお，北九州市事件の1審判決に対して被告となった北九州市は控訴し，後に福岡高裁で2010年5月21日に和解が成立した。和解は，市側が体罰について否定する一方で校内の出来事が自殺を引き起こしたと認める内容であったことが報じられている（『毎日新聞』2010/5/21西部版夕刊）。その意味で，本事件は裁判判決上，「体罰自殺」事件として確定したわけではない。

童に関する一定の知識を有する人物として記述されている。着目すべきは，それが予見可能性の有無の判断においても重要な意味を与えられていることである。すなわち同判決では，一般的に言えば，当該教師の行為やその後の対応は児童の自殺と「必然的」関係にあるとは言い難いものであったが，特別な「心因的要因」を持つ当該児童であれば自殺することもありえたし，当該児童がそうした特性を有することを当該教師は認識していたのであるから自殺を試みると予見することも可能であった，という論理で相当因果関係が認定されたのである。つまり，この判決においては，当該教師と当該児童の日常的な関係を一定の仕方で記述することを通じて，当該教師に一定の知識状態（当該児童の「心因的要因」の認識）が帰属されたことが，相当因果関係の認定という結論の根拠になっていた。

他方で，同じく体罰と自殺の相当因果関係が認定された他2件の判決では，そうした北九州市事件の1審判決とも異なる論理が採用されていた。以下，順に見ていこう。

まず，④ 1994年9月に兵庫県で発生した小学6年生の自殺事件（以下，龍野市事件）の1審判決である[13]。この判決は，教師の体罰と生徒の自殺の相当因果関係が史上はじめて認定された点で画期的なものであった[14]。ではそうした画期的判決は，いかなる論理のもとで可能になっていたのだろうか。

この判決に見られる特徴として，ここでは次の3点を指摘したい。第1に，相当因果関係の認否に関する判断において，――ここでは自殺という――損害の「通常」性（民法第416条1項）に関する独特な解釈が示されたことである。判決文では，そもそも賠償責任が認められるためには，損害に至る因果の経過がかなりの蓋然性をもって確認できる（その損害が「通常」生じうると判断できる）までの必要性は必ずしもないのであって，「損害の発生に至る因果の経過が，加害行為の危険性の現実化していく過程として首肯しうると認められれば

(13)　神戸地裁2000年1月31日判決（平成8年(ワ)第708号），『判例時報』1713号84頁，『判例タイムズ』1024号140頁を参照。

(14)　判決と同年に判決概要を掲載した『判例時報』では，「教論の体罰と生徒の自殺との間に相当因果関係があるか否かが争われた国賠請求」の訴訟事例のなかで，「その相当因果関係を認めたものとしては，本判決が初めてのもので注目に値する」と述べられていた（『判例時報』1713号，p. 84）。

足り」るという法律解釈が示された。ここで，当該自殺が「通常損害」にあたるかどうかという問題は傍に置かれることになった。第2に，事件当時には「あてつけ的な自殺」が特に子どもに起こりやすいといった「子どもの自殺に関する専門的な知見」も知られていたところであり，当該教師は「教育専門家」としてその知識を通常有していなければならなかったと評価されたことである。関連して第3に，同判決における自殺の予見可能性をめぐる判断に際して，当時の「社会一般」の言説状況が参照されたことである。判決文では，「昭和52〔1977〕年頃以降，子どもの自殺が大きな社会問題として取り扱われるようにな」り(15)，「平成元年から平成5年〔1989～1993年〕」といった時期にも親や教師の叱責・体罰を原因とする青少年の自殺が毎年のように報じられていたことなどが言及され，そうした社会状況にあった以上は当該教師も子どもの自殺に関する問題意識を当然に持ちうる状態にあったとして，自殺は予見可能であったと判断された。それゆえ，この判決文中の論理に限定すれば，もはや当該教師自身がどのような人物記述を与えられるかは二次的な問題であったとも言えよう。むしろ，教師の体罰が児童生徒の自殺につながりうることはいわば社会的な常識なのであり，であるからこそ同事件でも自殺は予見可能な状況にあったと結論づけられたのである(16)。

そうした社会の言説状況に訴えるかたちで予見可能性を認めるという論理は，そのような社会の「常識」が成立して以降，個別の事例を超えて基本的にはいつでも・繰り返し使用可能なパターンだと言える。実際，⑤2012年12月に発

(15) ここで1977（昭和52）年以降，「子どもの自殺が大きな社会問題として取り扱われるようになった」とされているのは原告側の証拠資料にもとづく認定であるが，判決文では1977年の国会で「少年の自殺防止についての審議」がおこなわれたことや，総理府青少年対策本部が各都道府県・指定都市青少年対策主管部局長宛てに「少年の自殺防止について」と題する通知を発し，文部省も同年に各都道府県・各指定都市教育委員会宛てに同総理府通知を紹介するかたちで，同名の通達を発し，「最近，児童生徒の自殺が各地でみられ，社会的な問題」となっているとの認識を示した上で，「児童生徒の自殺防止についてできるだけの配慮」を求めたことなどの事実が言及されている。

(16) なお，本判決を因果関係論の観点から考察する小賀野晶一は，本判決が「いじめ自殺」事件の「画期的」判決のひとつとされる「福島地裁いわき支部判決の考え方を採用し，体罰について初めて割合的判断をした」ものであり，「本件については，裁判所が寄与度論に依拠したからこそ，相当因果関係が認められたと解するべきである。ここに，最近における相当因果関係論の質的変化をみることができる。この点を考慮しないで，伝統的な相当因果関係の理解のままでは，本判決を評価することはできない」と述べている（小賀野 2001: 90-92）。

生した大阪市立桜宮高等学校の男子生徒の自殺事件（以下，桜宮高校事件）の1審判決[(17)]でも，社会の言説状況を根拠に予見可能性を認定するという同種の論理が採用された[(18)]。そこでは，「本件暴行等によって本件生徒が精神的に追い詰められて自殺に至る危険があることについて教員として予見すべき」であったとされたのである。同判決文ではさらに，（被告側が反論のために過去の裁判例として取り上げたという経緯もあり）体罰と自殺の相当因果関係を否定した①田川東高校事件の判決も言及されたが，その両事件の時期における社会の言説状況は大きく異なっており，だからこそ「予見可能性の判断の基礎となる事実関係を大きく異にするというべき」だという判断も示された。したがって，桜宮高校事件の判決文は，体罰をめぐる社会的な認識（常識）の変化に言及することで過去の「体罰自殺」事件の裁判判決とは異なる判断を提示することを正当化していたと言えるのである。

2.2.3　小括

「体罰自殺」裁判に関するこれまでの議論をまとめよう。一般的に，教師の体罰があったとされる児童生徒の自殺事件に関して学校・教師が法的責任を問われた場合には，体罰と自殺のあいだの相当因果関係の有無が争点となる。そして相当因果関係の有無が争われるなかでは，教師が児童生徒の自殺を予見可能であったか否かが問題となる。では，自殺が予見可能である状況とはいかなるものか。当人によって自殺をすると宣言されていたり，自殺の準備行動が観察可能であったりしない限り，自殺しようとする他人の意思を事前に認識することは通常困難であると見なされているだろう。基本的には裁判でも，そうした一般的な認識が繰り返し確認されるかたちとなってきた。

他方，体罰と自殺の相当因果関係が認定された事例も，数は少ないながら存在する。そのうちのひとつが③北九州市事件であるが，そこでは教師が当該の

(17)　東京地裁2016年2月24日判決（平成25年(ワ)第32577号），『判例時報』2320号71頁，『判例タイムズ』1432号204頁を参照。

(18)　ただし，同判決が参照しているのは，過去の「体罰自殺」事件や，「体罰自殺」そのものに関する社会的言説ではなかったことにも留意したい。そこで参照されたのは，正確には「指導死」や「体罰」に関する社会の言説的な状況であり，「体罰自殺」に関する言説ではなかったからである。この点については，第7章であらためて言及する。

児童の「心因的要因」を認識すべき立場にあったものとされ，自殺までの予見可能性が認められることになった。こうした事例にあらわれているのは，教師をどのような人物として記述するのかという問題が，予見可能性，相当因果関係，過失責任などの概念にもとづく法的な認定においても大きな意味を持っているという事実である。

とはいえ言うまでもなく，裁判所が予見可能性の有無を判断する上での資源として参照しうるのは，教師の人物像や知識状態だけではない。④龍野市事件や⑤桜宮高校事件では，体罰や教師の指導をきっかけとする児童生徒の自殺などに関する社会的な言説状況が参照されることで，児童生徒の自殺までの教師の予見可能性を認定することが可能になっていた。この点に着目しながら，以下では「いじめ自殺」事件に関する裁判例についても検討を加えたい。

2.3 「いじめ自殺」事件に関する裁判例

2.3.1 いじめと自殺の相当因果関係が認定された裁判例

「体罰自殺」に関する裁判例を体系的に検討した議論があまり存在しないのとは対照的に[(19)]，「いじめ自殺」に関しては，裁判例を通時的・網羅的に検討した議論が比較的数多く存在している（市川 2007; 横田 2012; 元森 2016; 福田 2021 など）。以下ではそれら先行する議論を参照しながら，「いじめ自殺」事件に関する裁判例について検討する。

「いじめ自殺」裁判およびそれに関する議論における主な論点のひとつは，いじめを原因とする自殺は「通常損害」か「特別損害」かという問題である。先に述べたように，自殺は基本的には「通常生ずべき損害」とは言いきれないもの，すなわち「特別損害」として捉えられることになるが，以下でも見ていくように，なかにはいじめを原因とする自殺を「通常損害」的に捉えた裁判例も存在する（以下で取り上げる「いじめ自殺」事件に関する裁判例には便宜的に

(19) 例外的に石橋（2014）は，不法行為の被害者が自殺した事例の代表的な類型として，「体罰自殺」に関する裁判例を取り上げ，その具体的事例として「田川東高校事件」の最高裁判決と「龍野市事件」の1審判決を対比的に論じている。

【1】～【5】の番号を付す)。

いじめを原因とする自殺を「特別損害」と位置づけた裁判例の代表的なものとして，1986年に東京都で発生した中学生自殺事件（以下，中野富士見中事件）に関する裁判例が挙げられる。【1–1】同事件に関する1審判決(20)では，当該生徒が「明白に自殺念慮を表白していたなどの特段の事情もみられないのであって」,「事故の発生後における損害賠償責任の存否をめぐっての法的判断としての予見可能性あるいは相当因果関係の有無の問題」としては，これらを否定せざるをえないと結論づけられた。【1–2】同事件の2審判決（確定）(21)でも，「本件いじめの内容を前提としても，いじめを受けた者がそのために自殺するということが通常の事であるとはいい難い」として，自殺の「通常損害」性を否定している。その上で，元森が指摘するように「自殺の危険があるという印象が伝われば当人が明確に意思表示をしなくとも」（元森2016: 200）自殺は予見可能であるといった趣旨を暗に述べている部分がある以上，【1–2】では予見可能性の判断基準がややゆるくなったものと見ることができるが，それでも結論的には1審同様に予見可能性が否定された。

対照的に，1994年に神奈川県津久井町の中学生が自殺した事件（以下，津久井町事件）の【2–1】1審判決(22)および【2–2】2審判決(23)では，次のように，事件当時にはいじめやそれに起因する自殺事件が報道等を通じて周知されていたのであり，当該生徒の自殺のような重大な結果が招かれる恐れについては予見可能であったとされた。

【2–1】津久井町事件1審判決文

平成6年当時には,「いじめ」に関する報道等によって，いたずら，悪ふざけと称して行われている学校内における生徒同士のやりとりを原因として小中学生が自殺するに至った事件の存在が相当程度周知されていたのであるから，中学生が，時として「いじめ」などを契機として自殺などの衝動的な行動を起こすおそれが高く，このまま亡一郎に関するトラブルが継続した場合には，亡一郎の精神的，肉体的負担が増加し，亡一郎に対する傷害，亡一郎の不登校，ひいては本件自殺のような重大な結果を招くおそれについて，予見することが可能であり（『判例タイムズ』1084号252頁）

> 【2-2】津久井町事件2審判決文
> 平成6年当時には既に，いじめに関する報道，通達等によって，いたずら，悪ふざけと称して行われている学校内における生徒同士のやりとりを原因として小中学生が自殺するに至った事件が続発していることが相当程度周知されていたのであるから，既に少なからざるトラブル，いじめを把握していた担任教諭としては，中学生が時としていじめなどを契機として自殺等の衝動的な行動を起こすおそれがあり，亡一郎に関するトラブル，いじめが継続した場合には，亡一郎の精神的，肉体的負担が累積，増加し，亡一郎に対する重大な傷害，亡一郎の不登校等のほか，場合によっては本件自殺のような重大な結果を招くおそれがあることについて予見すべきであり，前記イの状況を把握していた本件においては，これを予見することが可能であったというべきである。(『判例タイムズ』1084号103頁)

元森によれば，これら【2-1】と【2-2】の判決は「いじめ自殺」事件に関する「裁判史上初めて，予見可能性を全面的に認めた」(元森 2016: 211) ものであり，さらに「自殺の予見可能性（＝学校の責任）までも完全に認めて判決が確定した」(元森 2016: 215) のはこれらの判決のみとされる。

次に，いじめを原因とする自殺を「通常損害」的に位置づけた【3-1】福島県いわき市の中学生自殺事件（以下，いわき市事件）に関する裁判の1審判決(24)に注目したい。そこでは，当該生徒の自殺は予見不可能であったと判断されたが，その上で，そもそもいじめはそれ自体で重大な被害をもたらすものであるため，「いじめ自殺」の場合に自殺までの具体的な予見可能性は不要だ

(20) 東京地裁1991年3月27日判決（昭和61年(ワ)第7826号），『判例時報』1378号26頁，『判例タイムズ』757号98頁を参照。

(21) 東京高裁1994年5月20日判決（平成3年(ネ)第1255号），『判例時報』1495号42頁，『判例タイムズ』847号69頁を参照。

(22) 横浜地裁2001年1月15日判決（平成9年(ワ)第2192号），『判例時報』1772号63頁，『判例タイムズ』1084号252頁を参照。

(23) 東京高裁2002年1月31日判決（平成13年(ネ)第639号），『判例時報』1773号3頁，『判例タイムズ』1084号103頁を参照。

(24) 福島地裁いわき支部1990年12月26日判決（昭和61年(ワ)第138号），『判例時報』1372号27頁，『判例タイムズ』746号116頁を参照。

ということが主張された。そして実際，この判決では，直接的には予見可能性を問題にしないかたちで学校側の義務違反・過失と自殺のあいだの相当因果関係を認定されることになったが，そのような結論に至るまでにはやはり，「学校内の悪質ないじめにより被害生徒が自殺に至ることがあるということ」が周知されていたとして，事件当時の社会的な言説状況が参照されていた。

なお，ここで【3-1】を，いじめを原因とする自殺を「通常損害」的に位置づけた裁判例として扱う上では，野村（2023）と福田（2021）を参考にしている。たとえば野村武司は，この判決を「（おそらく）自殺を通常損害的に捉え」た判決と評価している（野村 2023: 20）。このやや曖昧な表現は，「この判決は自殺に係る損害を通常損害だと明言したわけではない」（福田 2021: 11）という事情に由来するが，とはいえ「予見不可能な事情から生じた損害についてまで賠償責任を認めたわけであるから，自殺を通常損害と考えていると評価するのが妥当」（福田 2021: 11）であることは，福田の指摘するとおりだろう。

以上に取り上げた裁判例を含む，学校側の責任が問われた「いじめ自殺」事件に関する裁判例については元森（2016）が詳細な検討をおこなっている。以下では，より近時の事例として，2013 年に福岡県内の私立高校に通う生徒が自殺した事件（以下，筑紫台高校事件）[25] に関する裁判例を取り上げる。

筑紫台高校事件に関する裁判の【4-1】1 審判決[26] では，同級生らによる「苛烈」ないじめ事実が認定され，「加害生徒らによるいじめと本件自死との間には，相当因果関係が認められるというべきである」とされた。その上で，当時の担任教師らが適切に「情報共有ないし調査等の義務を尽くしていれば，平成 25 年秋以降のいじめの苛烈化を未然に防ぐことができ，本生徒が本件自死に追い込まれることはなかったであろうことを是認しうる程度の高度の蓋然性が認められるから，甲教諭及び乙教諭ら本高校の教員の安全配慮義務違反と本生徒の死亡との間には，事実的因果関係及び相当因果関係が存在するものというべきである」と結論づけられた。つまり，学校側の対応と自殺という結果の

(25)　この裁判に関する報道では学校名も明示されていた（たとえば『朝日新聞』2021/10/1 朝刊，西部版）。

(26)　福岡地裁 2021 年 1 月 22 日判決（平成 28 年(ワ)第 3250 号）。なお判決文は，株式会社 TKC が提供する法律情報データベース「LEX/DB インターネット」を利用して入手した。

相当因果関係が認定されたのである。【4-2】2 審判決[27] も 1 審判決を支持する内容であった。

ただし，この判決において，自殺の予見可能性に関する裁判所の判断は直接的には示されなかったことも付言しておくべきであろう[28]。それゆえ，この判決は「予見可能性に言及せずに相当因果関係を肯定するもの」（福田 2021: 8）となっている。福田はこの点に注目し，この判決は「予見可能性に言及せずに相当因果関係を認めているのであるから，自殺を通常損害と見ている可能性がある」（福田 2021: 18）と述べている。前述した【3-1】とは異なり，当該生徒の自殺は予見不可能であったと判断されたわけでもなく，また「いじめ自殺」の場合に自殺までの具体的な予見可能性は不要だと主張されたわけでもないが，予見可能性を問題にしないかたちで（言及すらせずに），学校側の義務違反・過失と自殺のあいだの相当因果関係を認定している点に限れば，【4-1】および【4-2】は【3-1】と似た内容の判決として捉えられるだろう。ただし，そのどちらの判決においても，当該の自殺という損害がいじめに起因する「通常損害」であるか否かという点についての直接的な判断は提示されなかった。

2.3.2 「通常損害」としての「いじめ自殺」

以上を踏まえると，ここで最後に取り上げる，2011 年に滋賀県大津市の中学生が自殺した事件（以下，大津市事件）に関する裁判例が占める位置が明確になる。そこでは当該生徒のいじめによる自殺は「通常損害」の範囲内だという判断が示されることになったからである。ただし，大津市事件の裁判は，はじめ原告としての遺族が学校の管理者である大津市といじめの加害者とされた（元）生徒らを被告とするかたちではじまったものの，2015 年 3 月 17 日には原告と大津市の和解が成立し，それ以後は原告と生徒らの争いになっていた。したがって，以下で見る裁判例で争われたのは，学校側の責任ではなく，「加

（27） 福岡地裁 2021 年 9 月 30 日判決（令和 3 年(ネ)第 226 号，令和 3 年(ネ)第 350 号），『判例時報』2545 号 53 頁を参照。

（28） なお，いじめないし自殺の予見可能性は認められないとする学校側の主張に対して，裁判所は，教員らは「いじめの端緒を認識していたと認められる」のであるから，そうした主張は採用できないという判断を提示した。

害者ら」（いじめ加害を加えたとされる生徒らとその保護者ら）の責任である。そのため以下の検討は，本章全体の目的にとっては補論的な位置づけとなる。

以上を踏まえて，判決文の内容を確認しよう[29]。【5-1】大津市事件の1審判決[30]では，2人の生徒による一連のいじめ事実が認定された上で，次のような記述がなされている。

> 亡Xに対する加害行為は，一連の行為の積み重ねにより，亡Xに対し，希死念慮を抱かせるに足りる程度の孤立感・無価値感を形成させ，さらに，被告少年らとの関係からの離脱が困難であるとの無力感・絶望感を形成させるに十分なものであり，そのような心理状態に至った者が自殺に及ぶことは，一般に予見可能な事態であるといえるから，亡Xの自殺は通常損害に含まれるというべきである。したがって，被告A1及び被告B1の加害行為と亡Xの自殺との間には相当因果関係が認められる。（傍点は引用者）

ここでは，当該生徒の自殺が予見可能なものであり，またそれゆえに「通常損害」に含まれるものだという判断が提示されている。だが他方で，亡くなった生徒の「心理状態」が解釈された上で，「そのような心理状態に至った者が自殺に及ぶことは，一般に予見可能」だとされていることにも注意すべきだろう。ここでは「いじめ自殺」一般が無条件に「通常損害」として位置づけられているわけではないということだからだ。ここで「通常損害」として語られている自殺はあくまでも，当該事件における「いじめ」行為の損害としての「亡Xの自殺」という限定つきのものである。

にもかかわらず，この判決において「いじめ自殺」一般が「通常損害」として認められたかのようなかたちで，この判決に言及する議論も見られる。たとえば，判決の翌日，判決概要を一面で報じた『毎日新聞』の記事内では，教育

(29)　ここでは裁判所ウェブサイトで公開されてたウェブ公開版の判決文を参照している。
大津地裁2019年2月19日判決（https://www.courts.go.jp/app/files/hanrei_jp/609/088609_hanrei.pdf），
大阪高裁2020年2月27日判決（https://www.courts.go.jp/app/files/hanrei_jp/420/089420_hanrei.pdf）。

(30)　大津地裁2019年2月19日判決（平成24年(ワ)第121号）。

法学者の市川須美子氏のコメントが紹介されているが，そこでは次のような見解が述べられている。

> 「いじめによる自殺が，一般的に起こりうる『通常損害』と断定した判決は初めてだろう。今までは，いじめによる自殺を認めても「個別の事情による『特別損害』」という考えが基本にあった。判決は今後のいじめ訴訟の新たな指針になる」（『毎日新聞』2019/2/20 朝刊）。

同様に，同日の『産経新聞』の社説記事「主張」においても，「判決は，いじめで追い詰められた人間が自殺することは一般的に予想されるとして因果関係を認め，予見可能性に踏み込んだ」と言及されている（『産経新聞』2019/2/20 朝刊）。こうしたコメントは，それがあくまで「亡Xの自殺」に関する判断であったことを曖昧にさせてしまうという点で，ややミスリーディングである。とはいえ，たしかに【5–1】において当該生徒の「いじめ自殺」は予見可能で「通常損害」に含まれると判断されたことは前述のとおりである。この点，つまり「学校でのいじめを苦にして児童・生徒が自殺した事案において，自殺に係る損害を通常損害と明言した」（福田 2021: 11）ことははじめてのことで，その意味で「画期的」な判決であったと言える(31)。

では，どのような根拠にもとづけば，いじめによる自殺は「通常損害」だと言えるのだろうか。【5–1】においては端的に「亡Xの自殺」は一般に予見可能であったという判断がその根拠とされていた。【5–1】と同様に当該生徒の自殺を通常損害として位置づけた【5–2】大津市事件の2審判決(32) では，その根拠がより詳細に述べられていた。いじめと自殺の因果関係に関する裁判所の判断は，次のようなものであった。

---

(31) なお，判決結果について報じた新聞記事では，遺族の代理人弁護士による「いじめと自殺の因果関係や予見可能性を正面から認めるのは画期的判決だ」というコメントも伝えられた（『産経新聞』2019/2/20 朝刊）。しかしながら，前述のとおり【2–1】および【2–2】の裁判例ではすでにいじめと自殺の因果関係や自殺の予見可能性が認定されていたことを踏まえれば，この判決が「画期的」であると言いうるのは，それらの点よりもむしろ当該生徒の自殺が「通常損害」であると明示された点においてだと言えるだろう。

(32) 大阪高裁 2020 年 2 月 27 日判決（平成 31 年(ネ)第 784 号）。

> 本件各いじめ行為は，行われた期間が1か月程度と比較的短期間ではあるものの，亡Dを負傷させるような暴力行為や極めて陰湿・悪質な嫌がらせ行為を含むものである上，…（中略）…その行為当時，いじめによりその被害者が自殺に至る可能性があることについて学術的にも一般的知見として確立し，いじめによる児童生徒の自殺に関連する報道等は決して珍しいものではなく，いじめによってその被害生徒が自殺することもありうることは社会一般に広く認知されており，行政の側でもその対策を模索し，平成25年にはいじめ防止対策推進法の成立にまで至っているという経緯をも併せ考慮すれば，本件各いじめ行為を受けた中学2年生の生徒が自殺に及ぶことは，本件各いじめ行為の当時，何ら意外なことではなく，むしろ，社会通念に照らしても，一般的にあり得ることというべきであり，亡Dの自殺に係る損害は，本件各いじめ行為により通常生ずべき損害に当たるものということができ，控訴人らの本件各いじめ行為と亡Dの自殺に係る損害との間には相当因果関係あるものと認められる。（傍点は引用者）

したがって，裁判所の判断は【5-1】と同様，当該事件における生徒の自殺が通常損害だとして，いじめと自殺のあいだの相当因果関係を認定するものであった。ここで注目したいのは，その根拠として「いじめ」や「いじめ自殺」に関する社会一般の言説状況が参照されている点である。つまり，事件当時の社会において，「いじめは自殺につながりうる」ことが常識的に語られていたという事実を認定することが，同時に，自殺の予見可能性，ひいては自殺は「通常損害」に含まれるという裁判所の判断を根拠づけることにもなっている。そのような論理構成は，自殺の予見可能性と学校側の責任を認定して判決が確定した例外的な事例とされる津久井町事件に関する裁判例（【2-1】および【2-2】）にも共通しているものの，単に当該生徒の自殺が予見可能であったとしているだけでなく，それが「通常損害」に当たるものであるという判断をも明示している点は，やはり【5-1】および【5-2】に特徴的な点であると言えよう。

【5-1】の判決後，新聞各紙の社説では，「過去の同様の裁判では，いじめ自殺の予見はできなかったなどの理由で因果関係が認められないことが主だった。今後の訴訟では大津地裁の判断が参考となる」（『産経新聞』2019/2/20朝刊），

「いじめが引き起こす重大性を認定した今回の司法判断には大きな意義がある」（『毎日新聞』2019/2/20 朝刊）と言及されるなど，【5–1】および【5–2】の内容に対しては肯定的な評価が社会の大勢を占めているように思われる[33]。また法学的な観点からの言及として，たとえば福田は，大津市事件に関する裁判判決は「従来の判断を一歩進めたものということができ」（福田 2021: 12），そこで判示されたように自殺に係る損害は「通常損害」に含まれると考えるべきだと述べる。ただし，先に確認したように，【5–1】および【5–2】においても「いじめ自殺」一般が「通常損害」的に捉えられたわけでは決してない以上，今後どのような裁判例があらわれるのかを見通すことは難しい。しかし他方で，野村が述べるように，いじめは自殺につながりうるといった社会的認識・社会通念が後退することはないのだとすれば，「いじめ自殺」に関していじめ加害者や学校側の賠償責任は認められる傾向にあると考えることはできる（野村 2023）。

2.3.3 小括

本章でこれまで言及した裁判例を一覧化した**表 2–2** を参照しつつ，「いじめ自殺」裁判に関する議論をまとめておこう。いじめによる自殺という損害は判例上，基本的には「特別損害」として捉えられてきたのであり，それゆえに学校側の責任が問われる際には，学校・教師によって自殺という結果が予見可能であったかが問題とされてきた。結果的に自殺の予見可能性が認められたものとしては，津久井町事件に関する裁判例（【2–1】および【2–2】）と筑紫台高校事件に関する裁判例（【4–1】および【4–2】）を例に挙げることができるものの，本書で言及することができなかった数多くの裁判例において自殺までの学校側の責任は認定されてこなかったことを踏まれれば（市川 2007; 元森 2016），これらは少数派・例外的な裁判例である。

また，学説上は，比較的早期から一定の条件下ではいじめによる自殺を「通常損害」として捉えるべきであることも主張されてきたが（伊藤 1992），その

(33) 例外的に，大津市事件の判決文の内容そのものを批判的に検討している議論として北澤（2021）がある。

表 2-2　学校の対応／いじめと自殺の相当因果関係が争われた裁判例

No.	事件	審級	判決時期	予見可能性	学校の対応と自殺の相当因果関係
【1-1】	中野富士見中事件	1審	1991年3月	×	×
【1-2】	同上	2審	1994年5月	×	×
【2-1】	津久井町事件	1審	2001年1月	○	○
【2-2】	同上	2審	2002年1月	○	○
【3-1】	いわき市事件	1審	1990年12月	×	○
【4-1】	筑紫台高校事件	1審	2021年1月	○	○
【4-2】	同上	2審	2021年9月	○	○
					いじめと自殺の相当因果関係
【5-1】	大津市事件	1審	2019年2月	○	○
【5-2】	同上	2審	2020年2月	○	○

ような立場を明言した裁判例はいまだ【5-1】および【5-2】のみとなっている(34)。暴力を含む執拗ないじめが事実として認定されたことが前提となってはいるものの，いじめによる自殺を「通常損害」と捉えることを明言したこれらの判決には，いじめは自殺につながりうるといった認識をあらためて強調しようとするメッセージ性を見ることもできよう。

2.4　本章のまとめ

本章ではこれまで，子どもの自殺をめぐって学校側がいかに法的責任を問われてきたのかを，裁判において「体罰自殺」や「いじめ自殺」の責任がいかにして認定されてきた／こなかったのかを検討する作業を通じて考察してきた。言うまでもなく，それぞれの事件の様相は異なっており，事件をめぐる裁判の判決文にも，それぞれに固有な部分がある。とはいえ，学校側の責任が認定される際の論理には事例を超えた共通点を見いだすこともできる。本章では特に，

(34)　先述のとおり，福田（2021）は【3-1】，【4-1】および【4-2】の裁判例においても自殺が「通常損害」的に捉えられたと考えられるとしているが，判決文中でそのことが明言されたわけではない。

次の2点を指摘した。第1に，教師の責任の認定に関しては，その教師がいかなる人物として記述されるのかという問題が決定的な意味を持ちうるということである。第2に，自殺の予見可能性や，体罰やいじめ，それらに関する学校の対応と自殺との因果関係をめぐる判断においては，しばしば社会的な言説状況を参照することで裁判所の判断が正当化されていたということである。

そのうち特に第2の点に即して述べれば，子どもの自殺に対する学校側の法的責任の有無が判断される際には，当該事件における個々の行為・出来事がいかに記述・認定されるかだけでなく，社会的な言説状況についての記述・認定のあり方も重要な意味を持っていると言える。とはいえ，「いじめ自殺問題」が社会的に周知されているということと，ある特定の子どもの自殺が実際に予見可能であることは，やはり水準の異なる問題である。前者は後者を可能にするための社会的条件であるが，究極的には，事例ごとの個別的な事実認定と評価に依存せざるをえない。「体罰自殺」にせよ「いじめ自殺」にせよ，学校側の責任が認定される事例がいまだ少数派であるという状況は，それらに関する社会的言説とは対比的に浮かび上がる司法の判断のありよう，いわば司法の壁の高さを印象づけている。そうした司法の壁の高さは容易に変わりうるものではないが，まさにそれゆえに，司法とは別の仕方で，学校生活上の出来事と関係する子どもの自殺に対する補償・救済をおこなうための途が拓かれてきた。次章ではその歴史的展開を見ることで，子どもの自殺の「学校問題」化の過程を辿り直していく。

第3章　子どもの自殺に対する補償・救済の論理
——子どもの自殺はいかに「学校災害」となったのか

3.1　本章の目的

本章の目的は，独立行政法人日本スポーツ振興センター（以下，JSC）が運営している災害共済給付制度に着目して，子どもの自殺が「学校災害」として扱われるようになった歴史的経緯を明らかにすることである。

前章では，子ども（児童生徒）の自殺に関する学校側の法的責任を問うための訴訟が断続的に提起されてきたこと，また，その一部において学校側の責任が認定されてきたことを確認した。だが，学校側の責任が問われる際に参照される国家賠償法や民法は過失責任主義に立脚するものであるがゆえに，学校側の過失が認められなければ，裁判を通じて学校側に責任を帰属することは実現されない。そのことは，裁判を手段として学校側の責任を問おうとする遺族らによって，高い壁であり続けている。

他方で，子どもの自殺を学校生活上の「災害」の一種として捉えられるならば，過失責任を問題としないかたちでそれを補償・救済することも可能なはずである。JSC が運営する災害共済給付制度はまさに，過失責任を問題とする裁判とは別のかたちで「学校災害」に対する補償・救済を可能にしている制度だ。この制度の概要については後述するが，児童生徒が死亡した場合に，災害共済給付制度にもとづいて遺族に支給されるのが死亡見舞金という給付金である。この死亡見舞金の支給をめぐって，子どもの自殺をどう扱うのかがこれまで度々問題になってきた。言い換えれば，児童生徒が自殺によって死亡した場合に，それを補償・救済の対象範囲に含むべきか否かが問題とされてきたのである。以下では，そうした問題化の活動に着目しながら制度の運用上の変化を見ていくことを通じて，子どもの自殺と学校の関係に関する社会的認識とその歴史的な変化について考察する。

3.2　災害共済給付制度の概要

学校教育の現場とそこで事故や災害が生じてしまう可能性は切り離すことができないが，にもかかわらず，それらに対する補償・救済制度は長らく確立されないままであった。そうした状況が変わるのは，1959年の日本学校安全会法制定を受けて，特殊法人日本学校安全会（以下，日本学校安全会）が1960年度から災害共済給付事業を開始したことによる。それは「国」「学校の設置者」「保護者」の分担による互助共済の制度であり（對馬 2019），制度への加入は任意であるが，事業開始当初より高い加入率を保ち続けてきた(1)。日本学校安全会は，行政改革の流れのなかで，1982年より日本学校給食会と統合されて特殊法人日本学校健康会となり，1986年には特殊法人日本体育・学校健康センターへと改組された。さらに2002年に独立行政法人日本スポーツ振興センター法が公布されて，2003年には独立行政法人日本スポーツ振興センターが設立された。そのいずれの段階においても災害共済給付制度の基本的性格に変わりはなく，現在に至るまで「学校災害」に対する補償・救済を目的とした最も主要な制度であり続けている(2)。

災害共済給付金の種類には，「医療費」「廃疾見舞金」（のちの「障害見舞金」）「死亡見舞金」があるが，本章ではそのうち，死亡見舞金のみに焦点を当てる。死亡見舞金は，1960年に制定された日本学校安全会法施行令（以下，『安全会法』施行令）により，「児童及び生徒の死亡でその原因である事故が学校の管理下において発生したもの」（『安全会法』施行令第3条第1項第四号より）を対

(1)　制度開始当初の加入率に関しては，「当時，文部省では義務教育は初年度でも8割加入は堅いところと予想していたが，実際には初年度から97パーセントの加入率となった。（昭和54年度，義務教育の加入率は，小学校99.7パーセント，中学校99.4パーセントである）」（日本学校安全会 1980: 26）と振り返られている。

(2)　なお，現在の加入率は，小学校および中学校では99.8%が加入，高等学校等（高等学校および高等専修学校）では98.1%とされる（日本スポーツ振興センター学校安全部『令和4年度災害共済給付状況』を参照）。

象に，亡くなった児童生徒の父母らに対して支給されるものと定められた給付金である。そこで言われる「学校の管理下」とは具体的には，授業中，その他の課外指導中，休憩時間中で学校にいる時，通学中がその範囲とされた（『安全会法』施行令第3条第2項）(3)。

この災害共済給付制度の特徴は，第1に，この制度が「わが国で唯一の学校事故に対する救済を目的として制度化されたものである」（学校事故研究会編 1977: 9）ことにある(4)。同制度が開始されるまで，「学校災害」の被災者は「全く放置されてきたに等しい」（佐々木 1977: 145）状況に置かれていた。もちろん，戦後には国家賠償法が制定され，それにもとづく国公立学校における「学校災害」への損害賠償請求が可能になっていたが，「いうまでもなく国家賠償法は学校災害の救済を目的として制定されたものではなかったし」（佐々木 1977: 145），同法は過失責任主義に立脚するものであるがゆえに，「過失に関して立証の困難な場合が少なくない学校災害については，依然として法制上の救済のみちは開かれなかった」（佐々木 1977: 145）とされる。そうした状況を経たのち，同制度が開始されたことによってはじめて過失責任を問わないかたちでの補償・救済が可能となったということである。

では，同制度ではいかなる出来事が「学校災害」として補償・救済の対象と定められたのか。日本学校安全会法（以下，『安全会法』）では，「義務教育諸学校……の管理下における児童及び生徒の負傷，疾病，廃疾又は死亡（以下，

(3)　日本学校安全会が年度ごとに発刊していた『学校の管理下の災害』によれば，事業開始年にあたる1960年度にはすでに全学校種別の合計で226件の「死亡」が数えられており，その後しばらく200件以上で推移していることからも，死亡見舞金がその運用開始当初より広く活用されていたことが窺える。なお，支給額については。制度開始当初は一律300万円とされ，通学中の場合のみ半額支給と定められた。1978年に一律1200万円（通学中は半額支給）とされて以来，度々増額され，現在では一律3000万円（通学中は半額支給）と定められている。

(4)　ここでは「学校事故」という言葉が用いられているが，同制度に即せば「学校災害」と述べるほうがより正確である。というのも同制度において「事故」と「災害」という語は次のような関係にあるからである。「日本学校安全会法上『災害』とは，『学校の管理下における児童・生徒等の負傷，疾病，廃疾又は死亡』と規定されており，『事故』はその災害の原因となる『ものごとの正常性を妨げる突発的な事象』と解されている。従って，学校の管理下で事故が発生しても，その結果として災害の起こる場合もあるし，災害の発生に至らない場合もある。日本学校安全会の災害共済給付事業では，事故の結果，災害が生じた場合に，その災害を救済しているのであり，その原因である事故を救済するという考え方はない」（伊藤 1977: 60–61）。以上を踏まえて，本章では「学校災害」という言葉を統一的に用いる。

「災害」）につき，当該児童及び生徒の保護者……その他の政令で定める者に対し，医療費，廃疾見舞金又は死亡見舞金の支給（以下「災害共済給付」という。）を行うこと」（『安全会法』第18条第1項第二号，一部省略）と規定された。また，この付帯事業という位置づけで，「高等学校及び幼稚園の管理下における生徒及び幼児の災害」にも「災害共済給付を行う」ことが規定された（『安全会法』第18条第2項）。これらの規定は独立行政法人日本スポーツ振興センター法に引き継がれている。

問題は，自殺による「死亡」が「学校災害」として扱われ，補償・救済の対象となるのはどのような場合なのか，という点である。以下ではこの点に関する制度の運用上の変化を見ていく。

3.3 「学校災害」としての子どもの自殺の成立

ここではまず，1978年10月31日に東京都府中市で発生した小学4年の女子児童の自殺事件（以下，府中市事件）を取り上げる(5)。この事件こそが児童生徒の自殺に対して死亡見舞金が給付された最初の事例だからである。

事件翌日の11月1日，『朝日新聞』『毎日新聞』『読売新聞』の全国紙3紙はいずれも，比較的大きな紙面を割いてこの事件を取り上げているが，そのすべての記事の見出しにおいて，「小学4年生の少女」「9歳少女」と自殺した子どもの年齢や学年や，「教室で首つり」「教室で自殺」と自殺現場である「教室」が言及された。また，いずれの記事でも小見出しにおいて「慕う先生にしかられ（朝日）」「先生に叱られた直後（毎日）」「先生に注意された後（読売）」と担任教師による叱責への言及が見られたものの，教師の叱責を自殺の直接的原因として断定する記述は見られなかった。

そのうち『毎日新聞』は，同日の夕刊紙面にて続報記事を掲載し，さらに翌1979年2月2日には死亡見舞金の給付決定についても報じている。それゆえ，

(5)　本書で具体的な事件に言及する際には，メディア報道などで公表されている場合にのみ市町村名や当事者等の実名情報を記す。なお，敬称を用いる際にも報道上の表現に準じる。

以下ではまず，『毎日新聞』の記事「小学4年生の少女が教室で首つり自殺　先生に叱られた直後」(1978/11/1朝刊）を参照して，それがどのような自殺として報じられたのかを確認しておきたい。この記事によれば，「浩美ちゃんは午前11時55分ごろ，自分の教室の前方出入り口付近にかけ渡してある視聴覚教育用スクリーンを掛ける鉄製バーに差し込み式の電気コードをぶらさげ，首つり自殺していた」とされる。また，同記事では事件の背景について，「『この間，先生の弁当をつまみ食いした』と，級友から担任の先生に告げ口され」たことで激昂した当該児童が級友を「黒板消しでたたいたり，一人の持っていた筆入れを床に投げつけたりした」ため，担任教師によって叱られたという経緯があったことが伝えられている。

この第一報記事や同日夕刊の記事では言及されていないものの，1979年2月2日には死亡見舞金の給付決定が次のように報じられた。

> 昨年10月31日，東京府中市立住吉小4年5組の教室で，赤平浩美ちゃんが首つり自殺した事件で，学校設置者の府中市教委は，日本学校安全会に対し，生徒・児童を対象にした災害共済給付事業に基づく死亡見舞金の遺族への給付を申請していたが，このほど，同安全会は一般死同様，1200万円の死亡見舞金を給付することを決めた。浩美ちゃんのようにはっきり自殺とわかるケースで一般死同様の措置がとられるのは，今度が初めてである。…（中略）…
>
> 昨年12月1日同市教委から出された申請に対し，同安全会は第一条件の“学校管理下の死亡”であったことは確認したが，問題は浩美ちゃんが自殺であったこと。
>
> 安全会法施行令11条は義務教育を終えた高校生以上の生徒の故意の死亡（自殺）について，自殺の反社会性をわきまえる能力があるとして見舞金は給付しないが，義務教育中の児童・生徒については規定がない。安全会が発足した昭和35年当時，小・中学生の自殺など考えられず，小・中学生の自殺の場合の規定を設けなかったためだが，高校生以上の自殺の場合の規定を援用すると，浩美ちゃんのケースは給付不可となる。だが，安全会は被害児童・生徒とその家族の救済を目的としているだけに，審査会

> で検討した結果，「義務教育中の児童・生徒はまだ自殺の反社会性をわきまえる能力が未熟」として，浩美ちゃんの場合も一般死と同じ措置にした。
> （「教室で自殺の浩美ちゃん　遺族に見舞金1200万　学校安全会　異例，一般死並みに」『毎日新聞』1979/2/2朝刊，傍点は引用者）

記事に即していくつかの点を整理しておこう。何よりもまず，結果的にはこの府中市事件が，児童生徒による「はっきり自殺とわかる」死亡で初めて死亡見舞金が支給された事例であると明らかにされていることに着目したい。しかし同時に，死亡見舞金の給付をめぐる判断において，その死が「自殺であったこと」をどう見なすのかが問題になったことも伝えられている。そこで言及されているのが，「高校生以上の自殺の場合の規定」である。この規定についてはさらに後述するが，ここでは，それが1960年の『安全会法』施行令の制定以来現在まで変わらずにある，高校生以上の故意による死亡に対する死亡見舞金給付はおこなわないと定めた規定（以下，「高校生規定」）であることを補足しておこう。記事にあるように，この規定が小学生の自殺の場合にも援用されれば府中市事件でも死亡見舞金は給付されないことになるが，実際にはそのような運用はなされなかった。高校生以上と中学生以下の子どもを区別し，後者であれば自殺の場合も死亡見舞金の給付がおこなわれるとされたのである(6)。したがって，この府中市事件を契機として，中学生以下の児童生徒の自殺が「学校の管理下の災害」として扱われ，死亡見舞金給付の対象範囲に含まれうることが明らかにされた。

しかし他方で，上記の支給決定をもとに，中学生以下の子どもの自殺は補償・救済されるべきという規範的理解が当時の社会において共有されていたと単純に言いきれないことも付言しておきたい。上記の支給決定の後で『週刊新潮』（1979年2月15日号）に掲載された「教室で首つり自殺した小学4年少女の『欠陥家庭』に1200万円」と題された記事では，「学校側にはまったく落度のない」自殺に「1200万円もの“見舞金”が支払われる」ことが，否定的な

(6)　先に引用した文中の自殺の「反社会性」という言葉の意味するところは不明確だが，これらの記事を除き，その表現に関する日本学校安全会の説明は見当たらない。

論調で伝えられている。このような記事の存在が示唆するのは，府中市事件での死亡見舞金の支給決定が，むしろ当時の社会において逸脱的なものと見なされていた可能性である。したがって，府中市事件を契機に，制度上は「学校の管理下の死亡」として補償・救済される子どもの自殺が成立したものの，それが社会の認識を反映した制度の変化であったと言えるかどうかは判断が難しい。

では，そのような制度の変化が見られるのはいつ・いかにしてなのか。この点を問うために，以下では2000年代以降において制度運用上の変化が見られた2つの局面を検討する。

3.4 「学校災害」としての子どもの自殺の範囲拡大

まず注目すべきは，2006年に福岡県筑前町で起きた「いじめ自殺」事件（以下，筑前町事件）である。この事件をめぐる遺族たちの活動が，死亡見舞金に関わる制度の運用に変化をもたらすきっかけになったと言えるからである。この事件は，2006年10月11日，中学2年の男子生徒が自宅納屋にて首つりの状態で亡くなっているのが家族に発見されたことにはじまる。事件はその後，連日の全国的な報道を通じて大きな注目を集めることになったが，結果的に，筑前町が設置した第三者調査委員会による最終報告書（2006年12月28日付）において，いじめと自殺の因果関係が認定されるに至った(7)。ここで着目したいのは，そのさらに約4ヶ月後の2007年4月29日に『毎日新聞』の一面に掲載された次の記事である。

> 学校での事故などが原因で死亡したり，けがをした児童生徒に災害共済給付金を支給する独立行政法人・日本スポーツ振興センター（東京都）が，いじめを苦に自宅で自殺した福岡県筑前町の中2男子生徒の遺族に給付金を支払わない可能性が高まった。内規の運用で，自殺の原因ではなく，場所を基準にしているためだ。学校が管理する校内や通学路では支給するが，

(7) 事件に関する経緯は森・森（2008）に詳しい。

> 自宅は対象外になるという。遺族側は「町教委が学校でのいじめと自殺の因果関係を認めているのにおかしい。制度の運用に不備がある」と疑問視している。（『毎日新聞』2007/4/29 西部版朝刊）

この記事が，筑前町事件での死亡見舞金支給に関する最初の新聞報道であった。記事では，筑前町事件について，文部科学省令や JSC の内規にもとづいて判断された場合に死亡見舞金が不支給とされる恐れがあることが伝えられている。

議論の前提として，関係法令等について補足する。独立行政法人日本スポーツ振興センター法（以下，『センター法』）の第 16 条第 2 項では「学校の管理下における児童生徒等の災害の範囲については，政令で定める」としている。その政令にあたる独立行政法人日本スポーツ振興センター法施行令（以下，『センター法』施行令）の第 5 条第 4 項ではさらに，その対象範囲は「児童生徒等の死亡でその原因である事由が学校の管理下において生じたもののうち，文部科学省令で定めるもの」と規定された。そして，その文部科学省令にあたる，独立行政法人日本スポーツ振興センターに関する省令（以下，「省令」）では「学校給食に起因することが明らかであると認められる死亡」などのほかに，「学校の管理下において発生した事故に起因する死亡」（第 24 条第 3 項）が給付対象と規定されている。

上記記事で伝えられているのは，この省令の規定がひとつの争点となっていることである。言い換えれば，記事は筑前町事件という個別の事件の遺族の主張を伝えながらも，それをより一般的な制度上の「問題」と結びつけている。それゆえ，この記事自体が制度の「問題」状態を定義する「クレイム申し立て活動」（Spector and Kitsuse 1977=1990）として理解可能になっている(8)。そうした遺族らの訴えやそれを伝えるメディア報道の問題化の活動を経て，結果的には 2007 年 7 月 6 日に省令が改正され，さらには筑前町事件に関しても（上記記事で「不支給の恐れ」が伝えられたのとは一転して）死亡見舞金が支給される

(8)　詳細は省略するが，同記事はさらに，専門家の意見を紹介することなどによっても制度上の「問題」を理解可能にしていた。

に至った[9]。

では，省令はどのように改正されたのか。実のところ変更されたのは省令第24条第3項の一部分だけである。従来，死亡見舞金の給付対象は「学校の管理下において発生した事故に起因する死亡」と規定されていたが，それが「学校の管理下において発生した事件に起因する死亡」へと変更されたのである。

この文言上の小さな変化が，実際の制度運用においては大きな変化をもたらすことになった。というのも，改正前の「学校の管理下において発生した事故に起因する死亡」という定義のもとでは，たとえ「いじめ」のような学校での出来事を原因とした自殺であることが認められたとしても，自殺の現場が「学校の管理下」と見なされなければ支給対象外とされてきたからである。つまり，自殺の発生場所が支給の可否を区分する基準とされてきた。したがって，この改正前の規定のもとでは，筑前町事件のような自宅での自殺は，その「原因」が何であれ，補償・救済の範囲に含まれていなかった。対照的に，省令改正後は，「いじめ」のような「学校の管理下において発生した事件」が認定され，その事由によって自殺したと認められる限りにおいて，自宅などの学校外で起きた自殺であっても，死亡見舞金の支給が可能になった。言い換えれば，自殺の「原因」を「学校の管理下」に見いだすことができれば，自殺の場所を問わずして，死亡見舞金の支給が可能になったのである。

したがって，この2007年の省令改正によって，「学校の管理下の災害」として補償・救済対象とされる自殺の範囲が拡大したと言える。その省令改正に至る経緯として本節で着目したのは，筑前町事件の遺族側の主張とそれを取り上げたマスメディアによる問題化活動である。遺族側により主張されたのは「制度の運用に不備がある」ことであったが，それはすなわち，「いじめ」との因果関係が認められた自殺であるにもかかわらず，発生場所を基準にして補償・救済の範囲から自殺を除外することは不当だという論理であった。遺族側の主

(9) 省令改正と，この事件で死亡見舞金支給に至った経緯は次のように報じられた。「福岡県筑前町立三輪中2年の森啓祐君（当時13歳）が昨年10月，いじめを苦に自宅で自殺した問題で，独立行政法人・日本スポーツ振興センター（東京都）が，災害共済給付制度に基づく死亡見舞金の遺族への支給を決めたことが分かった。遺族らの訴えで文部科学省が今年7月，省令を改正し，学校外での自殺も支給対象となっていた。改正後の支給は初めて。」（『毎日新聞』2007/9/6 西部版夕刊）。ここでは，「遺族らの訴え」が省令改正の要因とされている。

張において前提とされているのは，「いじめ」を苦に自殺してしまう子どもが存在するという事実や，そうした「いじめ自殺」が学校外の場所でも起こりうるという知識（社会的認識）であった。そのような「いじめ自殺」についての知識が社会的に共有されていなければ省令改正は起こりえなかったはずである。したがって，この省令改正に見られるのは，「いじめ自殺」を契機とした，子どもの自殺をめぐる補償・救済の論理の転換だと言えよう。

ただし，省令改正を契機とする制度の運用上の変化は，中学生以下の自殺への死亡見舞金の支給に関わるものであった。先述したように，高校生以上の自殺の場合にはそもそも『安全会法』施行令以来の「高校生規定」が存在し続けていたため，故意による死亡としての自殺であるとされれば発生場所にかかわらず，死亡見舞金の支給対象外とされてきた。

この「高校生規定」との関係で次に考えたいのは，自殺の意思という論点である。これまで見てきたように，2007年の省令改正をめぐっては中学生の自殺に対する死亡見舞金の給付基準が争点とされたものの，そこにおいて自殺が当人の意思によるものか否かという問題は焦点化されていなかった。他方で，高校生の自殺をめぐっては対照的に，自殺の意思をどう扱うかが争点とされてきたのである。

3.5　争点としての高校生の自殺

先述のとおり，高校生の自殺の場合には自殺に意思の介在が想定されることで，死亡見舞金の支給は一定の制限を受けてきた。そうした制度運用の根拠とされたのが，『安全会法』施行令以来の「高校生規定」である。『センター法』施行令では，次のように明記されていた。

> センターは，高等学校（中等教育学校の後期課程及び特別支援学校の高等部を含む。以下同じ。）及び高等専門学校の災害共済給付については，災害共済給付契約に係る生徒又は学生が自己の故意の犯罪行為により，又は故意に，負傷し，疾病にかかり，又は死亡したときは，当該負傷，疾病若しく

は死亡又は当該負傷をし，若しくは疾病にかかったことによる障害若しくは死亡に係る災害共済給付を行わない。（独立行政法人日本スポーツ振興センター法施行令第3条第7項，傍点は引用者）

この施行令の規定により，高校生が故意に自殺したとされる限り，それが「学校の管理下において発生した事件に起因する」自殺と見なせる場合も，死亡見舞金の給付対象外とされてきた(10)。それでは，この「高校生規定」はいかに問題化されてきたのか。その点を明らかにするために，以下では2つの高校生の自殺事件を取り上げる。

ひとつは，2009年に起きた埼玉県内の私立高校に在籍していた高校生の学校構内での自殺事件（以下，埼玉県事件）である。この事件は，試験中のカンニング行為が教師に見つかった生徒が，授業時間後に校舎4階の窓から飛び降りて死亡した事件である。JSCは，亡くなった高校生の自殺は「故意」によるもので死亡見舞金は不支給という決定を下したが，その決定を不服とした生徒の両親はJSCを相手に訴訟(11)を起こすに至った。「高校生自殺は対象外　災害共済給付に異議も」という見出しのもとでそうした経緯を報じた新聞記事では，裁判で原告となった遺族らの主張が次のように伝えられている。

父親は「死ぬ以外に逃げ道がないと思い込んで自殺するのであって，そのことに中学生も高校生も区別はない」とし，裁判を通じて「線引き」自体の見直しも呼びかけたい考えだ。弁護士も「正常な判断能力を失ったからこそ自殺するという考えがスタンダード。センターの基準は時代遅れだ」と指摘する。（『朝日新聞』2013/1/10朝刊）

---

(10)　以下で見る埼玉県事件の民事訴訟では，「高校生規定」について，それが刑法の責任年齢や不法行為における未成年者の責任能力に対する一般的な考えにもとづき，16歳に達すれば注意能力が成人相当に備わるものとして，教育的見地から給付を制限するものだという趣旨がJSC側から説明された（山口2016）。なお，制度の開始時期の文部省体育局学校保健課長で，『安全会法』の立案事務を担当していた渋谷敬三が制度全体を概説した書籍でも，「高等学校の生徒については教育的見地からも一人前と考えて給付を制限することにしたわけであります」（渋谷1960：15）と，上記訴訟の判決文と同様の説明がなされていた。

(11)　東京地裁平成26年5月30日判決（平成23(ワ)第14933号）。『判例タイムズ』1403号304頁を参照。

ここでの遺族の主張においては，中学生と高校生を自殺に関する意思能力において区別しうるのかという疑問を呈すことで，「高校生規定」の合理性が問題視されている。さらに着目すべきは，遺族側弁護士のコメントにおいて，「正常な判断能力を失ったからこそ自殺するという考え」，いわば現代的な自殺観(12) を参照することで「高校生規定」を問題化する主張が構成されている点である。そこでは，高校生の自殺における意思の介在を否定することが試みられている。しかし結果的に，この裁判では1審・2審ともに原告が敗訴し，2014年12月の上告棄却をもって判決が確定した。それゆえ，埼玉県事件をめぐる裁判を通じては，「高校生規定」の合理性が追認されることになった。

本節で見ておきたいもうひとつの事件は，2011年6月に愛知県刈谷市で発生した，高校生の自殺事件（以下，刈谷市事件）である。この事件は，JSCが一度死亡見舞金の不支給決定を出した後でそれを撤回し支給決定するに至った点で，例外的なケースである。この事件では，第三者調査委員会が組織されて調査報告書も公表されたが，調査報告書では，自殺した高校生に関して，所属していた野球部の顧問がほかの部員に「体罰」をおこなっているのを見聞きしたことや成績の悩みなど複数の要因が影響してうつ病が進行し，自殺につながったと認定された。調査報告書は2014年2月4日に愛知県知事に提出されたが，遺族が死亡見舞金の給付を申請したのは2014年11月である。2015年7月にJSCは，体罰を見聞きしたことと自殺との因果関係を認めず「故意に死亡した」として不支給決定を下したが，遺族による不服審査請求を経て再審査がなされた結果，2016年3月15日付で一転して支給決定が下された。ここで重要なのは，刈谷市事件での死亡見舞金の支給決定が，既存の「高校生規定」が改廃されることによって可能になったわけではないということだ。つまり，JSCによる刈谷市事件への死亡見舞金支給をめぐる判断の転換は，高校生の自殺への意思の介在を想定する「高校生規定」の基本姿勢を崩さぬまま，事例に

(12)　ここで言う現代的な自殺観とは，自殺を「個人の自由な意思や選択の結果」ではなく，「追い込まれた末の死」として捉える見方を意味する。2007年に内閣府が策定した『自殺総合対策大綱』や，その参照元であるWHO（世界保健機関）の自殺定義ではこうした自殺観が採用されている。それは，自殺者の心的状況に精神疾患の発症が見られる場合が多いとするなど，精神医学的知識にもとづく認識を基本とするものである。

ついての解釈を変更することによって成し遂げられたのである。

しかし他方で，刈谷市事件における死亡見舞金支給が決定してから約半年後の2016年9月7日には，『センター法』施行令が以下のように改正され，「高校生規定」にも部分的な変更が加えられた。

> センターは，高等学校（中等教育学校の後期課程及び特別支援学校の高等部を含む。以下同じ。）及び高等専門学校の災害共済給付については，災害共済給付契約に係る生徒又は学生が自己の故意の犯罪行為により，又は故意に，負傷し，疾病にかかり，又は死亡したときは，当該負傷，疾病若しくは死亡又は当該負傷をし，若しくは疾病にかかったことによる障害若しくは死亡に係る災害共済給付を行わない。ただし，当該生徒又は学生が，いじめ（いじめ防止対策推進法（平成25年法律第71号）第2条第1項に規定するいじめをいう。），体罰（学校教育法（昭和22年法律第26号）第11条ただし書に規定する体罰をいう。）その他の当該生徒又は学生の責めに帰することができない事由により生じた強い心理的な負担により，故意に負傷し，疾病にかかり，又は死亡したときは，この限りでない。（独立行政法人日本スポーツ振興センター法施行令第3条第7項，傍点は引用者）

したがって，この『センター法』施行令の改正により，高校生の自殺の場合も，それが「いじめ」や「体罰」等の，本人の「責めに帰することができない事由により生じた強い心理的な負担」によってもたらされた「故意」による自殺とされれば，死亡見舞金が支給されることになったのである。

そうした変化は，自殺を外的な要因によって「追い込まれた末の死」と見なす現代的な自殺観が広まり，〈高校生〉の自殺にも適用されるようになったことの帰結として考えることができる。というのも，当時，文部科学省初等中等教育局長名義で出された通知文書「独立行政法人日本スポーツ振興センター法施行令の改正について」（2016年9月7日）の「改正の趣旨」において，「近年の自殺等に係る社会の認識の変化等を踏まえ，いじめや体罰など本人の責めに帰することができない事由を背景とする高校生等の故意の死亡等については，災害共済給付を行うことができるようにする」という記述が見られたからである。ここでは明確に,「高校生規定」改正の説明資源として「社会の認識の変化」が言及されている。

しかしながら同時に,再度強調しておきたいのは,そうした改正を経てもなお,高校生の自殺に,意思の介在を想定する「高校生規定」自体が廃されたわけではないということだ。すなわち,「いじめ自殺」や「体罰自殺」のように例外的に補償・救済の対象とされる自殺の存在が認められたものの,高校生の自殺に意思を想定する「高校生規定」の基本姿勢は変わらなかったのである。

3.6　本章のまとめと補足

本章ではこれまで,災害共済給付制度において子どもの自殺がいかに扱われてきたのかを,同制度の運用上の変化に着目して検討してきた。同制度の運用上の変化は,次のようにまとめることができる。(1) 1970年代後期には,小学生による学校での自殺事件である府中市事件を契機として,「学校災害」としての子どもの自殺が成立した。中学生以下の子どもの自殺が「学校の管理下の災害」として扱われて死亡見舞金給付の対象範囲に含まれうることが明らかにされたのである。その後,子どもの自殺に対する死亡見舞金の支給のあり方に大きな変化が見られたのは2000年代以降である。(2) 2000年代には「いじめ自殺」や「体罰自殺」のような「学校の管理下で発生した事件に起因する」自殺を,その発生場所を問わないかたちで補償・救済の対象範囲に含み込むことが求められた結果,「学校の管理下の災害」としての自殺の範囲が拡大することになった。(3)また,制度の開始当初から設けられていた「高校生規定」にも,例外規定が設けられるという変化が生じた。2016年の『センター法』施行令の改正を受けて,高校生であっても「いじめ」や「体罰」など,本人の「責めに帰することができない事由により生じた強い心理的な負担」によってもたらされた自殺であれば,死亡見舞金の支給対象とされることになったのである。

(2)と(3)の変化を要約的に述べれば,それは,死亡見舞金の支給／不支給の判断において,当該自殺の場所だけでなく,当該自殺の原因がその判断を決定づける基準・参照点になったということである。そして,まさにそれゆえに,自殺の原因について判断する社会的な実践には，かつてよりも大きな意味が与えられることになった。

では，自殺の原因について判断する社会的な実践とはいかなるものだろうか。その一部であり，また代表的な一形態として無視し難いのは，第2章で見たような裁判の実践であるだろう。ただし，子どもの自殺事件のなかで裁判に至る事例は必ずしも多くない。だとすれば裁判以外の自殺の原因を判断・記述する社会的な実践も重要である。その点に関してここで確認しておきたいのは，2016年の『センター法』施行令の改正にあわせて，JSCの内部規程である「独立行政法人日本スポーツ振興センター災害共済給付の基準に関する規程」（以下，『基準に関する規程』）がどのように改正されたかである。

先述した通知文書「独立行政法人日本スポーツ振興センター法施行令の改正について」（2016年9月7日）を受けて，JSCの理事長名義で出された各学校・保育所等の設置者宛の通知文書では，次のような内容が通知された。

> 平成28年9月7日に独立行政法人日本スポーツ振興センター法施行令が改正され，高校生等が…（中略）…責めに帰することができない事由により生じた強い心理的な負担により故意に死亡したとき等について，災害共済給付の対象となりました（別紙1参照）。
>
> この改正に伴い，「独立行政法人日本スポーツ振興センター災害共済給付の基準に関する規程」を別紙2のとおり，「重大な過失等の場合に関する運用基準について」を別紙3のとおり改正しましたので，お知らせします。
>
> なお，これまでも提出をお願いしているところですが，本件に係る給付金の支払の請求に当たっては，第三者調査委員会の調査結果等の提出をお願いすることになりますので御留意願います。（「災害共済給付における高校生等の故意の死亡等の取扱いの改正について」（2016年10月6日））

ここでは，災害共済給付金の請求に際しては以前より，「第三者調査委員会の調査結果等の提出」が求められてきたということが明らかにされているが，そのことが『基準に関する規程』上で明記されるようになったのは，2016年

表3-1　高等学校及び高等専門学校の生徒・学生の「故意」の取扱い（施行令第3条第7項）

規定	内容	説明	備考
施行令第3条第7項	高等学校及び高等専門学校の災害共済給付については，災害共済給付契約に係る生徒又は学生が自己の故意の犯罪行為により，又は故意に負傷し，疾病にかかり，又は死亡したときは，当該負傷，疾病若しくは死亡又は当該負傷をし，若しくは疾病にかかったことによる障害若しくは死亡に係る災害共済給付を行わない。 ただし，当該生徒又は学生が，いじめ，体罰その他の当該生徒又は学生の責めに帰することができない事由により生じた強い心理的な負担により，故意に負傷し，疾病にかかり，又は死亡したときは，この限りでない。	1「故意に」とは，自殺又は自傷行為による傷病のような場合が該当する。ただし，行為又はその結果に対する認識のないような場合には，故意があるものとはみなさないものとする。（注47-3） 2「故意の犯罪行為」とは，災害の発生を意図した故意はないが，その原因となる犯罪行為が故意であるものをいう。 3「いじめ」とは，いじめ防止対策推進法（平成25年法律第71号）第2条第1項に規定するいじめをいう（ただし，学校の管理下において生じたものに限る。）。 4「体罰」とは，学校教育法（昭和22年法律第26号）第11条ただし書に規定する体罰をいう（ただし，学校の管理下において生じたものに限る。）。 5「その他の生徒又は学生の責めに帰することができない事由」とは，学校の管理下において生じた法令により禁じられているいじめや体罰のほか，教員による暴言等不適切な指導又はハラスメント行為等，教育上必要な配慮を欠いた行為を含むものとする。 6「強い心理的な負担」がいじめ等により生じたか否かについては，別記様式第1による報告のほか，学校の設置者等が行う調査に係る結果等を踏まえるものとする。（注47-4）	必要に応じ，「別記様式第1」により報告を求める。
〈適用関係〉（注） 47-3「行為又はその結果に対する認識のないような場合」とは，例えば，精神障害によって正常の認識，行為選択能力が著しく阻害され，又は自殺行為を思いとどまる精神的な抑制力が著しく阻害されている状態で自殺が行われたと認められる場合をいう。 したがって，「行為又はその結果に対する認識のないような場合」に該当するか否かの判断に当たっては，精神科等への通院中である者については診療担当医師の見解によることとし，医師の明確な見解を得られない場合は，災害発生状況，災害発生前における学業への参加の状況，精神障害等の疾病の経過などから，総体的に判断することになる。 47-4(1)　故意の死亡等の原因がいじめによると疑われている場合には，いじめ防止対策推進法第28条第1項に基づき，「いじめにより当該学校に在籍する児童等の生命，心身又は財産に重大な被害が生じた疑いがあると認めるとき」に学校の設置者等が行うこととされている調査に係る結果を踏まえて判断する。 また，故意の死亡等の原因がいじめ以外であると疑われている場合であって，学校の設置者等が，文部科学省が作成した「子供の自殺が起きたときの背景調査の指針」に基づき，第三者調査委員会を設置して調査を行っているときには，当該調査結果を踏まえて判断する。 上記の学校の設置者等が行った調査結果において，故意の死亡等の主な原因がいじめ等と認められている場合には，通常，当該いじめ等により，当該高校生等に「強い心理的な負担」が生じていたものと推定して差し支えないものとする。 (2)上記(1)の第三者調査委員会による調査が行われておらず，学校の設置者から報告される事件の具体的内容において「強い心理的な負担」がいじめ等により生じたことについて疑義が存すると認められる場合には，当該設置者に診療担当医師等の見解の提出を求める。			

出典：「独立行政法人日本スポーツ振興センター災害共済給付の基準に関する規程　新旧対照表」

に「規程」が改正されてからである。引用文中で「別紙2」として言及される「独立行政法人日本スポーツ振興センター災害共済給付の基準に関する規程新旧対照表」には，**表3-1**中の下線部で示された部分が新設された(13)。

表3-1からは，JSC側が高校生等の自殺に関して死亡見舞金の支給／不支給を決定する上で，それが本人の「責めに帰することができない事由により生じた強い心理的な負担」によって生じたものであるか否かを判断するためにどのような根拠を重要視するのかを知ることができる。その基本として言及されているのは「別記様式第1による報告」，すなわち「事件調査報告書」(14) の内容であるが，それとともに言及されているのが「学校の設置者等が行う調査に係る結果等」である。**表3-1**の注47-4では2種類の具体的な「調査」が言及されているが，そのうちひとつはいじめ防止対策推進法の規定にもとづくもの，もうひとつは「子供の自殺が起きたときの背景調査の指針」（文部科学省）にもとづくものである。**表3-1**の注47-4では，それらの調査の結果として「故意の死亡等の主な原因がいじめ等と認められている場合には，通常，当該いじめ等により，当該高校生等に「強い心理的な負担」が生じていたものと推定して差し支えないものとする」ということも明記されている。つまり，学校の設置者や第三者調査委員会による調査の結果は，子どもの自殺に対する死亡見舞金の支給／不支給を決定する際に問題となる，自殺が本人の「責めに帰することができない事由により生じた強い心理的な負担」によって生じたものであるか否かの判断に影響を与えるということである。なお，『基準に関する規程』の規定は，直接的には『センター法』施行令第3条第7項が定める「高校生規定」に関して設けられているものであるが，JSCによれば，『基準に関する規程』は中学生以下の自殺に対しても適用されている(15)。したがって，2016年

(13)　下線は同通知文書の「別紙2」における表記に準じている。

(14)　2007年7月の『基準に関する規程』一部改正にともない，「事件調査報告書」の提出が求められるようになった。「事件調査報告書」は，学校の管理下において児童生徒等が死亡した場合に，必要に応じて学校長等が死亡の原因等について証明するための様式とされ，JSCのウェブサイト上でもダウンロード可能である（https://www.jpnsport.go.jp/anzen/tabid/81/default.aspx）。なお，「事件調査報告書」において「事件の原因別」は「学校問題」「家庭事情」「その他」に分類されており，「学校問題」は選択肢順に「いじめ」「教師の指導」「体罰」「友人関係の不和」「学業問題」「その他」となっている。

の『センター法』施行令および『基準に関する規程』の改正以降，学校の設置者や第三者調査委員会による調査の結果が，子どもの自殺に対する死亡見舞金の支給／不支給決定の判断に影響を与えうるものとして明確に位置づけられてきたということだ。

以上を踏まえて次章では，子どもの自殺に関する「事実」の認定がおこなわれる場としての第三者調査委員会の実践を検討する。

(15)　独立行政法人日本スポーツ振興センター災害共済給付事業部に直接問い合わせて確認したところ，『基準に関する規程』の注47-3や注47-4の内容は，学校種を限定するものではなく，これまでの経緯や災害共済給付制度の趣旨からも高校生等以外の学校種についても当該規定の運用をしているという回答を得た（2024年8月）。

第4章　子どもの自殺をめぐる事実認定の実践
——自殺の原因を認定する第三者調査委員会の実践に着目して

4.1　本章の目的

本章の目的は，第三者調査委員会が担う自殺の原因を認定する実践を検討することを通じて，子どもの自殺事件に関して第三者調査委員会が果たしている役割と機能を考察することである。

第3章第6節でも確認しておいたように，独立行政法人日本スポーツ振興センターが運営する災害共済給付制度のもとで可能になっている子どもの自殺に対して死亡見舞金を支給する実践と，事件後に「学校の設置者等が行う調査」には明確な関連性がある。2016年に「独立行政法人日本スポーツ振興センター災害共済給付の基準に関する規程」（以下，『基準に関する規程』）が改正されたことにより，自殺がいじめや体罰などの本人の「責めに帰することができない事由」によって生じた「強い心理的な負担」によって引き起こされたものであるか否か，つまりは死亡見舞金の支給対象となるか否かは，「学校の設置者等が行う調査」の結果を踏まえて判断すると明示されたからである。それゆえに，子どもの自殺事件に際して「学校の設置者等が行う調査」が実施された場合，その調査を通じてどのような事実が認定されるのか，とりわけ自殺の原因がどのように判断・認定されるかが，その事件の決着に向けたひとつの分かれ道となる。

では，「学校の設置者等が行う調査」とはどのようなものだろうか。『基準に関する規程』では，いじめ防止対策推進法第28条第1項にもとづく調査と「子供の自殺が起きたときの背景調査の指針」にもとづく調査の2種類が言及され，そのうち後者に関しては，「学校の設置者等」が「第三者調査委員会」を設置する場合についても言及されている（『基準に関する規程』注47-4(1)）。

本章では，まさにこの第三者調査委員会によって取り組まれる事実認定の実践，なかでも特に，いじめと自殺の因果関係を認定（あるいは否定）する実践に着目する。

4.2　いじめ「重大事態」調査の第三者調査委員会

文部科学省に置かれた審議会「児童生徒の自殺予防に関する調査研究協力者会議」によって策定された「子供の自殺が起きたときの背景調査の指針（改訂版）」(2014年)(1) では，自殺事件発生後の背景調査が「基本調査」と「詳細調査」に区分されている。「基本調査」は「自殺又は自殺が疑われる死亡事案について，事案発生（認知）後速やかに着手する，全件を対象とする基本となる調査であり，当該事案の公表・非公表にかかわらず，学校がその時点で持っている情報及び基本調査の期間中に得られた情報を迅速に整理するもの」とされ，「詳細調査」は「基本調査等を踏まえ必要な場合に，弁護士や心理の専門家など外部専門家を加えた調査組織において行う，より詳細な調査。事実関係の確認のみならず，自殺に至る過程を丁寧に探り，自殺に追い込まれた心理を解明し，それによって再発防止策を打ち立てることを目指す」ものとされる。このうち，いわゆる「第三者調査委員会」が関係するのは「詳細調査」のほうである。「詳細調査」に関して同指針では，「調査組織の構成については，弁護士や精神科医，学識経験者，心理や福祉の専門家等の専門的知識及び経験を有する者であって，調査対象となる事案の関係者と直接の人間関係又は特別の利害関係を有しない者（第三者）について，職能団体や大学，学会からの推薦等により参加を図ることにより，当該調査の公平性・中立性を確保するよう努めることが求められる」とされている。ここで「第三者調査委員会」という言葉が直接に用いられているわけではないが，こうした規定にもとづいて，「調査対象となる事案の関係者と直接の人間関係又は特別の利害関係を有しない者（第三者）」によって構成された組織が，一般に「第三者調査委員会」と呼ばれるこ

(1)　2011年に同審議会がはじめて策定した「子どもの自殺が起きた時の調査の指針」の改訂版。

とになっている。

他方で，2017年に新たに策定された「いじめの重大事態の調査に関するガイドライン」（以下，『ガイドライン』）では，直接に「第三者調査委員会」という言葉も用いられている。その位置づけを明確にするために，まず，いじめ防止対策推進法について確認しておこう。いじめ防止対策推進法の第28条では，いじめの対象となった子どもの「生命，心身又は財産に重大な被害が生じた疑いがあると認めるとき」，さらにはいじめの対象となった子どもが「相当の期間学校を欠席することを余儀なくされている疑いがあると認めるとき」を指す「重大事態」という概念が新たに提示されたが，それらの「重大事態」が発生した場合，「学校の設置者又はその設置する学校」は「組織」を設けて「事実関係を明確にするための調査」をおこなうものと規定された。

『ガイドライン』によれば，この「重大事態」調査を担う「組織」は2種類に区分できる。ひとつはそれを「第三者のみで構成する」体制であり，もうひとつは「学校や設置者の職員を中心とした組織に第三者を加える体制」である。『ガイドライン』では，そのうち「第三者のみで構成する」体制が「第三者調査委員会」と呼び替えられている。

いじめ防止対策推進法の制定以後，この「重大事態」に関する第三者調査委員会は数多く設置されてきている。文部科学省の「児童生徒の問題行動・不登校等生徒指導上の諸課題に関する調査」(2) によれば，「重大事態」調査のうち，「調査を行うための組織が第三者のみで構成されている」件数，すなわち第三者調査委員会が調査を担った件数は，2017年度中に63件，2018年度中に114件，2019年度中に85件，2020年度中に130件，2021年度中に187件である。これらの件数のうち自殺事件に関する調査がどの程度含まれているのかを知ることはできないが，「重大事態」に際して第三者調査委員会が設置されるケースが数多く存在していることがわかる。

ただし，「重大事態」に際して第三者調査委員会が設置されるに至ったとしても，そのことをもって，「重大事態」を生じさせるようないじめの存在が認定されたと考えられるわけではないことにも注意しなければならない。という

(2)　2015年度までは「児童生徒の問題行動等生徒指導上の諸問題に関する調査」。

のも，いじめ防止対策推進法によって規定されるいじめの「重大事態」とは，いじめの対象となった子どもの「生命，心身又は財産に重大な被害が生じた疑いがあると認めるとき」，またはいじめの対象となった子どもが「相当の期間学校を欠席することを余儀なくされている疑いがあると認めるとき」を意味するからである。『ガイドライン』では，同法のこの「疑いがあると認めるとき」という表現を強調し，「改めて，重大事態は，事実関係が確定した段階で重大事態としての対応を開始するのではなく，『疑い』が生じた段階で調査を開始しなければならないことを認識すること」（p. 3）が求められている。つまり，いじめによって自殺や不登校などの重大な被害がもたらされた「疑い」があれば，「重大事態」調査が実施されるということであり，「重大事態」調査は常にいじめの存在を所与としておこなわれるものではない。

言い換えれば，「重大事態」調査においてはいじめの存在それ自体が問われることになる。この点で，「重大事態」調査を担う第三者調査委員会は，いじめというカテゴリーのもとで可能になる，ある具体的な行為・出来事をいじめという社会問題の実例として意味づける「社会問題のワーク」（Miller and Holstein 1989; Holstein and Miller 1993）に取り組むアクターの一種として捉えることができる。第三者調査委員会の活動を「社会問題のワーク」として捉えることは，第三者調査委員会というアクターがいじめという社会問題の実例をつくりだす過程に参与していることを強調できる点で有意義であると考えられる。

ただし，第三者調査委員会の活動を「社会問題のワーク」として捉えることが可能であるとはいえ，そこで産出されるのは，社会問題としての「いじめ」の実例だけではない。本章で着目するのはむしろ，第三者調査委員会が「いじめ自殺」という社会問題の実例をつくりだす過程についてである(3)。

あらためて整理しておけば，「重大事態」調査の第三者調査委員会は，「事実関係を明確にするための調査」をおこなうことを目的として設置されるものと規定されたのであった（いじめ防止対策推進法第28条）。では，「事実関係を明確にする」とはいかなることか。いじめ防止対策推進法（第11条）にもとづいて策定された「いじめの防止等のための基本的な方針」（以下，『方針』）(4) では，次のような説明が加えられている。

「事実関係を明確にする」とは，重大事態に至る要因となったいじめ行為が，いつ（いつ頃から），誰から行われ，どのような態様であったか，いじめを生んだ背景事情や児童生徒の人間関係にどのような問題があったか，学校・教職員がどのように対応したかなどの事実関係を，可能な限り網羅的に明確にすることである。この際，因果関係の特定を急ぐべきではなく，客観的な事実関係を速やかに調査すべきである。

この調査は，民事・刑事上の責任追及やその他の争訟等への対応を直接の目的とするものではないことは言うまでもなく，学校とその設置者が事実に向き合うことで，当該事態への対処や同種の事態の発生防止を図るものである。

法第28条の調査を実りあるものにするためには，学校の設置者・学校自身が，たとえ不都合なことがあったとしても，事実にしっかりと向き合おうとする姿勢が重要である。学校の設置者又は学校は，附属機関等に対して積極的に資料を提供するとともに，調査結果を重んじ，主体的に再発防止に取り組まなければならない。（「いじめの防止等のための基本的な方針」，p. 35）

---

(3)　そのため，本章ではある行為・出来事が「いじめ」として意味づけられる過程を検討する作業には取り組まないが，「非常に広範ないじめの捉え方」（新井 2016）を採用しているいじめ防止対策推進法の「いじめ」定義をもとに，ある具体的な行為・出来事を「いじめ」と認定する／しないことがどのように達成されているのかを検討することも，「いじめ」をめぐる「社会問題のワーク」研究にとって重要な課題となりうるだろう。

なお，同法において「いじめ」は次のように定義されている。

> この法律において「いじめ」とは，児童等に対して，当該児童等が在籍する学校に在籍している等当該児童等と一定の人的関係にある他の児童等が行う心理的又は物理的な影響を与える行為（インターネットを通じて行われるものを含む。）であって，当該行為の対象となった児童等が心身の苦痛を感じているものをいう。（いじめ防止対策推進法第2条第1項）

ここで「いじめ」は「心理的又は物理的な影響を与える行為」とされているわけであるが，およそあらゆる行為をそう捉えることが可能である以上，実質的には「当該行為の対象となった児童等が心身の苦痛を感じている」と言えるかどうかがいじめの存否の判断基準になると考えられる。なお，「重大事態」調査の根拠法令がいじめ防止対策推進法であるため，第三者調査委員会が調査をおこなった結果としていじめの存否を判断する際にも，基本的にはこの法律上の「いじめ」定義が参照されることになる。

(4)　2013年10月文部科学大臣決定，2017年3月最終改訂。

ここでは,「いじめ行為」が存在したと判断される場合には，それがどのようなものであったかや，学校・教職員がそれにどのように対応したのかなどを明確にすることが「事実関係を明確にする」ことの内実として説明されている。ただし，いじめと（自殺などの）「重大事態」の因果関係については，その特定を急ぐべきではないとも述べられている。実のところ，因果関係を判断すべきという指示は『方針』のなかには見当たらない。

一方で,『ガイドライン』では「いじめが背景にあると疑われる自殺・自殺未遂」が「重大事態」とされた場合には「子供の自殺が起きたときの背景調査の指針（改訂版）」に沿って調査を実施すべきとしているが，同指針では自殺に至る過程や心理の検証をおこなう際には「学校生活に関係する要因」「個人的な要因」「家庭に関係する要因」などの「自殺への影響の程度」を「できる限り分析評価すべき（自殺の背景の推定）」(p. 20) とされる。これに従えば，いじめが認定された場合はそれが自殺にどう影響したのかを「分析評価」しなければならないことになる。また,「重大事態」調査のための「組織」の設置主体が「学校の設置者」となる場合,「組織」は地方自治法上の附属機関として設置され，学校の設置者からの諮問に答申することを求められるのが一般的である(5)。その際，いじめと重大事態の因果関係の有無が諮問事項に含まれれば，答申ではその点についても言及せざるをえないかたちとなる。

そして実際，いじめと「重大事態」の因果関係を判断する第三者調査委員会の実践が一般的に取り組まれているからこそ，その結論に社会的な注目が集められてきた。第三者調査委員会に関わった経験を有する弁護士らによっておこなわれた「いじめ重大事態の第三者委員会の姿を問う」誌上座談会（勝井ほか 2018）では，第三者調査委員会がいじめの有無やいじめと「重大事態」の因果関係の有無をどのように判断するかという点ばかりを強調する「マスコミ」の報道姿勢が批判的に議論されているが，そのような議論からも示唆されるのは，いじめと自殺の因果関係に関する第三者調査委員会の認定がしばしば報道上の焦点になっていることである。そこで以下では，まずは新聞報道を頼りにして，

(5)「子供の自殺が起きたときの背景調査の指針（改訂版）」でも,「外部の専門家を加えた調査組織を教育委員会に置く場合，地方自治法上の『附属機関』に当たると考えられる」と言及されている (p. 15)。

いじめ事案の調査に取り組む第三者調査委員会の事例の全体的な傾向や基本的な特徴を明確にしておこう。

4.3　いじめと自殺の「因果関係の部分的な認定」

補足的に述べておけば，第三者調査委員会の事例のなかには関係者への配慮等の理由により第三者調査委員会が設置されたという事実すら公表されない場合もあるため，その全事例を把握することは不可能である。それゆえ，ここでは新聞で取り上げられた事例に限定して，その全体的な傾向を概観する。**表 4-1** は，いじめ防止対策推進法の施行（2013 年 9 月 28 日）以後に発生した子どもの自殺事件に際して組織された第三者調査委員会のうち，『朝日新聞』『毎日新聞』『読売新聞』で報道対象とされた事例の一覧である(6)。

表 4-1 からは，第三者調査委員会によってなされる因果関係を判断する実践が，必ずしも常に，因果関係が有るか／無いかという「二項対立の図式」でおこなわれるわけではないことがわかる。もちろん，なかには「いじめとの因果関係が明白に認められる」(【3】),「〔いじめは〕自殺と因果関係があった」(【21】）といった断定的表現で因果関係が認定されたものと報じられた事例もあるが，そのような事例は必ずしも多くない。むしろ，いじめが自殺の「一因」という結論づけがなされたものと報じられた事例（【14】【20】【32】【47】【59】）や，いじめと自殺に「関連性」があるという結論づけがなされたものと報じられた事例（【7】【10】【34】）が多く見られる。

なお，それらの事例のうち，たとえば【32】の事例の調査報告書（概要版）(7)

(6)　記事の検索にはそれぞれ『朝日新聞クロスサーチ』（朝日新聞社),『毎索』（毎日新聞社),『ヨミダス歴史館』（読売新聞社）を用いた。なお，報道上では第三者調査委員会を指して「第三者委員会」や「第三者委」という略称も用いられることを踏まえて，検索語は「第三者委」とした。それゆえ，たとえば「調査委員会」といった語でのみ報じられた事例も存在する可能性があるが，そうした事例はリストに含めることができていない。また，上記 3 紙とは別の新聞紙面上で報じられた事例についても同様である。

(7)　須賀川市いじめ問題専門委員会による「須賀川市立中学校における重大事態についての調査報告【概要版】」(2018 年 3 月 12 日付)。

表 4-1　新聞三紙で報じられた第三者調査委員会の事例一覧

No.	事件発生年	月	地域	学年	結論
【1】	2013	11	福岡県	高3	因果関係を認めた
【2】	2013	11	相模原市	中2	「いじめだけが自殺の原因とは断定できない」
【3】	2013	11	太宰府市	高3	「いじめとの因果関係が明白に認められる」
【4】	2014	1	新上五島町	中3	「過酷ないじめを受け続け，生きている価値がないと思うほど追い詰められ，それが原因で自殺した」として，自殺との因果関係を認めた
【5】	2014	1	天童市	中1	クラスや部活でのいじめが自殺の主な要因になった
【6】	2014	4	葛飾区	中3	「社会通念上，いじめにはあたらず，衝動的に自死に及ぶ結果となった」
【7】	2014	5	滝沢市	中2	「自殺は同級生によるいじめと一定の関連性があった」
【8】	2014	7	青森県	高2	「いじめはあったが，自殺の直接的な原因ではない」
【9】	2014	8	鹿児島市	高1	「いじめがあったと断定できない」とした
【10】	2014	9	仙台市	中1	「いじめと自殺に関連性がある」と改めて結論づけた
【11】	2014	12	栗原市	中3	「いじめはなかった」と答申した
【12】	2015	2	新潟県	高2	第三者委はいじめは確認できなかったが，学校の対応に問題があったと指摘した
【13】	2015	3	熊本市	中2	報告書は「死の大きな要因が学級でのいじめにあることは否定できない」とした
【14】	2015	7	矢巾町	中2	「いじめが自殺の一因だったと考えられる」
【15】	2015	8	新潟県	高1	自殺の原因になる事実関係は確認できなかった
【16】	2015	9	福島県	高2	「いじめと自殺との間に直接の因果関係は認定できない」
【17】	2015	9	南国市	中3	いじめが自殺の直接の原因ではない
【18】	2015	9	会津地方	高2	「いじめと自殺との間には直接の因果関係は認定できない」
【19】	2015	10	豊見城市	小4	「日常的に繰り返されたいじめが自死の主たる要因の一つ」
【20】	2015	11	名古屋市	中1	部活動やクラスでのいじめが自殺の一因になった
【21】	2015	11	取手市	中3	「〔いじめは〕自殺と因果関係があった」
【22】	2016	2	仙台市	中2	「いじめによる精神的苦痛が理由の一つ」
【23】	2016	5	周防大島町	高専1年	「自殺の原因はいじめ」と結論付けた
【24】	2016	7	周南市	高校	「いじめのみを自殺の要因と考えることはできない」
【25】	2016	8	青森市	中2	いじめが自殺の主要な原因だった
【26】	2016	8	東北町	中1	自殺の原因はいじめや本人の特性など「複合的」とした
【27】	2016	8	宮崎市	中1	いじめが原因
【28】	2016	9	加古川市	中2	いじめが自殺の原因

No.	事件発生年	月	地域	学年	結論
【29】	2016	10	神戸市	中3	いじめがあったことを認定したものの，自殺の原因は特定しておらず
【30】	2016	11	新潟市	高1	いじめがあったと認定し，担任教諭や学校の対応が自殺に影響を与えたと指摘した
【31】	2016	12	宝塚市	中2	いじめを苦に自殺した可能性がある
【32】	2017	1	須賀川市	中1	「いじめが大きな一因となって自死を選択した」
【33】	2017	2	南相馬市	中2	「いじめが継続的に行われたことが自死の主たる要因」
【34】	2017	4	仙台市	中2	「いじめを中心とした複数の要因が関連して生じた」
【35】	2017	4	北九州市	高2	女子生徒の友人の行為の一部をいじめと認定したが，自殺との因果関係は否定した
【36】	2017	4	長崎市	高校	「いじめが主な原因」
【37】	2017	5	多可町	小5	いじめがあったと認め，自殺の要因になったとした
【38】	2017	5	川口市	中3	いじめが自殺の要因の一つになった
【39】	2017	6	新発田市	中2	「自殺の原因はいじめにあると推定できる」
【40】	2017	7	広島市	中3	いじめが主な原因
【41】	2017	7	所沢市	中1	自殺の原因を特定するのは「極めて困難」
【42】	2017	9	東温市	中1	調査の限りではいじめを認めることはできないとした
【43】	2017	12	尼崎市	中2	学校でいじめがあったうえ，複数の教諭が生徒の SOS を受け止めず，教諭の一人が誤解をもとに理不尽に叱責したことが自殺に影響したと認定
【44】	2018	1	大阪市	中1	いじめなどで精神的疲労をため，衝動的に自殺した
【45】	2018	1	名古屋市	中1	「いじめ行為があったとは認められない」
【46】	2018	5	熊本県	高3	他の生徒から女子生徒へのいじめがあったと認定し，自殺の原因になった可能性がある
【47】	2018	6	新潟県	高3	いじめが自殺の一因となった
【48】	2018	6	久留米市	高2	いじめがあったと認定し，自殺との因果関係を認める報告書を県教委に提出した
【49】	2018	8	八王子市	中2	「いじめと自殺との間に直接的な関連性は認められない」
【50】	2018	8	三重県	高1	いじめと自殺に「因果関係が認められる」
【51】	2018	11	尼崎市	中2	いじめやその後の学校の対応も一つの要因になった
【52】	2018	12	柏市	高2	直接的な原因は特定せず，長時間の部活動が思考力や自己肯定感の低下に影響し，悩みを抱えたまま抑うつ状態となり，自殺した可能性があると結論づけた
【53】	2019	1	野辺地町	高2	「他の生徒や教職員からのいじめがあったとは認められない」
【54】	2019	2	群馬県	高2	自死の要因としては主要なものではない
【55】	2019	7	岐阜市	中3	いじめが主要因となって自殺した

No.	事件発生年	月	地域	学年	結論
【56】	2019	7	野田市	小 6	「いじめだけが，明らかに自殺の要因であるとは判断できなかった」と結論づけた
【57】	2019	7	志摩市	中 3	いじめを 1 件認定したが，「自殺との因果関係は認められない」
【58】	2019	9	大阪市	小 5	女児が 3，4 年生ごろから「学校が楽しくない」と思うようになり，5 年生になって「学校が嫌い」「死にたい」という思いを強めた経過を考慮。「その上にいじめと認定した苦痛が加わり，自死の実行に至ったと判断するのが適切」と結論づけた
【59】	2020	6	登別市	中 1	「〔いじめは〕自殺の一因」
【60】	2020	11	豊後高田市	中 1	部活でのいじめを認める一方，自殺との因果関係は否定した
【61】	2021	2	野々市	中 1	「いじめが自殺の原因となったのは明らか」
【62】	2021	3	旭川市	中 2	凍死は自殺と認定したものの，いじめとの因果関係は「不明」とした
【63】	2021	11	燕市	中学	書き置きの「いじめ」はあった可能性があると判断する一方，自死の理由は「不明」と結論づけた

(2013 年 9 月 28 日～ 2021 年 12 月 31 日に報じられた事例)

注：**表 4-1** および**表 4-2** は 2021 年 12 月 31 日までの時期に新聞で掲載された記事をもとに作成した。なお，自殺（重大事態）の発生時期（年月）が不明確な事例や，同期間内にいじめと自殺の因果関係に対する第三者委員会の判断が報じられなかった事例は除外した。「結論」列の文言はいずれも新聞記事から直接引用した文言であるが，〔 〕内は筆者による補足。

では「いじめが自死を選択した大きな一因であると専門委員会は判断しました」と述べられている。また，**【7】**の事例の調査報告書(8) のなかでは，「いじめが直接的原因になったと捉えることはできないが，いじめと自死の間にある一定の関連性があった」という記述が見られる。つまり，これらの事例に関する新聞報道上の表現は，実際に調査報告書のなかで用いられた表現に従ったものになっている。これらの事例から示されているのは，第三者調査委員会が「一因」「関連性」といった表現を用いていじめと自殺の因果関係を部分的に認定する場合があることである。

「因果関係の部分的な認定」が多く見られることは，いわゆる「再調査」においても変わらない。ここで言う「再調査」とは，いじめ防止対策推進法第 30 条第 2 項で規定される地方公共団体の長による調査のことである。同法で

(8)　開示請求を通じて入手可能であった「調査報告書」（滝沢市立中学校生徒のいじめに関する第三者調査委員会，2015 年 3 月 25 日付）を参照した。

は，地方公共団体の長は「必要があると認めるときは，附属機関を設けて調査を行う等の方法により，第28条第1項の規定による調査の結果について調査を行うことができる」（第30条第2項）と規定されている。この「調査」は，基本的には学校や学校の設置者によっておこなわれる調査（以下，原調査と呼ぶ）の後で実施されるものであるため，一般に「再調査」と呼ばれている（以下，再調査と呼ぶのはこの地方公共団体の長による調査）。なお，同法の「附属機関を設けて調査を行う等の方法」という部分について，『方針』では「専門的な知識又は経験を有する第三者等による附属機関を設けて行うことを主な方法として念頭に置いたもの」と説明が加えられている。それゆえ，この「附属機関を設けて調査を行う等の方法」としては主に第三者調査委員会による調査が想定されていると考えられる。

表4-2は，**表4-1**に含まれる63事例のうち再調査の結果が報じられた事例の一覧である。**表4-2**からは，再調査でも「因果関係の部分的な認定」が多くなっていることがわかる。加えて，少なくとも**表4-2**にまとめられた「再調査の結論」において，いじめと自殺の因果関係を完全に否定した結論は見当たらない，ということにも注目しておきたい。この点は，「原調査の結論」において，いじめの存在自体が否定されたり，いじめと自殺の因果関係が認定されなかったりする事例が見られるのとは対照的である。

ただし，**表4-2**にはいじめと自殺の因果関係を完全に否定した結論が見当たらないとはいえ，なかには，いじめと自殺の因果関係を消極的に認定するに留まった事例と捉えるほうが適切であると思われる事例も含まれている。たとえば，いじめと自殺のあいだの一定の因果関係を認めながらも「直接の原因」は不明とされた【8】がその例である。また，【53】では，やはり両者のあいだに一定の因果関係が認定されながらも，いじめが自殺の直接的な原因であったとは認められないという否定形の論調が印象づけられている。同様に，【35】もいじめが自殺の「主原因」とは断定できないという否定形の論調が印象づけられている。

これらの事例が指し示しているのは，「因果関係の部分的な認定」の両義的な性格である。というのも，いじめが自殺の「一因」であるという結論は，両者の因果関係を認定する結論としても位置づけうる一方で，直接的な関係を否

表 4-2　新聞三紙で報じられた再調査の事例一覧

No.	事件発生年	月	地域	学年	原調査の結論	再調査の結論
【8】	2014	7	青森県	高2	「いじめはあったが，自殺の直接的な原因ではない」	自殺に一定の因果関係を認めながら，「自殺に至った直接の原因については判断できなかった」とした
【9】	2014	8	鹿児島市	高1	「いじめがあったと断定できない」とした	「いじめを中心とする学校での事情が自殺に大きな影響を与えたと認められる」
【16】	2015	9	福島県	高2	「いじめと自殺との間に直接の因果関係は認定できない」	部活動でのいじめと自殺の因果関係を認定し，学校が積極的な対応を怠ったことも一因
【18】	2015	9	会津地方	高2	「いじめと自殺との間には直接の因果関係は認定できない」	生徒へのいじめと，情報共有や連携が不十分で，組織的な対応をしなかった学校の「不適切対応」が「自死に追い込んだ大きな要因」と認定した
【22】	2016	2	仙台市	中2	「いじめによる精神的苦痛が理由の一つ」	部活動やクラス内での複数のいじめを認定し，自殺との「強い因果関係があった」と結論づけた
【24】	2016	7	周南市	高校	「いじめのみを自殺の要因と考えることはできない」	男子生徒の自殺にいじめが「大きく影響していた」
【26】	2016	8	東北町	中1	自殺の原因はいじめや本人の特性など「複合的」とした	自殺はいじめが原因
【29】	2016	10	神戸市	中3	いじめがあったことを認定したものの，自殺の原因は特定しておらず	自殺の要因を「いじめが大きい」と結論づけた
【31】	2016	12	宝塚市	中2	いじめを苦に自殺した可能性がある	「いじめと自死は極めて強い関連性がある」
【35】	2017	4	北九州市	高2	女子生徒の友人の行為の一部をいじめと認定したが，自殺との因果関係は否定した	いじめが自殺の「主原因とは断定できない」と結論づけた。／自殺との因果関係をめぐっては「学校生活における友人関係のトラブルが何らかの影響を与えたことは否定できない」としつつも，「家庭問題や部活動の悩みなど複合的な要因が考えられる」
【37】	2017	5	多可町	小5	いじめがあったと認め，自殺の要因になったとした	「いじめが自死した最も大きな要因」
【45】	2018	1	名古屋市	中1	「いじめ行為があったとは認められない」	いじめがあったと認定し，自殺の要因の一つになった
【49】	2018	8	八王子市	中2	「いじめと自殺との間に直接的な関連性は認められない」	いじめとその後の学校の対応が「自殺の主要因となった」
【53】	2019	1	野辺地町	高2	「他の生徒や教職員からのいじめがあったとは認められない」	いじめは「自殺の一要因であると考えられるものの，直接的に自殺の原因であったとは認められない」

定したり，いじめが主な原因であることを否定したりする含意を持ちうる結論でもあるからだ。そしてそうである以上，第三者調査委員会が提示した「因果関係の部分的な認定」がどのように解釈されるのか，つまりは第三者調査委員会が提示する結論がいかなる「意味」を与えられるかは多様でありうる。とりわけ，いじめと自殺の因果関係が否定されたものと解釈しうる事例である【8】【35】【53】は，「因果関係の部分的な認定」の両義的な性格が顕著にあらわれやすい事例だと言える。そこで以下では，これらの具体的事例をもとに，「因果関係の部分的な認定」の両義的な性格について検討を加えることで，第三者調査委員会の結論がどのような「意味」を持ちうるのかを考えておきたい。

4.4　争点としての自殺の「直接的な原因」

【8】の 2014 年 7 月に発生した青森県の高校生自殺事件をめぐっては，事件後に県教育委員会が事件を「重大事態」として扱うことを決定し，第三者調査委員会である「青森県いじめ防止対策審議会」を設置した。同審議会の調査報告書(9) では，「本生徒に対する無視や悪口など 7 項目」がいじめ防止対策推進法で定義される「いじめ」に該当するとしていじめが認定されたものの，「自殺はいじめにより直接的に引き起こされたものではなく，重度の摂食障害と抑うつや体調不全，友人関係，学業成績，孤立への不安，自尊心や自己評価の著しい低下などの幾重にも重なった複合的因子により惹起されたものと考える」とされた。さらに，「本生徒の摂食障害は，もともと中学時よりその素地があったものと考えられ，本事案におけるいじめと摂食障害の直接的な因果関係は認められなかった」と結論づけられた。その後，保護者が再調査を求める意向を示したことを受けて，知事は再調査の実施を決定した。再調査のために設置された第三者調査委員会（以下，再調査委員会）である「青森県青少年健全育成審議会いじめ調査部会」の結論は，やはり青森県庁ホームページ上で公表さ

(9)　青森県庁ウェブサイト上で公表された「「県立八戸北高等学校の重大事態に関する調査報告書」の概要」（2014 年 12 月 23 日付）を参照。

れた「平成26年県立八戸北高等学校重大事態再調査報告書（概要版）」（2015年3月3日付）で確認できるが，そこでは，(1)「遺書その他事実を明確化する資料が残されていないことから，自殺に至った直接の原因（きっかけ）については判断できなかった」，(2)「摂食障害の重症化に伴って希死念慮を抱くようになったと認められることから，摂食障害の重症化が自殺の主たる要因と判断する」，(3)「高校入学後に，いじめや友人関係のトラブル，学業成績といったストレス要因が発生し，その一方で，居場所や絆といった環境要因が弱体化したことにより，摂食障害が発症し，重症化していったと判断する」という3点が述べられている。そして結論的に，「いじめは自殺の直接的原因とは言えず，摂食障害の重症化が自殺の主たる要因と考えられるが，高校入学後のいじめなどのストレス要因の発生と，居場所などの環境要因の弱体化により，摂食障害が発症し悪化していったと考えられることから，いじめと自殺の間には，一定の因果関係があったものと推察する」とされた。

こうした結論を「因果関係の部分的な認定」がなされた事例として位置づけることも一応可能だろう。実際に，再調査委員会によって調査報告書が知事に提出された2015年3月3日の翌日に掲載された新聞記事では，「『自殺，いじめも一因』　再調査で報告　青森・高2自殺」という見出しのもと，「県の第三者機関は3日，『いじめと自殺には一定の因果関係があった』とする報告書を三村申吾知事に提出した」と伝えられた（『朝日新聞』2015/3/4朝刊）。調査報告書のなかで「いじめも（自殺の）一因」といった表現は用いられていなかったことを踏まえると，この記事の見出し上の「自殺，いじめも一因」という表現は，単に調査報告書の内容を要約的に表現したものというよりは，それ自体がひとつの解釈と言うべきものだ。他方，同日の『朝日新聞』では，再調査においていじめが認定されたことやいじめと摂食障害の因果関係が認められた点について，遺族が「一歩，二歩前進した」と肯定的に評価したことが伝えられたものの，それとあわせて，「娘の死はいじめが直接の原因であると結論づけられなかった点については大変残念」という遺族（当該生徒の父親）の言葉も伝えられた（『朝日新聞』2015/3/4朝刊，青森県面）。この言葉をもとに考えるならば，再調査の結論に対して遺族が期待していたのは，いじめが自殺の「直接的原因」と認定されることであったと言える(10)。

いじめと自殺の「直接的」な因果関係を否定する結論であった点は，【53】の再調査の結論にも共通して見られる特徴である。【53】の 2019 年に発生した青森県野辺地町の私立高校に在籍する高校生の自殺事件では，学校法人が設置した第三者調査委員会「八戸学院野辺地西高等学校重大事態に関する第三者委員会」によって原調査が実施されたが，結果的にはいじめがおこなわれていたという事実そのものが否定されるに至った(11)。それに対して「青森県青少年健全育成審議会いじめ調査部会」が実施した再調査の結論ではいじめが認定されるに至ったが，認定された 4 件のいじめは「自殺に向かう気持ちを抱くに至った心理状態に影響を与えたという意味で自殺の一要因であると考えられるものの」，それらのみが「直接的に自殺の原因であったとは認められない」と結論づけられた(12)。

再調査委員会の結論について報じた 2021 年 3 月 31 日の『朝日新聞』記事では記事の見出しに「いじめ，自殺の一要因」という文言が用いられた（『朝日新聞』2021/3/31 朝刊，青森県面）。これはやはり，いじめと自殺の「因果関係の部分的な認定」を印象づける見出しだと言える。また同記事では，亡くなった生徒の父親（遺族）が取材に対して「いじめがあったと認められ，ホッとしている。学校にはいじめが自殺に絡んでいたことを認め，謝罪してほしい」と話したことも伝えられた。こうした遺族の学校に対する謝罪の要求は，調査報告書においていじめという学校生活上の出来事が「自殺の一要因」と認定されたことを前提とすることではじめて「正当な主張」として理解可能になっている。そのような意味で，遺族にとっていじめが「自殺の一要因」であるという再調

(10)　なお，同記事では，ある「いじめによる自殺で子を亡くした遺族らでつくる NPO 法人」の理事による，「一定の因果関係」という表現はいじめだけが自殺の原因ではないことを含意するもので「納得はできない」という意見も紹介されていた。このような主張も，再調査委員会の結論に対するひとつの解釈の提示になっている。というのも，「一定の因果関係」という表現それ自体は必ずしもその他の要因・原因の存在を指示するものではないように思われるからである。そのため，ここで表明されているのは，いじめとは別の事柄としての「摂食障害の重症化」を「主たる要因」として位置づけた再調査委員会の結論に対する不満だと考えられるだろう。

(11)　当該学校のウェブサイト上に公表された『八戸学院野辺地西高等学校の重大事態に関する調査報告書（報道機関配布版）』（2020 年 7 月 30 日付）を参照。

(12)　青森県庁ウェブサイト上に公表された『平成 31 年八戸学院野辺地西高等学校重大事態再調査報告書　概要版』（2021 年 3 月 30 日付）を参照。

査の結論は，いじめと自殺の「直接的」な因果関係を否定する内容であったとはいえ，遺族にとっては学校に対して謝罪を要求すること，すなわち道義的責任を追及することを可能にする内容として解釈可能なものであったということである。

4.5　争点としての自殺の「主な要因」

ところで，上述した【8】と【53】の再調査の調査報告書における因果関係の判断・認定に関する記述のあり方にはある相違点が見られた。それは，自殺の「主な要因」は何であるかを問題にしている／していないという違いである。【8】の場合は「摂食障害の重症化」が「自殺の主たる要因」として位置づけられることになっていたが，【53】の場合，何が自殺の「主な要因」であったのかはそもそも問題にされていなかった。

では，【35】の2017年の高校生自殺事件に関する再調査の調査報告書は，どのような結論を提示するものであったのだろうか。同調査報告書の「結論」部分は下記のとおりである(13)。

> 学校生活における友人関係のトラブルが自殺に影響を与えた可能性は否定できない。すなわち，自殺前1週間という短期間に，相次いで友人関係が破綻したと認識したことが，それが思春期にありがちな仲違いで，そこから仲直りをして人間関係を深めていく可能性があったとしても，もしくは他に関われる同級生等が複数いたとしても，本生徒の方から「絶交する」「学校でも一緒にいなくていい」と友人関係を解消する発言をしていることから，関係修復不可能な出来事として捉え，大きな失望感や喪失感を感じ孤立感が膨らんだのではないかと推察される。

(13)　再調査を担った「福岡県いじめによる重大事態再調査委員会」による「いじめの重大事態に関する再調査報告書」(2019年8月16日付）の「第3章　再調査委員会の判断（結論)」の「2　いじめ行為と自殺との関係」(p. 51）を参照。なお，同調査報告書は福岡県情報公開条例にもとづく開示請求を通じて入手した。

> 他方，本生徒〔亡くなった生徒〕は1年時の「生活実態アンケート調査（いじめの有無を問う項目あり）」にいじめがあるとは一切回答しておらず，2年時の担任による「個人面談」でも，相談の大半は家庭問題やそのことに関連する部活動のことであり，友人関係のトラブルは自分で解決したい旨を話している。
>
> この点も含め既述の諸点を勘案すると，本事案において，本生徒は友人関係のトラブル以外に家庭問題や部活動の悩みがあるなど複合的な要因が考えられる。したがって，法第2条における「いじめ」行為が，本生徒が自殺をするに至った主原因とは断定できない。（〔　〕内は引用者の補足）

同調査報告書では上記引用部に先行して「学校生活における友人関係のトラブル」が検討されているが，そこでは5件の行為・出来事が，いじめ防止対策推進法で定義される「いじめ」に該当すると認定された。上記引用部では，そうした「学校生活における友人関係のトラブル」が本生徒の「自殺に影響を与えた可能性は否定できない」とされながらも，それが「本生徒が自殺をするに至った主原因とは断定できない」と結論づけられている。つまりそこでは，自殺の「主な要因」は何であるかを問題にした上で，いじめが「主原因とは断定できない」という判断が明示的に述べられたということである(14)。

こうした結論を提示した調査報告書が公表された翌日，「同級生のいじめ5件認定　北九州　自殺主因とは断定せず　再調査委報告」という見出しの新聞記事では，調査報告書の概要と遺族の言葉が次のように伝えられた。

> 北九州市内の私立高校2年の女子生徒が2017年に自殺した問題で，福岡県の再調査委員会は16日，同級生による5件のいじめを認定し，「（いじめを含む）学校生活における友人関係のトラブルが自殺に何らかの影響

(14)　引用部は，同調査報告書のなかで，いじめと自殺の因果関係に関する判断が結論的に記されている部分である。そこにおいて，あえて「いじめ」ではなく「友人関係のトラブル」という表現が用いられている理由は明らかではないが，そうした言葉遣いは，法に照らして「いじめ」と認定した行為であるとはいえ，それらの行為・出来事を一貫して「いじめ」と呼びあらわすことは避けるというひとつの判断だと言える。

を与えたことは否定できない」とする報告書を公表した。一方で，「いじめ行為が自殺をするに至った主原因とは断定できない」と指摘した。

再調査委の田辺宜克委員長（弁護士）から報告書の内容について説明を受けた父親は同日，遺影を携えて県庁で記者会見。「（友人関係のトラブルが）自死の一因に認定されたことは，大きな前進だ」としたが，「自殺の主原因がいじめでなければ説明がつかない」と無念さをにじませた。

報告書などによると，女子生徒は17年4月，学校近くで首をつって亡くなった。学校が設けた第三者委員会は昨年6月，同級生らが一緒に昼食をとらなかったことなど3件のいじめ行為を認定したが，自殺との因果関係は否定。両親が県に再調査を求めていた。

再調査委は，第三者委が認定した3件に加え，同級生との口論や，別の同級生とのLINEでのやり取りの2件を新たにいじめと判断。自殺数日前にいじめが相次いだことから，「（女子生徒が）失望感や喪失感を感じ，孤立感が膨らんだのではないか」と指摘した。（『読売新聞』2019/8/17 朝刊）

記事でも言及されているように，この事案をめぐっては，学校が設置した第三者調査委員会による原調査の結果，いじめと自殺の因果関係が否定されていた。その後におこなわれた再調査の結論は，先に述べたとおり，いじめと自殺のあいだの影響関係を一定程度認めながらも，いじめが自殺の「主原因」であるとは断定できない，という判断であった。では，再調査の結論は，遺族にどのように受け止められたのだろうか。記事では，亡くなった生徒の父親（遺族）が，いじめと認定された友人関係のトラブルが「自死の一因に認定されたこと」を原調査からの「前進」として好意的に捉えながらも，「自殺の主原因がいじめでなければ説明がつかない」と述べたことが伝えられている。このような言葉には，いじめが自殺の「一因」として認定されることにも一定の意義があるとはいえ，その上でさらに，いじめが自殺の「主な要因」として認定されることを重視する遺族の認識があらわれていると言えよう。

いじめが自殺の「主な要因」として認定されたか／されなかったかという区別が重要なのはただ遺族にとってだけではない。そうした区別は，死亡見舞金（本書第3章を参照）の支給／不支給を判断する実践においても重要な意味を与えられているからである。以下では，独立行政法人日本スポーツ振興センター（以下，JSC）によって死亡見舞金の支給が決定された事例（【5】【36】【49】）と，反対に不支給の決定がなされた事例（【35】）をもとに，この点を確認しておきたい(15)。

まず【5】の山形県天童市の中学生自殺事件についてであるが，この事件に関しては，遺族が同市に対して損害賠償を請求したことを報じる記事において，死亡見舞金が支給されたことも明らかにされていた（『毎日新聞』2016/4/13 朝刊，山形県面）。それ以前に別の記事では「第三者委員会が 10 月，『自殺の主因はいじめだった』とする調査報告書を市教育委員会に提出したのを受けて遺族側から申請があり，市教委が手続きした」（『朝日新聞』2015/11/13 朝刊，山形県面）という経緯も伝えられていた。ただし，これらの記事において，災害共済給付の支給が決定した際に JSC から学校の設置者等に送付される「給付金支払通知書」などへの言及はなされておらず，JSC が死亡見舞金の支給を決定した際にその理由をどのように説明したのかを知ることはできない。

次に，【36】の長崎県長崎市の高校生自殺事件について述べる。この事案をめぐっては，2017 年 4 月に私立高校に在籍していた高校生が自殺した事件に際して第三者調査委員会が組織された。第三者調査委員会の調査報告書（『報告書』2018 年 11 月 19 日付）は学校のウェブサイト上で公開されて入手可能となっていたが，そのなかの「いじめと自死との因果関係」という項目内では，「中学 3 年生の時から高校進学後にかけて行われたいじめが，■の自死の主たる要因であることは間違いない」という第三者調査委員会の判断が提示された（引用文中の「■」はすべて『報告書』のマスキング部分を示す）(16)。ある新聞記

(15)　以下で【5】【36】【49】および【35】を事例として取り上げるのは，これらが新聞報道を通じて死亡見舞金が給付されたか否かを知ることができた事例だからである。

(16)　ただし，同調査報告書の「いじめと自死との因果関係」という項目内では，いじめが「自死の主たる要因」という認定がなされるその直前の箇所において，「■が自死した直前に自死と直結するいじめの存在は見つからなかったこと，■の遺書には『死因　いじめなどでは決してない。ただ，自己嫌悪，自暴自棄』などと記載されていることからすると，■がいじめだけを要因として自死に至ったと断定することまではできないと考える」という記述もなされている。こうした記述に続けて「ただ，中 3 年時から高校進学後にかけて行われたいじめが，■の自死の主たる要因であることは間違いない」という判断が唐突に提示されているが，そのような判断を「間違いない」と断定できる根拠は特に述べられていない点で問題含みである。

事では，この調査報告書に対して学校は「論理的飛躍がある」として受け入れを拒む姿勢を見せ，学校が JSC に提出した「災害報告書」でも当該生徒の死亡の原因は「不明」とされたが，JSC は「第三者委が報告書でいじめと自殺の因果関係を認めたことを重視」し，「いじめで『強い心理的負担が生じていたものと推定できる』として，支給を決定した」ことが伝えられている（『朝日新聞』2020/4/21 朝刊，長崎県面）(17)。したがって，第三者調査委員会によっていじめが自殺の「主たる要因である」という判断が提示されたことが JSC による死亡見舞金の支給決定につながったと考えることができる。

同様に，【49】の東京都八王子市の中学生自殺事件に関しても，第三者調査委員会がいじめと自殺の因果関係を認定し，結果として死亡見舞金が給付されることになった。この事案をめぐっては，市教育委員会によって設置された第三者調査委員会の原調査に加えて，再調査が実施されるに至ったが，再調査委員会の調査報告書である『八王子市立中学校におけるいじめの重大事態に係る再調査報告書』(18) は，「いじめと自死との間に直接的な関連性は認められない」という原調査の結論については「当調査委員会としても大きく異なるものではない」とした上で，原調査で自殺と「学校（の）対応との関連性」が検証されなかった点は不十分であり，「本件いじめとそれを受けた学校対応とを合わせた，いじめに関する学校管理下の出来事と，自死との関連性を検証するのが適切」だという見解が提示された。そして結論的に，「いじめ」および「学校対応」には「自死との関連性」があり，「それらいじめに関する学校管理下の出来事が自死の主な要因となった」という判断が提示された。

注目しておきたいのは，この再調査の結論において，自殺の「主な要因」として位置づけられているのは「いじめ」ではなく，「いじめに関する学校管理下の出来事」だという点である。すなわち，ここにおいて再調査委員会は「いじめに関する学校管理下の出来事」という自殺の「主な要因」を特定している

(17)　JSC が死亡見舞金の支給を決定した理由について，同記事では「同センターの通知書によると」とその根拠資料が言及されている。この「同センターの通知書」はほぼ間違いなく「給付金支払通知書」を指していると思われる。災害共済給付金の申請・支払手続きについては，JSC のウェブサイトのほか，独立行政法人日本スポーツ振興センター（2013）で詳しく説明されている。

(18)　原調査および再調査の調査報告書はともに必要箇所にマスキングが施された上で八王子市ウェブサイト上でも公開された。

が，「いじめ」や「学校対応」はいずれも個別には「自死との関連性」があるという判断に留められていた。そのことを踏まえれば，単に「関連性」がある事象について述べるだけでなく「主な要因」の判断に自ら踏み込んだ再調査委員会にとっては，まさにその「主な要因」を特定するという自らの課題を達成するために「いじめに関する学校管理下の出来事」という包括的な表現を必要としたのだと言える。

では，再調査委員会が「いじめに関する学校管理下の出来事」を自殺の「主な要因」と結論づけたことは，災害共済給付の制度にもとづく実践との関係でいかなる意味を持つことになったのか。この事案をめぐっては，JSC によって一度は死亡見舞金不支給の決定がなされたことも報じられていたが（『朝日新聞』2023/2/19 朝刊，東京四域面など），遺族側の不服審査請求を経て結果的には死亡見舞金の支給が決定された。不服審査会での審議がおこなわれた場合にはその結果が「理由を付した文書」をもって通知されることになるが(19)，そうした JSC 側の「回答」では「部活動での心理的ないじめがあった」，「学校の管理下の出来事が自殺の主な要因となった」という再調査報告書の指摘を踏まえて，当該自殺を「学校の管理下において発生した事件に起因する」ものと認めるという決定が提示されたことが報じられた(20)。したがって，やはり再調査委員会によって「いじめに関する学校管理下の出来事」が自殺の「主な要因」と認定されたことが JSC による死亡見舞金の支給決定につながったと考えられる。

対して【35】の高校生自殺事件では，いじめが自殺の「主原因」とは断定できないと結論づけた再調査委員会の判断などを理由として，JSC が死亡見舞金の不支給を決定していたことが伝えられていた（『読売新聞』2021/2/2 西部版朝刊）。この不支給決定に関しては，その後，遺族が死亡見舞金の支払いを求めて訴訟を起こした結果，遺族側の主張を認める判決が示され，JSC に対して死

(19)　「独立行政法人日本スポーツ振興センターの災害共済給付の決定に関する不服審査請求規程」第 7 条。

(20)　『朝日新聞』や『読売新聞』でも不服審査請求の審査結果は報じられたが，「東京新聞 TOKYO Web」の記事「八王子中 2 自殺，スポーツ振興センターが『学校の管理下の出来事』と認める　遺族に死亡見舞金支給へ」（2023 年 8 月 17 日配信）が特に詳しく経緯等を報じていた。

亡見舞金の支給が命じられることになったが，訴訟のなかでもJSC側は原調査と再調査の結論（「自殺の原因は複合的な要因が考えられる等の見解」が示されたこと）を，死亡見舞金の不支給決定は正当であるという主張をおこなうための論拠（のひとつ）として位置づけていた(21)。この事例から示唆されるのは，死亡見舞金の不支給が決定される場合にも，第三者調査委員会の結論は決定を正当化するための論拠とされうるということである。

4.6　本章のまとめ

本章ではこれまで，特にいじめ防止対策推進法施行後に組織された第三者調査委員会の事例を対象に，いじめと自殺の因果関係を判断する第三者調査委員会の実践について検討してきた。子どもの自殺という出来事が発生した後で第三者調査委員会というアクターが関与し，第三者調査委員会によってその背景の調査，さらには自殺の原因の判断・認定がおこなわれるという近年広く見られる事態は，それほど長い歴史を有しているわけではない。だが，いじめ防止対策推進法によって「重大事態」という新たな概念が提示されて以降，特にそれがいじめを原因とするものである疑いがある場合，子どもの自殺という出来事の背景を調査したり，調査を通じて「事実」の認定をおこなったりする権限は，学校や教育委員会というアクターから第三者調査委員会というアクターへと委譲されてきた面がある。

なお，自らもいじめ防止対策推進法の制定に深く関与した立法者のひとりであるという政治家の小西洋之によれば，「重大事態」調査について定めた同法第28条は，従来の文部科学省の取り組みでは「教育委員会や学校の隠ぺい等の不適切な対応等を防げず，真相の解明や抜本的な再発防止策を講じることが十分に適わず，いじめによる自殺事件等がなくなることはなかったという重大な立法事実」（小西 2014: 177）を踏まえた規定だと説明されていた。したがっ

(21)　福岡地判令和3年11月25日（令和2年(ワ)第3840号）。判決文は裁判所ウェブサイト公開版のものを参照した。

て，「重大事態」調査という制度的実践にはもとより，学校や教育委員会というアクターによる「隠ぺい等の不適切な対応等」を防止するという意味が与えられていた。そして実際に，学校や教育委員会による調査だけでは不十分であるとして第三者調査委員会の設置を望む被害者・遺族らが少なくないからこそ，「いじめ」事件や「いじめ自殺」事件への対応という社会的文脈において第三者調査委員会というアクターが一般的な存在になってきたのだと考えることができる。

では，特に子どもの自殺との関係で，第三者調査委員会が果たしている役割とはどのようなものだろうか。ひとつはもちろん，学校や教育委員会の代わりに「事実」を解明するという役割であろう。自殺事件に際して組織される場合，第三者調査委員会に期待されるのは何よりも，自殺という悲劇的な出来事の「背景」に何があったのかをできる限り明らかにすることであるが，上述した小西（2014）の言葉にもあらわれているように，学校や教育委員会はそのような重要な作業を担うアクターとして適切な存在ではないと見なされてしまいがちである。学校や教育委員会に対して不信感を有する遺族らにとって，それらとは別なる存在としての第三者調査委員会という選択肢が与えられていることは重要であるに違いない。

実際，第三者調査委員会が子どもの自殺の原因を判断すること，すなわち（いじめをはじめとする）何らかの事象と自殺の因果関係を認定／否定する実践に関与する事態もすでに広く見られるようになっている。問題なのは，そもそも第三者調査委員会が「何を・どこまで認定するべきか」という点に関する明確な基準が存在しないことである。もちろん，設置主体による諮問事項に対して答えることが求められる場合などはあるとはいえ，調査結果を踏まえて作成される調査報告書に「何を・どこまで・どのように書くべきか」は標準化されていない(22)。その意味で，現行の法制度のもとで組織されている第三者調査委員会には，調査報告書に「何を・どこまで・どのように書くべきか」という

(22)　調査報告書を公表するべきか，どのように公表するべきかといった問題もあるが，それ以前にそもそも「どこまで書くのか」という問題が存在することは，たとえば「いじめ重大事態の第三者委員会の姿を問う」誌上座談会（勝井ほか 2018）のなかでも小野田正利氏（当時：大阪大学大学院教授）によって問題提起されていたが，その後もあまり議論が深められていない。

点に関する大きな裁量権が与えられることになっている。そして本章で確認したように，死亡見舞金の支給という実践との関係においては，いじめに代表される学校生活上の出来事が自殺の「主な要因であるか／否か」という点に関する判断が重要な意味を持っている。

以上の議論を踏まえるならば，第三者調査委員会には先に述べたような「事実」解明の役割のほかに，次のような機能があると考えられる。すなわち第1に，いじめをはじめとする「学校の管理下の出来事」が自殺の「主な要因」であると認定されるような場合，災害共済給付制度にもとづいておこなわれる死亡見舞金の支給という補償・救済の実践に対してひとつの明確な根拠を提示することになるという意味で，第三者調査委員会には「補償根拠産出の機能」がある。また第2に，いじめなどの学校生活上の出来事が自殺の「直接的な原因」であることや「主な原因」であることは否定されたとしても，それがたとえば自殺の「一因」だと認定されるならば「原因事象」を防止できなかった学校側への道義的責任の追及が可能になるという意味で，第三者調査委員会には「責任根拠産出の機能」がある。

とはいえ付言しておけば，ここで指摘した2つの機能は，本章の議論を通して描きだした第三者調査委員会という制度的な実践の意味を，災害共済給付制度や遺族との関係を捉えようとする観点から要約的に表現したものに過ぎず，網羅的なものではない。子どもの自殺事件の社会的な構成過程に第三者調査委員会が関与する多様なあり方については，次章以降でも検討を重ねていく。次章では，ある事件に関するメディア報道が特殊なかたちで第三者調査委員会による事実認定の実践にも影響を与えた事態を検討する。

第5章 「いじめ自殺」事件における過去の再構成
──「自殺の練習」報道の検証を通じて

5.1 本章の目的

本章の目的は，2011 年に発生した滋賀県大津市の中学生自殺事件（以下，大津市事件）を事例に，「いじめ自殺」事件の問題化過程においてマスメディアなどの外部的なアクターがどのように関与しうるのかを考察することにある。

この事件に関する第三者調査委員会の委員でもあった尾木直樹は，事件の展開を次のように振り返っている。

> 2011 年 10 月，滋賀県大津市で，中学 2 年の男子生徒が自死する痛ましい事件が起きました。大津市教育委員会や学校側は，いじめの存在を認めつつも，いじめと自死との関係性を否定していました。しかし，事件後，学校側が全校生徒を対象に二度にわたって行ったアンケート調査の中に，被害者の男子生徒が「自殺の練習」をさせられていたという複数の記述があったことが発覚。2012 年 7 月に，そのことが報道され，大きな社会問題となりました。（尾木 2013 : 2）

本章で特に焦点を当てるのは，ここでも事件の転換点として位置づけられている，「自殺の練習」についてのメディア報道とその帰結である。

この点に関して，まず確認しておくべきは，アンケート調査によって得られた「自殺の練習」という記述は目撃証言を欠いた伝聞情報に過ぎなかったことである(1)。では，そうであるにもかかわらず，「自殺の練習」をさせられていたというアンケートの回答情報が注目され，事件が社会問題化の様相を帯びることになったのはなぜなのか。

この疑問に対しては，マスメディアが「自殺の練習」をどのように報じたのかを検証することで，一定の答えを得ることができる。新聞やテレビといったマスメディア報道上で「自殺の練習」に関する報道が展開されはじめるのは 2012 年 7 月 4 日以降であったが，北澤毅は三大紙（『朝日新聞』『毎日新聞』『読売新聞』）の関連記事を比較しながら，その初期報道段階において，新聞各社が「自殺の練習」というアンケートの伝聞回答をどのように処理していたのかを詳細に検討している。北澤によれば，『朝日新聞』には「一定の配慮」（北澤 2015: 166）が見られたものの，『毎日新聞』や『読売新聞』は，「自殺の練習」という伝聞情報をあたかも「事実」であるかのような印象を与える報道を展開していたという。さらに，「自殺の練習」に関する最初期のテレビ報道が引用したのは，「自殺の練習」という伝聞情報をあたかも「事実」であるかのように報じた『毎日新聞』であったという（北澤 2015: 160）。したがって，「自殺の練習」は実は伝聞情報に過ぎないという性格を有していたがその点は強調されず，むしろ過去のいじめ事実であるかのように伝えられた。そのことが，事件が大きな社会的関心を集めるきっかけになったと考えられるのである。

では，北澤が批判的に取り上げた『毎日新聞』記事とはいかなるものであったのか。以下に記事の見出しとリード文を引用しておこう(2)。

> 見出し：「自殺練習させられた」生徒 15 人が指摘　市教委は公表せず
>
> 大津市で昨年 10 月，同級生からいじめを受けていた市立中学 2 年の男子生徒（当時 13 歳）が自宅マンションから飛び降り自殺した問題で，学校が全校生徒に実施したアンケートに対し，15 人の生徒が「自殺の練習をさせられていた」と回答していたことが 3 日，関係者への取材で分かった。市教委は昨年 11 月の記者会見でこの事実を明らかにしていなかった。

(1) 北澤（2015）も指摘するように，たとえば『朝日新聞』が「自殺の練習」についてはじめて言及した 2012 年 7 月 4 日夕刊記事でも，「自殺の練習」に関するアンケート回答情報はすべて伝聞に過ぎないものであること，またそのことを確認していたからこそ情報を公表しなかったという大津市教育委員会（以下，市教委）側の主張が伝えられていた。

(2) 見出しの大きさや記事の構成が読み手にどのような印象を与えるかという点に着目すれば，記事のデザインのあり方も無視できない要素となる。北澤は記事全体も転載しているため必要に応じて参照のこと（北澤 2015）。

（『毎日新聞』2012/7/4 朝刊）

北澤はこの記事において,「アンケート結果をよりどころとして,『自殺練習』という特異ないじめ形態の告発を発火点としてあらためて『いじめ』の陰湿さや過酷さに注意を向けるとともに，そうした『いじめ』事実を公表しなかった教育委員会の隠蔽体質を批判するという2つの枠組み」（北澤 2015: 161, 傍点は原文）が提示されていると指摘している。こうした北澤の指摘は，同記事が読み手にとってどのように理解可能であるかという観点から見ても基本的には適切なものと思われるが，その一方で，記事そのものが備えている理解可能性とそれら「2つの枠組み」をどこまで同一視できるのかは疑問である。実際，北澤（2015）の議論においても,「隠蔽」問題という「枠組み」の成立に関しては，当該記事だけでなく，それを取り上げた同日のテレビ報道の存在が重視されている。そこで本章では，北澤（2015）による新聞報道の検討にもとづいた議論を土台とした上で,「自殺の練習」に関するテレビニュース場面を検討し,「自殺の練習」がどのように報じられ,「隠蔽」問題という「枠組み」が構成されたのかを具体的に検討する。

加えて，北澤（2015）の議論は基本的に2012年7月4日から10日までの「初期報道」のみを対象としたものである点にも留意すべきであろう。もちろん，事件が社会問題化する契機としての「自殺の練習」報道に着目した議論において，その後の展開が議論の外に置かれたことは自然であるが,「自殺の練習」をめぐる事実認定がいかに帰結したのかを検討することには,「自殺の練習」についてのメディア報道がいかなる意味を持ったのかを考える上で重要な意義がある。それによってはじめて，本事件における「自殺の練習」報道の意味を，過去の再構成という視点から再考することが可能になるからである。

5.2　新たな概念としての「自殺の練習」

前節では「自殺の練習」における次の特徴を指摘した。第1に，それは学校でのアンケート調査で得られた情報であったが伝聞情報に過ぎないと確認されていたこと。第2に，それにもかかわらず，2012年7月からのメディア報道で取り上げられ，事件が社会的に問題化するきっかけになったことである。

加えてここで考えておきたいのは，「自殺の練習」という言葉の特異性である。それは言い換えれば，「自殺の準備」や「自殺の想定」といった表現が普通に想定しうるのとは対照的に，「自殺の練習」は私たちにとって馴染みのない表現であるということだ。ここで重要なのは，「自殺の練習」が「自殺」と「練習」という概念同士の新たな結びつきによって成立しており，その意味で新たな概念と言えるものだという点である(3)。なお，実際に全国規模の新聞社が提供するオンラインデータベースで検索してみても，新聞紙面上で「自殺の練習」という言葉がはじめて登場したのは，本事件においてであることがわかる。それゆえ「自殺の練習」は，本事件において登場した新たな概念として捉えることができる。

新たな概念の登場という事態を考察する上では，「いじめ自殺」概念の歴史的な成立（同時に，その〈解消〉方法）についての間山広朗の議論が参考になる。間山は，「いじめ自殺」が1980年前後に登場した新たな概念であることを指摘するとともに，それが登場する以前／以後の社会において「いじめ」をめぐる経験の可能性が変容したことを論じている。すなわち，「いじめ」と「自殺」が概念的に結びついたことで「いじめ自殺」という新たな概念が登場したことは，「『いじめ』は『死』を頂点とする〈苦しみ〉でありうるという規範」（間山2002: 159）が社会的に共有されたということであり，「〈苦しいこと〉を経験する仕方，つまり新たな〈苦しみ方〉」（間山2002: 159）が創出された事態として捉えられる。こうした議論が含意するのは，新たな概念の登場は，新たな視点から過去の出来事や経験を振り返ることを可能にするということである。「いじめ自殺」概念の登場以前の出来事・経験が「いじめ自殺」として語り直される時，そこで取り組まれているのは単に過去の出来事を振り返ることでは

(3) 本章では，間山（2002）に倣い，「言葉」と「概念」という語を，様々なものごとを有意味に分節化するものとしてほぼ同義に用いる。私たちの社会生活は，あらゆる事象を（「自殺」とは，ある特定の「死」のあり方であるといったように）概念的に理解することで可能になっている。本章で特に着目するのは，新たな概念（新たな概念的結びつき）が新たな経験の可能性を拓きうる点である。

なく，新たな概念のもとで過去の出来事を書き換え，その意味で過去を再構成する実践なのである。

このような意味での新たな概念のもとでの過去の再構成という事態は，ある個人が有する過去の経験に関しても生じうる。哲学者I. ハッキングはそうした事態を次のように表現している。

> 過去の人生の出来事も，今や新しい種類に属する出来事として，つまり，その出来事が経験されたりその行為が為されたりした時には概念化されていなかったかもしれない種類に属するものとして，見ることができる。経験したことは新しい仕方で思い出され，その当時は考えられていたはずのない語によって考えられるようになる。経験は再記述されるだけではない，経験は再び感じられるのである。（Hacking 1999=2006：283）

ここで指摘されているのは，何よりもまず，過去の可変性である。すなわち，私たちは普通，「過去を固定され，最終的で，決定されたものと考え」（Hacking 1999=2006：283）てしまいがちであるが，新たな概念が登場すれば，その概念のもとでの過去の経験が再構成されうるということだ。

このようなハッキングの主張はまた，新たな概念の登場という事態が人びとの記憶をめぐる実践に影響を与えうることを含意するものでもある。実際，ハッキングは別の著作において「記憶の諸科学」の誕生を論じたが，そこでは上記引用部とも重なる主張を過去の出来事とそれについての記憶をどう考えるべきかという文脈で提示している。すなわち，まだ「児童虐待」という概念が存在していなかった頃の子ども時代のある経験を，「児童虐待」だと捉え直して問題化する人があらわれた時，争点となりうるのは，単にその記憶の確実性だけではない。当時はまだ存在していなかった「児童虐待」概念のもとで過去の出来事を記述し直すことの適切さ自体が争われうるのである。ハッキングは，このような意味での「過去の不確定性」を指摘し，そうした場合に不確定なのは過去についての記憶ではなく(4)，むしろ過去における行為や出来事そのものであると指摘している（Hacking 1995=1998）。

以上のような新たな概念と経験の可能性に関する議論は，大津市事件において「自殺の練習」という新たな概念が登場したことの意味を検討しようとする本章以下での作業にとっても基本的な視座を与えてくれる。では,「自殺の練習」という新たな概念は,事件に関するどのような理解を可能にし,また過去の出来事や経験をどのように再構成することを可能にしたと考えられるのか。以下ではこれらの点を具体的に検討する。

5.3 「自殺の練習」報道と事件の理解可能性

2012年7月4日以降,本事件に関する多くのテレビ報道がなされたが,2012年7月4日に事件を報じたすべてのテレビニュースが「自殺の練習」に言及し,ヘッドライン字幕や画面上部の見出しテロップに「自殺の練習」という文字列を映し出していた(間山2018)(5)。ここでは,そのうちひとつのニュースを取り上げ,集中的な報道のはじまりとなった日において,「自殺の練習」がどのように報じられたのかを検討する(6)。なお以下,本文中でデータ内の発話を引用する際には“”で括る。

まず**データ1**【1】(以下,場面番号は同様に表記)は,それが何についてのニュースであるかを要約的に述べた導入となっている。続く【2】【3】は【1】の内容をより詳細に述べたものである。この【1】〜【3】の場面連鎖が可能にするのは,学校側が公表していなかった“重要な証言”とは“全校生徒のアンケート”に“複数の生徒”が“[自殺した]男子生徒が自殺の練習をさせられて

(4) 記憶の曖昧さによって過去が書き換えられてしまう可能性は,主として,人びとの「記憶」や「証言」の本来的な脆弱性に注意を向けた心理学的研究が探究してきたテーマである。「記憶」や「証言」の心理学の代表的な研究としてLoftus and Ketcham(1991)などがある。そうした研究の広がりについては高木(2006)に詳しい。

(5) 2012年7月4日に事件を報じたテレビニュースは,間山(2018)で一覧されるように22本ある。全番組要約データベース「Live on TV」(富士ソフト)を活用して該当番組を網羅的に把握し,映像データは全番組録画可能ハードディスクレコーダーを用いて収集されたものである。

(6) 具体的に検討できるデータは限られるが,以下では特に,「自殺の練習」報道のはじまりとなった7月4日のニュースのなかで,「自殺の練習」が「いじめ」といかに結びつけて語られたのかが見やすい場面(**データ1**)と,「自殺の練習」についてのアンケート回答情報を公表しなかった学校・市教委側の説明がいかに伝えられ,それによって本事件がいかに理解可能にされたのかが見やすい場面(**データ2**)を検討する。

データ1 2012年7月4日16時53分から放映された，日本テレビ系列の番組『news every.』内のニュース（約4分30秒）

場面	発話者および発話内容（【 】内は映像内の字幕）
【1】	キャスター1「続いては滋賀県大津市で中学生が自殺した問題で，学校側が**重要な証言**を公表していなかったことが明らかになりました。」
【2】	キャスター2「当時中学2年生だった男子生徒は去年10月，自宅マンションから飛び降りて自殺しました。これを受けて学校側は，全校生徒にアンケートをとりました。そして調査の結果，11月にいじめがあったと認定しましたが，いじめと死亡に因果関係があったかは不明と結論づけたんです。これに対し遺族はいじめで自殺したことは明らかだとして，加害者の生徒や大津市に損害賠償を求める裁判を起こしていました。」
【3】	キャスター2「しかし今になって，この全校生徒のアンケートで，実は複数の生徒が，この男子生徒が自殺の練習をさせられていたと回答していたことが判明し，学校側がこの事実を公表していなかったことが明らかになりました。」
【4】	ナレーター1「自殺の練習をさせられていた。」
【5】	ナレーター2「自殺の練習とか，トイレで殴られていたとか，死んだスズメを口の中に入れろと言われていた。」
【6】	ナレーター3「アンケートで浮き彫りになっていた**いじめの実態**。しかし学校側は，これを公表していませんでした。」
【7】	ナレーター3「滋賀県大津市で，去年10月，中学2年生の男子生徒が，マンションから飛び降り死亡しました。なぜ，男子生徒は自ら命を絶ったのか。男子生徒が通っていた中学校では，直後にアンケート調査を実施。そして，男子生徒が亡くなった翌月の去年11月，調査の結果，いじめがあったことは認めていました。その時には，男子生徒が殴られたり，ハチの死骸を食べさせられそうになっていたという，いじめの詳細についても公表していました。しかし，学校を管理監督する大津市は，いじめと自殺の因果関係は不明と主張したのです。これを受け，今年2月男子生徒の両親は，大津市らを相手に7700万円の損害賠償を求める裁判を起こしました。」
【8】	ナレーター3「そして，今回明らかになったのは，自殺の練習をさせられていたと15人の生徒がアンケートに記した**いじめの手法**。男子生徒の両親が，大津市に，アンケートの調査結果の全容について情報公開請求などをおこなった結果，ようやく，**いじめの具体的な内容**が浮き彫りになったのです。」
【9】	ナレーター1「**何回も自殺の練習**をさせられていた。先生に相談したけど何もしてくれなかった。」
【10】	ナレーター2「先生も見て見ぬふり。」
【11】	【男子生徒の遺族の弁護士】「**えー毎日のように，えー自殺の練習をさせられていた，えー少年が，えーいじめから逃れる，手段を最後考えるときに，その日ごろの練習が頭に残っていて，いじめ，自殺ということを想起するのは，これはごく自然な流れだったろうと思います。**」
【12】	ナレーター3「大津市側は今日，緊急会見を開き，これまで報告しなかった理由について，こう釈明しました。」
【13】	【教育委員会の担当者】（委員1）「その自殺の練習とか，その他諸々の記述は，アンケートのなかにはたしかにあったと思うんですけど，そんなことがあったらしい。そんなことを聞きました。そういったまあ書きっぷりだったのかなと思っています。」
【14】	【教育委員会の担当者】（委員2）「えー今回のおーそういうことについても，順に辿っていったわけですけども，おー確実にそういうことがあったというふうな，えー結果が得られなかったということから，えー公表もしておりませんでしたし，現在もその時点と状況は変わっておりませんから私ども…（フェードアウトの編集）」
【15】	ナレーター3「今年5月おこなわれた裁判のなかで，息子が13歳という短い人生を自ら閉じなければならなかったその真相を明らかにしてほしいと涙ながらに訴えた男子生徒の両親。大きな壁に阻まれ，真相はまだわからないままです。」

いたと回答していたこと”である，という理解であるだろう。また，ここでそうした情報を“重要”なものとして理解することは，それに続く場面によっても支えられている。すなわち，そのアンケート回答情報を“いじめの実態”（【6】），“いじめの手法”や“いじめの具体的な内容”（【8】）として理解することである。

さらに，そうしたアンケート回答情報が“重要な証言”と表現されていることに着目したい。「目撃証言（witness）」という言葉が象徴的であるが，証言とは通常，ある事柄の証明のためになされる一人称的な経験の語りとして組織されるものだ（Sacks 1992: 242–248）。逆に言えば，私たちは通常他人から伝え聞いた情報だけで何らかの事実の証言をおこなうこと（として実践を記述すること）はできないと考えている。であるならば，ここで「自殺の練習」というアンケート回答情報が“証言”と表現されていることには注意が必要だろう。ここでの“証言”概念の使用は，「自殺の練習」をあたかも目撃された“いじめの実態”や“いじめの具体的な内容”として理解可能にしてしまうようにも思われるからである。

加えて，【男子生徒の遺族の弁護士】による，“毎日のように”“自殺の練習をさせられていた”男子生徒がいじめから逃れるための手段として自殺を考えることは“自然”だという語りにおいて，「自殺の練習」は「いじめ」と「自殺」を結びつける資源として位置づけられている（【11】）。だが実際のところ，“毎日のように”“自殺の練習をさせられた”といった情報は一度も確認されていなかった。その点に関しては，【教育委員会の担当者】の発言が伝えられることで「自殺の練習」が伝聞情報であったことも明らかにされている（【13】【14】）。だが重要なのは，その伝えられ方である。そこで次に，「自殺の練習」の伝えられ方に着目しながら，それを資源とすることで本事件がいかなる「問題」として理解可能になっていたのかを考察しよう。

データ 2 は，2012 年 7 月 7 日のテレビニュースの一部である。ニュースは「大津　中 2 自殺　またも生徒に口止めか」という字幕が映し出されることにはじまり，その字幕はニュースの終わりまで画面右上部に残されていた。ここでは，その「またも生徒に口止めか」という字幕がどのような内容と対応していたのかを確認しよう。

データ2　2012年7月7日17時30分から放映されたTBS系列『報道特集』内のニュース

場面	発話者および発話内容（(　) 内は，筆者による映像の補足説明)
【1】	ナレーター「去年10月，滋賀県大津市で，当時中学2年の男子生徒が自宅マンションから飛び降り，自殺した。」
【2】	【同じ中学の生徒】(生徒1)「えーハチの死体を食わされかけてて」
【3】	【同じ中学の生徒】(生徒2)「男子生徒3，4人に囲まれて，トイレの隅っこで，殴られたり蹴られたり悪口を言われたりしてました。」
【4】	ナレーター「生徒の両親は真相の究明を求め，大津市などに損害賠償を求める裁判を起こしている。生徒の自殺後，大津市の教育委員会は全校生徒を対象に，アンケート調査を実施。そこには，自殺の練習をさせられていたという，いじめと自殺の関係に深く関わる回答が16人もの生徒から寄せられていた。しかし市教委は，加害生徒に直接確認することもなく，この事実を公表しなかった。」
【5】	【大津市教育委員会 澤村賢次教育長】「調査をしていった結果，確認できたことについては公表させて頂いた。で，今回の分については，えー事実そういうことがあったという確認までは至っていない。」(画面左上に「市教委の会見今月4日」という字幕)
【6】	ナレーター「そして，自殺との因果関係はわからないと結論づけた。」
【7】	【報告 寺島宗樹】(記者)「学校や教育委員会は，いじめの調査結果を，一部しか公表していませんでしたが，**不誠実な対応**はそれだけに留まりませんでした。」
【8】	【同じ中学の生徒】(生徒3)「事件当日から，誰かに聞かれても無視しとけとかー」
【9】	【同じ中学の生徒】(生徒4)「このことは，あんまりしゃべらないようにっていうか，**口止め**？みたいな」
【10】	ナレーター「男子生徒の自殺後，学校は在校生に対し，生徒個人やいじめについて口外しないよう口止めしていた。**大津市の越直美市長もこの口止めを認めている**。」
【11】	【大津市 越直美市長】「昨年この事件があった時に，まあ色々聞かれてもまあ無理に話すことはないんだよというふうに言ったということは，あのー聞きました。新しく何か言ったという事実はなかったというふうに今のところは聞いています。」
【12】	ナレーター「しかし，きのう。」
【13】	【同じ中学の生徒】(生徒5)「今日放送あった。(聞き手「うん，どんな？」) なんかーこうぜん，全校集めたやけんなんか放送みたいなんで。あんま変なことしゃべんなよみたいなの。で…（フェードアウトの編集)」
【14】	ナレーター「市教委は，不確かなことを話さないように指導しているもので，問題はないとしているが。」
【15】	【原告の弁護人 石川賢治弁護士】「かん口令というのは，まあ情報統制つまり情報コントロールの一手法ですので，えーそれは結局生徒たちの証言をコントロールすることになるんじゃないかと思います。事実解明にとって消極的に作用するんじゃないかっていうことは，危惧するところです。」
【16】	ナレーター「男子生徒の死亡からまもなく9ヶ月。越市長は，教育委員会による調査が不十分だったことを認め，再調査に乗り出すことを決めた。」

【1】から【6】の内容は，**データ1**とも重なる。すなわち，学校や市教委によって「自殺の練習」が公表されなかったこと自体を問題化する語りである。**データ2**が異なるのは，それが“不誠実な対応”（【7】）という直接に価値的な表現で特徴づけられていることだ。さらに，“不誠実な対応はそれだけにとどまりませんでした”として，それに続く内容を，“学校や教育委員会”の“不誠実な対応”の一部とするための予示がなされている。

具体的には，それらの内容は複数の「口止め」という事実として理解可能になっている。特に，複数の【同じ中学の生徒】によって述べられた情報を資源に，“学校”による生徒らへの“口止め”が理解可能にされていることに着目したい。すなわち，【8】【9】の生徒の語りをもとに，2011年10月の男子生徒の自殺後という時期における学校の対応を示すエピソードが“在校生”への“口止め”と記述されている。また，“大津市の越直美市長もこの口止めを認めている”（【10】）とナレーターが述べることで，市長の語りは“この口止め”についての語りとして理解可能になっている。さらに，「またも生徒に口止めか」という字幕や【10】～【13】の場面連鎖は，【13】での生徒の語りを，“口止め”がこのニュース前日（7月6日）にも再びおこなわれたことの報告として理解可能にしている。

その上で，ここでは“口止め”という記述について検討しておきたい。このニュースのなかで“口止め”と記述されている出来事だが，実は別のニュースでは，学校において生徒たちに向けてなされた，不確かな情報を拡散しないようにという指示として伝えられている(7)。こうした，「同じ」出来事に“口止め”という記述x1と「指示」という記述x2を与えることができるような複数の記述が併置可能な状況を考える上では，G. E. M. アンスコムの議論が参考になる。すなわち，行為を「理解する」ということは，記述のもとで理解することであり，ある行為の「意図（intention）」とは，その行為がどのような記述のもとでなされたかについての知識だという指摘である（Anscombe 1963=1984）。そのように考えれば，“口止め”という記述x1のもとでの理解がなされる時に

(7)　たとえば，TBS系列の番組『サンデージャポン』（2012年7月8日放送）では，7月6日の全校生徒を対象とした校内放送で不確かな情報を話さないようにという指示があったことが，やはり【同じ中学の生徒】への取材場面とともに伝えられている。

は,「指示」という記述 x2 の場合よりも相対的により強く学校に「隠蔽」の意図が帰属されることになることが指摘できるだろう。そして,“口止め”という記述 x1 がおこなわれる時には同時に,学校や市教委による「隠蔽」問題として,本事件が理解可能にされているのである。

さて,ここまでに,テレビ報道においては「自殺の練習」が生徒によって“証言”された事実として伝えられていたこと,またそれを資源として,学校や市教委の「隠蔽」問題として本事件が理解可能にされていたことを確認した。

加えてここでは,「自殺の練習」は,一体それがどのような行為・出来事かについての説明・具体的描写を欠いたまま,事件に関するテレビ報道において焦点を当てられていたことにも注意を向けておきたい。もちろん,本章でも最初に確認しておいたように,「自殺の練習」はあくまで伝聞情報であったがゆえに,それが具体的にはどのような行為・出来事であるのかが語られないのは自然なことである。しかしその一方で,「自殺の練習」が実際に存在したのかどうかという問題はその後も問われ続けることになった。以下で検討を加えるのは,その具体的な様相についてである。

5.4 「自殺の練習」概念と「過去の不確定性」

当初,伝聞情報に過ぎないものとして報じられ,それゆえに具体的な内実をともなわないままに語られていた「自殺の練習」だが,それにはじめて具体的な内実が与えられたのは,ある同級生の証言が取り上げられたことによってであった。**表 5-1** は,「自殺の練習」に関するものとして報じられた,ある同級生の証言に関する新聞記事をまとめたものである。

各記事に共通するのは,同級生の女子生徒の証言をもとにして,男子生徒の自殺前の時期である 9 月頃に,「校舎の窓から身を乗り出す行為」がおこなわれていた,という事実が伝えられていることである。

とはいえ,ここで注意を向けておきたいのは,むしろ 3 つの記事に見られる微妙な差異のほうである。第 1 に,伝えられている出来事の内容は,実は記事ごとに微妙に異なっている。『読売新聞』では,「校舎の窓から身を乗り出す行

表 5-1 同級生の証言についての3紙記事

『読売新聞』2012年7月20日	『朝日新聞』2012年7月21日	『毎日新聞』2012年7月21日
大津いじめ 3階窓 身乗り出させる 「自殺の練習」同級生証言	飛び降り練習強要「見た」 女子生徒が証言 大津いじめ	3階から落ちるふり 自殺生徒に同級生要求 「複数回目撃」証言
大津市で昨年10月，市立中学2年の男子生徒（当時13歳）が自殺した問題で，男子生徒と同級だった女子生徒が19日，読売新聞の取材に対し，「『自殺の練習』の場面を昨年9月以降，数回見た」と証言した。男子生徒はいじめの加害者とされる同級生3人に指示され，校舎3階の窓から身を乗り出すような格好をさせられていたという。 「自殺の練習」は，市教委による全校アンケートに16人が記載していた。いずれも伝聞情報で，市教委は，実際にあったかどうか確証が得られなかったと結論づけていたが，具体的状況を示す証言は初めて。 女子生徒によると，現場は男子生徒が在籍した教室がある3階の廊下。男子生徒は休み時間などに同級生3人に囲まれ，窓を背にして立ち，窓枠を両手で持った状態で，外へ向けて上半身を反り返らせるような姿勢をとらされていた。同級生らは「自殺の練習をしろ」と笑っていたという。 女子生徒は「いじめを見逃した学校が信じられない」としてアンケートには回答しなかったといい，「じゃれ合っているように見えたが，危ないと感じていた。結果的に自殺につながったかもしれないと思うと，つらい」と話した。	大津市立中学2年の男子生徒（当時13）が昨年10月に自殺した問題で，男子生徒と同じクラスだった中学3年の女子生徒（15）が，朝日新聞の取材に応じ，男子生徒が自殺前，いじめをしたとされる同級生3人に窓から飛び降りる練習をさせられているのを見た，と証言した。 女子生徒によると，昨年9月以降，男子生徒が所属した2年生のクラスの教室がある校舎3階の廊下で休み時間，同級生3人に囲まれ，「飛び降りの練習」をするように言われていた。いじめたとされる1人が，窓枠に両手をかけて後ろ向きに座り，上半身を反らせて落ちるふりをし，同じ姿勢を取るよう要求していた。こうした行為は約1週間続いていたという。 学校が昨年10月に実施した全校生徒対象のアンケートでは，「自殺の練習をさせられていた」などと回答した生徒は16人いたが，いずれも伝聞情報だった。市教委は「追跡調査をしたが，事実かどうか確認できなかった」としている。	大津市で市立中学2年の男子生徒（当時13歳）が自殺した問題で，男子生徒といじめに関わったとされる同級生が校舎3階の窓から落ちるふりをしているのを，女子生徒が毎日新聞の取材に「複数回，目撃した」と証言した。 女子生徒によると，昨年9月ごろ，同級生の一人が校舎3階の廊下の窓枠に腰掛け，窓枠と壁を持って，背中から倒れ込むような仕草をした。男子生徒に同様のことをするよう求め，男子生徒もしていた。こうした行為は休み時間に，約1週間続いたという。 女子生徒は学校のアンケートには回答していなかった。「落ちるふりをして危ない行為だった。アンケートに記載しても，先生が対応してくれないと思った」などと話した。 学校が実施したアンケートには，複数の生徒が「男子生徒が自殺の練習をさせられていた」と回答していたが，市教委は公表していなかった。ただ，いずれも伝聞としての回答で，市教委は「事実かどうか確認できない」としている。

注：引用記事はいずれも東京本社版朝刊。

為」は自殺した男子生徒が「させられていた」行為とされている。対照的に『朝日新聞』では，それは“いじめたとされる1人”がした行為とされ，自殺した男子生徒は“同じ姿勢を取るよう要求”されたと記述されているが，実際におこなったかどうかわからない書きぶりになっている。『毎日新聞』では，それは“いじめに関わったとされる同級生”の1人がおこなったことで，その上で自殺した男子生徒にも“同様のことをするよう求め，男子生徒もしていた”と伝えられている。このように3紙を比較しながら読むと，3紙はいずれも同じ「女子生徒」を情報源としているように思われるが，にもかかわらず，出来事の記述が相当に異なっていることがわかる。

第2に，その「校舎の窓から身を乗り出す行為」を「自殺の練習」と見なすのか否かも，記事ごとに異なっている。たとえば『読売新聞』記事は，見出しにもあらわれているように，それを「自殺の練習」として最も直接的に記述している。そうした記述は，加害生徒らが“「自殺の練習をしろ」と笑っていた”という女子生徒の証言によって根拠づけられていると言えるが，『朝日新聞』や『毎日新聞』の記事では，そうした証言はそもそも伝えられていない。加えて注目しておきたいのは，ここで情報源とされている同級生の女子生徒がアンケート調査に回答していなかったという点も同時に伝えられていることである。そうであるならば，この女子生徒は，メディア報道によって焦点化された「自殺の練習」という新たな概念のもとで「校舎の窓から身を乗り出す行為」という過去の出来事を再解釈（再構成）した可能性がある(8)。

とはいえ，ここで問題にしたいのはどの記事が最も正確に過去の事実を記述しているのかということではない。ここで問題にしたいのは，あくまでも過去の事実がどう報じられているかという報じ方のほうであるが，少なくとも『朝日新聞』と『毎日新聞』の記事が「校舎の窓から身を乗り出す行為」と「自殺の練習」を同一視できる根拠（過去のその時点でもそう呼ばれていた等）を提示しないままに両者を結びつけていることは観察可能である。このことが意味しているのは，マスメディアというアクター自身が，新たな概念のもとで過去を再構成するという実践に無自覚的に関与している可能性である。端的に言えば，『朝日新聞』と『毎日新聞』は，過去にはそれとして経験されていなかった何らかの行為・出来事を，「自殺の練習」として報じてしまった可能性があるということである。

もちろん「真相」は不明であり，ここで「真相」が何であるかを探求できる

(8) ただしもちろん，『読売新聞』記事にあるように，加害生徒らが“「自殺の練習をしろ」と笑っていた”という女子生徒の証言が「正しい」とするならば，その行為がおこなわれていた時点ですでに当該行為は「自殺の練習」と呼ばれていたということになるため，新たな概念のもとでの過去の再構成という事態は生じていなかったと考えられる。その可能性を否定することもできない。

わけではないものの，「自殺の練習」の実在性がその後，どのように判断されたのかという点についてはさらなる検討を加えておきたい。まず見ておきたいのは，2012年7月以降おこなわれた滋賀県警の捜査結果について報じた次の記事である。

> 「自殺の練習」について，滋賀県警は，いじめたとされる同級生3人を強要容疑で立件するのは困難とみていることが，捜査関係者への取材でわかった。直接目撃した証言が得られなかったという。…（中略）…県警が夏休みに生徒約350人から話を聞いたところ，この3人〔加害者とされる生徒ら〕や，男子生徒〔自殺した生徒〕以外の生徒が，校舎の窓から体を乗り出す行為をしていたとの目撃情報はあったが，男子生徒がこうした行為を強要されているのを見た生徒はいなかったという。（『読売新聞』2012/9/18朝刊，〔 〕内は引用者）

したがって滋賀県警の捜査では，少なくとも「校舎の窓から身を乗り出す行為」を自殺した男子生徒が強要されたという事実は確認できず，それゆえに「自殺の練習」は過去に実際に起きた「事実」として対処されるには至らなかったと言える。

そうした滋賀県警の判断とは対照的であるのは，第三者調査委員会が2013年1月31日に大津市に提出した調査報告書に見られた，次のような記述である(9)。

> 10月3日から5日頃までの間，当該クラスの前の廊下の窓の枠にB〔加害生徒〕が座り，両手で窓と壁を持って体を反らし，完全に体が外に出るような状態を取っていた。傍らにはA〔自殺した男子生徒〕とC〔別の加害生徒〕がいた。Bは，へらへら笑いながら「自殺の練習をするから早よせいよ。」とAに向かって言った（pp. 19–20，〔 〕内は引用者）

(9) 「大津市立中学校におけるいじめに関する第三者調査委員会」による『調査報告書』を参照。

ここでは，加害生徒とされたBが，当時においても「自殺の練習」という言葉を用いて「いじめ」をおこなっていたというエピソードが記述されている。その上で，同調査報告書では「自殺の練習を実際にさせられていたということは言えないものの，自殺の練習をしろと言われたことは認めることができる」（p. 27）という第三者調査委員会の判断も提示されている。結果的に同調査報告書では19件のいじめ事実が認定されることになったが，そのなかにも「3階教室の窓から体を突き出すことを強要されるが拒否した。（いわゆる「自殺の練習」）」（p. 53）という項目が含まれており，「いわゆる『自殺の練習』」がいじめ事実のひとつとして位置づけられることになった。言うまでもなくここでは，「校舎の窓から身を乗り出す行為」を強要したという行為が認定されているだけでなく，それが「自殺の練習」として扱われることになっている。

ただし，調査報告書の上記引用部に含まれる加害生徒の発言（「自殺の練習をするから早よせいよ。」）が，どのような根拠をもとに認定されているのかは不明である。この点にも関連すると思われるが，事件に関する民事裁判のなかの証人尋問（2017年11月）では，加害者とされた生徒（上記B）自身によって，窓から身を乗り出す行為は自分がひとりでおこなったことであり，当時において「自殺の練習」のような呼び方もされていなかったと証言されていた(10)。したがって，第三者調査委員会とB自身の「自殺の練習」に関する認識は明らかに対立したままになっていた。それは，そもそも過去に何があったのかという点における対立であると同時に，過去の時点において「自殺の練習」と呼ばれていた何らかの行為がおこなわれていたのか否かという点における対立でもあった。

(10) 筆者を含む複数の調査者で裁判を傍聴した際の筆記記録による。2017年11月7日の加害少年への証人尋問では，窓から身を乗り出すことは少年がひとりで「勝手にやって終わっていた」ことであり，「自殺の練習」のような呼称をしていたことも，周りの生徒からそう呼称されていたこともなかったと証言された。なお，1審・2審ともに判決文中で「自殺の練習」についての言及はない。

5.5 本章のまとめ

これまで本章で見てきたように，大津市事件に関しては，いじめ事実としての「自殺の練習」が実際に存在したのか否か，存在したとすればそれはどのような行為だったのかといった点が関係者たちにとっての問題になったわけだが，そうした問題を提起したのは「自殺の練習」に焦点化したメディア報道であったと言える。マスメディアが焦点化するまでは，「自殺の練習」は伝聞情報に過ぎないもの，すなわちいじめ事実としては確認できていない重要ではない情報として扱われ，社会的には注目を集めていなかったからである。

共同通信大阪社会部（2013）は当時の経緯を回顧的に記述しているが，そこでの記述によれば，共同通信社こそがそうした状況を変えるべく「自殺の練習」というアンケート回答情報の存在を強調する報道をほかの報道機関に先駆けて展開したのだという。回顧的な記述ではあるとはいえ，そこでは次のような思考の過程も示されている。すなわち，「自殺の練習」というアンケート回答情報があったことが「ほんとう」であるならば，市教委はそのようなアンケート回答情報があったことを知りながら「故意に隠した」と考えられるし，市教委によるいじめと自殺の「因果関係は判断できない」という説明の根拠は揺らぐはずだと考えたのだという（共同通信大阪社会部 2013: 234–235）。このような思考過程において，「自殺の練習」は伝聞情報であることが確認されていたという事実は意に介されなかったようである。そしてそのような報道姿勢は，本章で取り上げたテレビ報道においても共通して見られるものであった。

結局のところ，「自殺の練習」とは何であったのか，あるいは，「自殺の練習」が亡くなった生徒が学校生活を過ごしていた当時に存在していたのかは不明瞭なままである。だが，ひとつの可能性として指摘できるのは，「自殺の練習」についてのメディア報道が，事件の「当事者」たちの経験と事実認定の実践にまで影響を与えた可能性である。すなわち，過去には「当事者」たちによってそれとして経験されていなかった何らかの行為・出来事が「自殺の練習」として再構成された可能性があり，またそのような可能性は「自殺の練習」に焦点化したメディア報道によってもたらされたと考えることができる。

亡くなった生徒が学校生活を過ごしていたその当時に「自殺の練習」と呼べるような行為が存在したのか否かは確かめようがないがゆえに，この点に関しては可能性の指摘に留めざるをえないものの，本章でのこれまでの議論を通じて，大津市事件の問題化過程においてマスメディアが果たした役割を一定程度描きだすことができたようにも思われる。すなわち本章ではテレビ報道を取り上げて具体的に検討したように，マスメディアは「自殺の練習」というアンケート回答情報に焦点化することで，事件を学校や市教委の「隠蔽」問題として理解可能にしていたのであった。

とはいえ，補足的に述べておけば，大津市事件の問題化過程において重要な役割を果たした外部的なアクターはマスメディアだけではない。本事件において特徴的であった点のひとつに，大津市長の積極的な関与を挙げることもできるだろう。市長もまた，市教委の対応のあり方に不満を表明していたことが伝えられていたばかりか，自著のなかでも振り返っているように，まだ第三者調査委員会が設置された前例もあまり存在していなかったなかで「大津市立中学校におけるいじめに関する第三者調査委員会」を設置して，事件に関する調査をおこなう方針を決定したのも市長自身であったからである（越 2014）。なお，同第三者調査委員会が「いじめが自死につながる直接的要因になった」（p. 60）という判断を提示した調査報告書では，学校や市教委の問題点も様々に指摘されることになった。

他方で，外部的なアクターが関与することで「当事者」である誰かの経験の語りが周辺化される事態が生じてしまう危険性についても自覚的でなければならないだろう。大津市事件に関しては，加害者とされた元生徒やその保護者の経験（越川 2021）や教師のリアリティ（稲葉・山田 2021）に対しても一定の関心が向けられてきたが，それらの議論に共通しているのは，事件の「当事者」であるにもかかわらず，あるいは特定の立場の「当事者」であるがゆえに，経験を抑圧されてしまう場合があるということに対する問題意識だと言える。

次章では，これらの議論とも問題意識を共有しつつ，子どもの自殺事件をめぐって学校側の事後対応が問題化されるなかで，学校関係者のリアリティがどのように扱われうるのかを，2 つの具体的事例に即して検討する。

第6章　子どもの自殺をめぐる学校の事後対応の問題化
――「リアリティ分離」状況に着目して

6.1　本章の目的

学校に在籍する子ども（児童生徒等）の自殺事件が発生した場合，学校関係者たちは様々な対応に追われることになる。自殺が学校敷地内で発生した場合は当然だが，学校に在籍する子どもの自殺であるという時点で，通常，それが自宅や近隣地域で発見された場合であったとしても，学級担任や管理職の教員は様々な事柄に考慮しながら対応を図らなければならない立場に置かれることになる。そうした局面での学校側の対応は一般に，「事後対応」と呼ばれる。本章ではこの事後対応に注目するが，特に考察したいのは，それが「不適切」なものであったとして問題化される場合についてである。

子どもの自殺をめぐる学校の事後対応についての議論や取り組みとしては，2010年に文部科学省が『子どもの自殺が起きたときの緊急対応の手引き』を策定したことがひとつの契機となった。同手引きは，「子どもの自殺が起きたときの，主に数日以内の事後対応について解説したもの」（「はじめに」から引用）とされるが，そこでは子どもの自殺という出来事が生じた際に学校教職員が取るべき対応やその手順がはじめて公的に明示された。さらに2011年には，文部科学省が設置した「児童生徒の自殺予防に関する調査研究協力者会議」により『子どもの自殺が起きたときの調査の指針』が策定され(1)，児童生徒が自殺に至るまでの過程・背景を調査する際に留意すべき点が示された。

だが，そうした取り組みによって，学校の事後対応が「不適切」とされるケースが発生しなくなったわけではない。2011年に滋賀県大津市で発生した中

(1)　2014年7月の改訂により『子供の自殺が起きたときの調査の指針』に改称された。

学生自殺事件（以下，大津市事件）においては，初期調査の重要性を強調する『子どもの自殺が起きたときの調査の指針（案）』がすでに大津市教育委員会にも共有されていたにもかかわらず，そこで明記された事項が十分に果たされなかったとして，学校や教育委員会（以下，教委）の「不適切」な事後対応が指摘された(2)。

この大津市のケースもそうであるように，近年，学校や教委の事後対応のあり方が第三者調査委員会（以下，第三者委）によって評価の対象とされ，結果的に「不適切」な事後対応であったと評価されるケースがしばしば生じている。例を挙げれば，2013 年の奈良県橿原市の中学生自殺事件では，学校や教委が自殺の原因を家庭問題にあると想定したことなどが第三者委によって「不適切」な事後対応と評価された。また，2015 年の沖縄県豊見城市の小学生自殺事件では，いじめ防止対策推進法にもとづき「重大事態」として対処すべき状況で学校側がそのように対処しなかったことなどが，やはり第三者委によって学校の「不適切」な事後対応と認定された。

学校の事後対応が第三者委などによって「不適切」と評価される上記のような事例が蓄積されていくなかで，研究者らもまた基本的には，そうした第三者委による事実認定や評価を参照しながら議論を展開してきた。たとえば，学校事故・事件に詳しい住友剛は，「なぜ従来の学校・教育行政の『事後対応』では，遺族・家族の『二次被害』が起きてしまうのか」（住友 2017: 61）と問い，それは既存の「危機管理」論に不十分な点があるからだと述べる。注意すべきは，その種の議論において，「不適切」な対応をすることで遺族・家族に「二次被害」をもたらす学校や教委の存在が前提とされていることである。より具体的に見れば，住友はそうした議論において大津市事件に言及し，それを学校側が「事態の沈静化」や「訴訟対応」を優先した事例と位置づけている。学校側に対するそのような評価は住友に独自のものではなく，実は第三者委が調査報告書のなかで与えた評価そのものである。その意味で，住友は第三者委の評価を無批判に受け入れたかたちで議論を展開しているということだ。

一方で，第三者委による事実認定と評価の活動それ自体を対象化する研究も

(2) 「大津市立中学校におけるいじめに関する第三者調査委員会」による『調査報告書』を参照。

わずかに存在する。たとえば北澤毅は，大津市事件に際して組織された第三者委の事実認定そのものに批判的検討を加え，第三者委の事実認定が「結論ありき」と言うべきものであったと指摘した（北澤 2021）。このような北澤の議論の意義は，「客観・中立」に認定をおこなう主体として理想化されている第三者委の活動が実際にはそのようなものではないことを明らかにした点にあるだろう。それは同時に，学校の対応を「不適切」なものと評価する主体としての第三者委の活動に備わる政治性を浮き彫りにすることだ。

本章もまた，そうした観点から，学校に対する評価づけの実践を対象化するものである。すなわち本章では，子どもの自殺事件発生後の学校の事後対応が，そのさらに後の時点においてどのように問題化され，「不適切」なものと評価づけられるのかを検討する。なお，本章で学校の事後対応をめぐる社会的評価に焦点化するのは，しばしば事件発生後における学校の事後対応が学校非難（学校に対する責任追及）の文脈で語られていると思われるからである。越川葉子は，いじめ問題の展開過程は学校非難が強まる過程でもあったとして，いじめ事件の対応に関する「学校現場のリアリティ」を重視する必要性を指摘したが（越川 2017），そうした観点は学校の事後対応をめぐる議論においても必要不可欠であるはずだ。以上の問題関心のもと，本章では学校の事後対応が問題化された具体的事例を検討する。

6.2　分析視角と対象とする事例

前節で述べたように，本章では学校の事後対応が問題化される過程に着目するが，学校側のリアリティ経験の扱われ方を検討することを課題とする上で本章にとって参考になるのが，M. ポルナーが定式化した「経験の政治学」（Pollner 1975=1987: 66）の解読という分析視角である。

ポルナーは，精神分析医 R. D. レインから引き継いだ「経験の政治学」という言葉で，誰かのリアリティ経験が確かなものとして扱われることでほかの誰かのリアリティ経験が疑わしいものとされてしまう事態を指示した。では，複数のリアリティ経験が対立し，競合する状況とはどのようなものであるだろうか。ポルナーはそれを，ある別々の人びとが「同じ時に，同じ場所で，同一のものを観察したと仮定」（Pollner 1975=1987: 60）できるにもかかわらず，観察・経験したと主張される「現実」が一致しない状況として理念化し，そのような状況一般に「リアリティ分離」という呼び名を与えた。

リアリティ分離のなかには，対立するリアリティ経験を主張する二者のうちどちらかの感覚器官に問題があったとわかる場合（見間違えた，よく聞こえなかった）や，どちらかの主張が嘘や冗談などの特殊なものであったと判明する場合のように，比較的簡単に解決されるものもあるが，そうでない場合には「経験の政治学」が必然的に生じる。なぜなら，そうした状況の当事者たちは互いに自らの現実認識に準拠して相手の誤りを主張できてしまうからである。逆に言えば，リアリティ分離が維持されている状況とは，当事者たちにとって，「互いに競合するどちらの経験も，自己自身を決定的経験として権威づけることはできない」（Pollner 1975=1987: 53）状況である。それにもかかわらず，相手の誤りを主張しようとするならば，可能なのは相手の「正しく現実を知覚する能力それ自体を疑う」（Pollner 1975=1987: 79）ことだけである。

そのことを踏まえると，誰かのリアリティ経験が重視され，また別の誰かのリアリティ経験が無視・却下される事態をポルナーが「経験の政治学」と呼び，その具体的様相の解読を課題とした理由が明確になる。すなわち，そのような状況は，当事者たちが社会的にどう評価されるのかという問題とも密接に結びついているがゆえに検討すべき重要な局面なのである。このような認識のもと，「警察の暴力」をめぐるリアリティ分離状況に着目した研究（Eglin 1979）や，発達障害児と支援者の相互行為に着目した研究（保坂 2017）などの経験的研究も蓄積されてきたが，何らかの重大な出来事が生じた後の学校の対応をめぐるリアリティ分離状況という対象はこれまで着目されてこなかった。

以上を踏まえて本章では，児童生徒の自殺事件発生後における学校の事後対応が問題化された事例のなかでもリアリティ分離の状況が生じた事例を取り上げ，そこにおける「経験の政治学」を解読する視角から分析する。具体的には，次の2つの事例に即して，児童生徒の自殺事件発生後の学校の対応が「不適切」なものとされる過程を検討する。ひとつは2010年代に発生したある自殺事件（以下，A事案）であり，もうひとつは2017年4月に発生した長崎県内の私立高校に在籍していた生徒の自殺事件（以下，B 事案）である。

A 事案については，事件の対応に当たった管理職教員（Y 先生）へのインタビュー調査で得られた語りをもとに，学校関係者のリアリティ経験に着目しながら，学校の事後対応が外部から「不適切」なものと意味づけられる過程を検討する(3)。Y 先生の語りからは，通常は接近することが難しい，事後対応の局面における「学校現場のリアリティ」（越川 2017）に接近することが可能になる。なお，調査協力者の匿名性担保のため，事例の詳細や調査経緯，インタビュー実施日については記載しない。学校種別に言及することも避けるが，便宜的に自殺した子どものことは「生徒」と表記する。

A 事案に加えて B 事案を扱う理由は，B 事案においては第三者委によって学校の事後対応が「不適切」であったという認定がなされたからである。これまでの議論からも示唆されるように，近年の動向を踏まえて考えるならば，第三者委というアクターの関与の仕方を問うことは，学校の事後対応がどのようなものであったかという点をめぐる「経験の政治学」を解読する上で，重要な課題となる。

それゆえ以下では，まず A 事案において学校の事後対応がどのように問題化されたのかを検討することで，Y 先生という学校関係者のリアリティ経験がそこでの「経験の政治学」においてどのような位置にあったのかを考察する。その上で，「経験の政治学」への第三者委の関与の仕方を考察するために，B 事案において学校の事後対応が問題化され，「不適切」とされたのはいかにしてであったのかを検討する。

6.3　学校の事後対応の問題化過程における学校関係者のリアリティ経験

6.3.1　事後対応の局面における Y 先生の経験

以下では，A 事案での学校の事後対応において中心的役割を果たした Y 先

(3)　Y 先生には「自殺事件に関する学校関係者としての経験」の聞き取り調査を依頼し，書面を交わして調査協力の許諾を得た。インタビューは半構造化形式で約 1 時間半程度実施し，その後 2 回にわたり補足的な聞き取りをおこなうとともに引用形式についても確認・許諾を得た。

生の語りをもとに，学校の事後対応がどのように問題化されたのかを検討する(4)。

A事案での生徒の自殺は学校外での出来事であったが，Y先生は急遽，当該の生徒（以下，A）が運び込まれた病院に向かうことになった(5)。その後，Y先生は遺族（保護者）から，報道等を通じて事件が公になることは避けたいという意向を伝えられた。Y先生はその要望を承ると応答した上で，さらに一定の時間を置いてから，Aの自殺を学校が公表することはせず，マスメディアの取材があった場合も情報を公にしない方針を遺族に確認したという。その際，遺族の意向・要望を把握するに当たってY先生は，『子どもの自殺が起きたときの緊急対応の手引き』等に従い適切な対応をおこなうことと，教委等の関係機関の要請に応じながら遺族の意向を把握・報告することを念頭に置きながら対応に臨んでいたという。生徒の自殺事件が発生した場合は一般的に，学校教職員は教委などの学校外部の組織を含む指示系統のもとで対応を決めているが，Y先生の判断や行動も例外ではなく，そうした関係組織からの要請に従ったものであったということであろう。

以上を踏まえて，Aの自殺事件後に事態がどのように展開したのかを確認しよう。Y先生によれば，Aの自殺という出来事が発生した当日以後も，Y先生は教委の担当者とともに遺族のもとを訪ね，事件の公表等に関する遺族の意向を確認し，学校の対応方針を伝え，適宜了承を得ながら学校側の対応のあり方を決定していたという。その結果，Aの死亡についての説明は学校内でも必要最小限のものとされ，しばらくの期間はAの自殺事件が報道されることもなかった。また，事件発生後も学校と遺族は良好な関係を築くことができていたという。

しかし，その数週間後，学校と遺族の関係に変化が生じることになる。その契機は，遺族によって学校が属する地方公共団体に要望書が提出されたことで

(4)　以下の記述はY先生の語りにもとづくものである。なお，インタビュー調査を通じて同学校の別の教員からも，Y先生が「学校の代表」として対応に当たったことやY先生と認識上の相違はないことが確認できている。

(5)　Aの死亡が自殺であることは，現場を検証した警察によって認定された。なお，A自身が自殺の動機・理由を記した遺書の類は発見されなかった。

あった。そこでは，A の自殺以前の学校生活での出来事と，事件後の学校の事後対応を問題化する主張が提示され，さらなる詳細な調査を求める遺族の要望が表明された。

遺族が要望書を提出したという事実は，その日のうちに報道されることになった。Y 先生によれば，そうした展開は，それまで遺族の意向に従って生徒の自殺事件を公表しない姿勢を貫いていた学校側にとって基本的には想定できないものであったという。だが一方で，そうした事態の予兆がまったくなかったわけでもない。Y 先生は，その時期の経験を次のように語った。

Y 先生：一報が出される前に，数日前に学校に報道関係者が来て，「自殺した子がいますよね」といきなり切り出されて。その時点では，遺族の非公表という意向も承っていたので。

筆　者：そのような段階だったのですね。

Y 先生：それはお答えできませんと回答して。するとその方が「我々は学校を責めるつもりはないけれども，何かがあったならば学校を守ることはできないよね」と言ってきて，それでも何もお答えできませんと応じて。その数日後に，報道で大きく取り上げられて。

したがって，A の自殺事件がはじめて報道される数日前には，報道関係者が取材のために学校を訪れ，Y 先生が対応を迫られるという事態が生じていた。だが，遺族の意向にもとづいて対応をおこなっていた学校側にとって，その時点で回答できることは何もなかった。その日の出来事について，Y 先生は，ある報道関係者からは「反論ないのか。反論なければこれが事実になるぞ」という言葉を投げかけられたが，それでもその時点で説明できることは何もなかったと語った。

A の自殺事件が新聞やテレビで報じられたことで，学校に対しても様々な反応が寄せられるようになった。Y 先生は「テレビ局によっては，学校名や校長名等を報じたニュースもあって，テレビのニュースが流れてから一気に学校にクレームの電話が鳴り始めました」と語った。なお，その時点で報じられたのは主に，A の生前に生じたとされる学校での出来事である。そうした報道には学校側にとって認め難い内容が含まれていたとY先生は語ったが(6)，少なくともクレーム電話のかけ手となった市民たちは，報道された内容を「事実」として受け取ったからこそクレーム電話をかけるという活動に訴えたと考えられる。ここには，事件についての一定の理解を社会的に拡散するというマスメディアの関与を見ることができる。

6.3.2　メディア報道を通じた学校の事後対応への否定的意味づけ

言うまでもなく，報道を通じて問題化されうるのは自殺した生徒の生前の出来事ばかりではない。実際，A事案をめぐっては，Aの自殺事件発生後における学校の事後対応が問題化された。以下ではその具体的様相を，Y先生の語りに即して検討する。

事件発生から数ヶ月後，Aの自殺に関する学校の事後対応が報道で取り上げられた。そこでは遺族の主張としてではあったものの，学校側が「隠蔽」を意図してAの自殺を非公表とするよう遺族に働きかけた，という内容が報じられた。そうした遺族への働きかけをおこなった人物とされたのがY先生であった。だが，すでに明らかであるように，Y先生の認識はそうした報道内容とは大きく異なっている。Y先生にとって，学校側が生徒の自殺を非公表とする方針を採用したのはむしろ遺族の意向に従ってのことであったからだ。

それゆえ，そのような報道がなされた局面においては，学校側と，遺族や遺族の主張に立脚したマスメディアとのあいだで，学校の事後対応がいかなるものであったかという点に関するリアリティ分離の状況が生じていた。この事態がとりわけ学校側にとって重大なのは，遺族側のリアリティ認識が「正しい」ものとして権威づけられれば，競合するリアリティを主張する学校側の経験が「皮肉」られ（Pollner 1975=1987: 44–55），学校側は「嘘」か「記憶違い」の主張をしたものとして否定的に評価されざるをえないからである。そしてまさにそれゆえに，マスメディアによって報じられた内容は，Y先生にとって許容し難

(6)　この時期の報道の多くは，遺族の主張をそのまま「事実」として扱ったわけではなく，伝聞調で伝えるものであった。しかし一方で，Aの生前の出来事を確認された「事実」であるかのように断定調で伝えた新聞記事もあった。事例の特定を避けるために詳細を明記することはできないが，A事案に関する記事は全国紙・地方紙のいずれにおいても継続的に掲載された。

いものであった。Y 先生は,「私はそういったことをした人として周知されてしまっている。そういう人だと思われてしまっていることがいたたまれなくて」と語った。

だが，なぜそうした局面において，Y 先生は自らの現実認識を主張し，反論を提示できなかったのだろうか。その点についてY 先生は，学校の事後対応が批判的に報じられた時点においては，すでに学校ではなく教委が対外的な説明主体となっていたため，学校関係者としての見解を公的に主張する機会を得ることができなかったと語った。その上で，Y 先生はさらに，学校への批判的な報道に対して教委や地方公共団体（以下，Y 先生の表現にもとづいて自治体と呼ぶ）の担当者が異議を唱えなかったことについて，次のように語った。

Y 先生：学校としての対応は，私たちが勝手におこなったわけではなく組織としてやっていて，教育委員会や，上〔自治体等〕との関係のなかで，指示を受けて報告をしてますから。組織としての対応ということで，それに従ったことで，私の判断でというわけでもないし，そうできるわけでもありません。それなのになんで，メディアなどが騒いだ時に自治体や教育委員会が説明してくれないのかと不信感を持っていました（〔　〕内は引用者)。

ここでY 先生は，学校の代表としての自身の対応は「勝手におこなった」ものではなく，教委や自治体等の関係機関の指示に従ったものでもあったと述べているが，それと同時に，そうであったにもかかわらず学校の事後対応に関する「説明をしてくれない」教委や自治体に対して「不信感」を抱いた，という自らの経験を語っている。

こうしたY 先生の経験の語りからは，学校が教委や自治体等の他機関と行政的な関係を有する組織であるがゆえに，自らのリアリティ経験を主張しようとする上では独特な困難を抱え込まざるをえない立場に置かれていることが示唆されている。そうした学校（および学校関係者）の立場性は，その主張にどれだけの人びとが耳を傾けるかはまた別の問題であるとしても，独立した行為主体として自らのリアリティ経験を主張すること自体はいつでも許されている遺族とは異なるものだと言えよう。

それでは，A 事案における学校の事後対応をめぐって生じた「経験の政治学」をどのように読み解くことができるだろうか。「経験者資格の序列化」（草柳 1991: 113）という観点から，事態に関与した諸アクターが置かれた関係を整理しておきたい。草柳千早は，ポルナーの着想元であるレインの議論を参照しつつ，誰もが経験者という資格において「今ここで起こっているのは何か」を定義（「リアリティ定義」）しうるはずであるにもかかわらず，ある特定の人のリアリティ定義がほかの人のそれよりも優先される事態，すなわち経験者資格が序列化されている事態がしばしば観察可能であることに注意を促している（草柳 1991）。この観点からは，A 事案における学校の事後対応をめぐる「経験の政治学」を次のように特徴づけることが可能である。すなわち，学校の事後対応が「どのようなものであったか」に関して対立するリアリティ経験を主張した当事者は学校と遺族であるが，マスメディア各社は，そのうち遺族の主張を参照するかたちで報道を展開した。またその際，マスメディア各社は遺族のリアリティ経験を基本的には「事実」として理解可能な仕方で報じたがゆえに，その帰結として学校に対する市民のクレーム活動が生じた。以上の経緯を踏まえれば，遺族のリアリティ経験に依拠した報道がなされる上では遺族の経験者資格が尊重されたと言える。一方で，すでに述べたように，学校側は自らのリアリティ経験を強く主張することができない立場に置かれてしまっていた。マスメディア各社も学校側の経験者資格を認めなかったわけではないものの，結果的には学校側のリアリティ経験については言及せずに遺族のリアリティ経験に依拠した報道がおこなわれたという点で，学校側の経験者資格はマスメディア各社にとって遺族よりも相対的に低い位置に序列化されていた。

以上をまとめれば，次のようになる。A 事案での学校の事後対応をめぐる「経験の政治学」においては，遺族と学校という当事者たちのリアリティ経験を評価づけるかたちでマスメディアが関与した。遺族のリアリティ経験に依拠した報道が展開されるなかで，学校側のリアリティ経験は周辺的な位置に追いやられてしまったのである。

6.4　死因の公表方法に関する認識の不一致とその「解決」

6.4.1　B 事案発生後の経緯

次に，「経験の政治学」への第三者委の関与の仕方に着目して，B 事案において学校の事後対応が「不適切」とされたのはいかにしてであったのかを検討する。

まず B 事案発生後の経緯を述べる(7)。2017 年 4 月 21 日，長崎市内の公園で死亡した生徒（以下，B）が発見された後，学校は，在籍生徒へのアンケート調査を実施するとともに，翌 5 月には第三者委の設置を決定した(8)。2018 年 11 月には，いじめが自殺の主要因であるとする第三者委の調査報告書が学校に提出された。それを受けて学校は，2019 年 1 月，いじめが自殺の主要因だとする調査報告書の内容を受け入れない意向を遺族に伝えた(9)。そして 2019 年 2 月以降の報道では，第三者委の調査報告書の内容を不服として承諾しないとする学校の姿勢も報じられた(10)。

ここで注目したいのは，それからさらに 1 年以上が経過した後の 2020 年 4 月，「『突然死』発言，学校へ不信」という見出しの新聞記事にて，上述した《学校の事後対応→第三者委の認定→学校の不服表明》という一連の経緯が，遺族の経験の語りに即して，次のように報じられたことである。

> 違和感の始まりは 2017 年 4 月，「突然死」という言葉だった。長崎市の海星高校に通う高校 2 年，16 歳だった次男が自殺して 1 週間後，父親は高校の教頭から電話を受けた。次男の死を他の生徒や保護者にどう説明す

---

(7)　ここでは後述の調査報告書や報道にもとづき，当事者間で争いのない経緯を記す。

(8)　この第三者委の調査報告書では，「本委員会の目的」として，(1)いじめの有無やその内容，(2)いじめと自死との因果関係の存否に関する調査の 2 点が挙げられていた。

(9)　学校は調査報告書と同時に公表した説明文書において，調査報告書の内容には「いじめ」と認定された過去の出来事と生徒の自殺とのあいだの因果関係が根拠づけて論じられていないなどの問題点があるため，その内容を受け入れることができないと説明した。

(10)　たとえば 2019 年 2 月 27 日の『朝日新聞』朝刊記事「長崎の高校生自殺，『いじめ原因』認定　第三者委報告　学校は『不服』」では，学校名は明記されなかったが，第三者委の報告内容を受け入れない学校側の姿勢が伝えられた。

> るかを話す中で，教頭は「突然死にできる」という趣旨の発言をしたという。父親は，通話しながら手元にたぐり寄せたチラシの裏紙に「突然死」の3文字を走り書きした。
>
> 翌日のやりとりでは，「転校」という言葉も出た。両親は「ことを小さく小さくしよう」という学校側の姿勢だと受け取った。母親はノートパソコンで「記録簿」を作り，出来事ややりとりを逐一記した。…（中略）…
>
> 報告書では，…（中略）…いじめを受けたのが自殺の主因だと認定。「教師の理不尽な指導」や「学習に対する悩み」が重なったとも指摘した。
>
> 次男の自殺後すぐに理事長や学校長が遺族と面会しなかったことや，教頭による「突然死や転校として扱うこともできる」という趣旨の発言も認め，「不適切」と批判した。
>
> しかし，学校側は翌年1月，「根拠が示されていない」として報告書を不服とし，受け入れない考えを両親に伝えた。
>
> 「本当にショックでした。息子の死が無駄になる。また，同じことが起きますよ」。母親はすがる思いで西日本新聞社に連絡。2月下旬，社会面に大きな記事が載った。その日夕方には県庁で記者会見した。
>
> 長崎市尾上町の庁舎3階の県政記者室。テレビで見たことのある長机の前に長男とともに3人で着席し，大勢の報道陣と向き合った。自分たちが記者会見をするなんて考えたこともなかった。それでも，学校の対応が不誠実ではないのか，メディアを通じて世に問いたかった。
>
> 午後6時半から1時間の予定だったが，3人が県庁を出たのは9時過ぎ。駅前のスーパーで，弁当を買って帰った。父親は言う。「会見で『突然死』という言葉を出したとたん，記者さんたちの顔が変わりました」。自分たちは間違っていないと確信を深めた。（『朝日新聞』2020/4/19朝刊，長崎県面，傍点は引用者）

この記事では，事件が社会的に知られるようになった経緯がまとめられている。すなわち，学校が第三者委の「報告書を不服とし，受け入れない考えを両親に伝えた」ことをきっかけに，遺族が，マスメディア（西日本新聞社）にコンタクトを取ったり記者会見を開いたりすることで「学校の対応が不誠実ではないのか，メディアを通じて世に問」おうと試みるに至ったという経緯である。また，記者たちが反応したのも，B の自殺を「突然死」として公表することを学校が勧めたというエピソードであったことが記されている。

実際，学校が「突然死」とすることを提案したというそのエピソードは，遺族が記者会見を開いた 2019 年 2 月以降，マスメディアによって報じられることになった(11)。つまり，その時期にはじめて，学校の事後対応を問題化する遺族の主張が，メディア報道を通じて社会的に流通することになったのである。

以上，B 事案発生後の大まかな経緯を述べた。すでに明らかであるように，この事件の学校の事後対応が問題化され，「不適切」とされる過程においては，先に引用した記事に象徴されるように(12)，専ら遺族の語りや第三者委の調査報告書を根拠とする報道をおこなったマスメディアの関与があった。

だが実のところ，学校の事後対応が「どのようなものであったか」という点に関して，学校は遺族とは対立するリアリティ経験を主張していた。遺族と学校のあいだで対立していたのは，B の自殺を「突然死」として公表することを学校側が勧めたという出来事に関するリアリティ経験である。以下ではまず，第三者委の『報告書』(13) においてそうしたリアリティ分離状況がいかに記述されたのかを確認する。

6.4.2　「経験の政治学」への第三者委とマスメディアの関与

第三者委は『報告書』の「自殺後の対応における学園の問題点」の部分で，次のように記述している（以下，引用文中の■は『報告書』のマスキング部分を示す）。

---

(11)　たとえば，「『突然死の方が良い』『転校したことにも』長崎高 2 自殺両親会見『学校が提案』」という見出しの記事（『西日本新聞』2019/2/27 朝刊）でも，遺族の記者会見中の発言にもとづき，学校側の「不適切な提案」が強調されている。

(12)　付言しておけば，そうした特徴は，この記事がいわゆる「企画記事」であったことにも関係しているだろう。この記事は「届かぬ声　私立高生自殺 3 年」と冠された連載記事の一部であった。

(13)　この事案の第三者委の名称は「第三者委員会」で，調査報告書のタイトルは『報告書』とされた。なお，『報告書』は学校側の「反論」を付して 2019 年 11 月に学校のウェブサイト上で公表された。

（ア）学園の対応

ご遺族への意向確認は，窓口役であった■教頭により行われ，生徒や保護者に対して■の自死をどのように伝えるかという意向の確認がなされた。

そして，■の自死を他の生徒に伝える内容の協議の中で，■教頭から，ご遺族に対して，■の自死を「突然死」や「転校」として扱うことが出来る旨の発言がなされた。

（イ）評価

■教頭の上記発言は，ご遺族の心情を考えると，学園に対する不信感を抱く内容であり，ご遺族に対する配慮に欠けた不適切な発言であったと考える。

学園は，この点について，■の死後，他の生徒に対して自死という事実を伏せていた状況下で，ご遺族が自死という事態の公表を避けたいという意向を有していたことから，その心情を慮り，自死の公表を避けるための例示として発言したものである旨説明している。

しかし，自死を公表したくないというご遺族の意向に対して，生徒に虚偽の事実を告げるという対応は，生徒や保護者の信頼を失いかねない対応でありそれ自体が不適切な対応である。…（中略）…

なお，本委員会のご遺族との面談において，ご遺族は，早い段階で■の自死について公表してもかまわない旨学園に説明したと話されており，本件においては，様々な場面でのご遺族の意向と学園の認識のズレが生じていると思われる。認識のズレが生じ，ご遺族の意向確認が正確に行われなかった原因は，ご遺族の心情に寄り添い丁寧に意向を確認しなければならないにもかかわらず，ご遺族への対応を含め全ての対応窓口を教頭一人に任せていた学園の態勢に問題があったと考える。（『報告書』pp. 50–51，傍点は引用者）

ここでは，学校側（教頭）から遺族に対して，Bの自殺を「突然死」や「転校」として扱うことも可能だという発言がなされたことが認定されている。その「事実」についての当事者たちの認識に相違はない。対立しているのは，そのような教頭の発言がどのような文脈でなされたかという点についての学校側と遺族の認識である。すなわち，学校側の主張では，Bの死を「突然死」として公表するという提案は，自殺という事実の公表を避けたいと望む遺族の意向に応じてなされたものとされるが，遺族の主張では，遺族は早い段階でBの自殺を公表しても構わない旨を学校に伝えたとされている。この点が，B事案の学校の事後対応に関して生じたリアリティ分離である。

第三者委はそうした遺族と学校のあいだで生じたリアリティ分離をどのように扱っているだろうか。『報告書』では両者の主張が併記されているが，その上で，学校と遺族との「認識のズレ」は「ご遺族の意向確認が正確に行われなかった」せいでもたらされたものだとして，「認識のズレ」が生じたことの原因は学校側にあると結論づけられている。つまり，第三者委は，当事者間でのリアリティ分離という難しい状況を確認した上で，あえて積極的に，そうした状況がもたらされた「原因」に対する議論を展開したのである。

そのような第三者委の議論において，学校のリアリティ経験は単純に無視あるいは却下されたわけではない。両論併記の記述スタイルに見られるように，第三者委は学校のリアリティ経験にも一定の配慮を示している。それゆえ，「経験者資格の序列化」という観点から見るならば，第三者委は遺族と学校の経験者資格を序列化しなかったとも言える。

だが，第三者委がそのような選択をおこなったからこそ，その上で学校の対応を「不適切」なものと認定するためには，学校側のリアリティ経験（自殺の公表を避けたいと望む遺族の意向が語られていたから「突然死」として公表する方針を採用した）が「事実」であったとしても学校の対応は「不適切」であったのだと主張する必要があった。その必要を満たすために第三者委が採用したのが，「認識のズレ」が生じた原因は学校にあり，それゆえに学校の対応は「不適切」であったという論理である。

そのような第三者委の結論づけがどれだけ説得的であるかをここで議論したいわけではないが(14)，学校の事後対応を「不適切」とする第三者委の認定がそうした独特な論理に支えられたものであった点には留意すべきである。逆に

(14)　ただし付言しておけば，『子どもの自殺が起きたときの緊急対応の手引き』でも，遺族の意向を尊重することが重要であり，学校はほかの保護者らに対して，遺族の意向に応じて「自殺」であることを伏せて説明することも時には妥当であるとされている。

言えば，仮に第三者委が遺族と学校の経験者資格を序列化し，学校のリアリティ経験を無視あるいは却下していたならば，第三者委はわざわざそのような独特な論理を採用せずとも，比較的容易に学校の事後対応を「不適切」と評価することができた。先に引用した新聞記事が遺族のリアリティ経験のみに依拠して「事実」を報じていたように，である。しかし第三者委はそうした立場を選択しなかったのであり，まさにこの点で，B 事案をめぐる「経験の政治学」における第三者委とマスメディアの関与の仕方は異なっていた。

6.5　本章のまとめ

本章では，子どもの自殺事件発生後の学校の事後対応が問題となったケースのなかでも特に，事後対応の局面で「何があったのか」をめぐって学校と遺族の現実認識が食い違ってしまう事態に着目した。ポルナーがリアリティ分離と呼んでその特徴を論じたように，それは，対立する当事者たちのどちらかの経験を「皮肉」るかたちでしか解決できない事態であり，不可避的に「経験の政治学」を生じさせる。

そうした「経験の政治学」は決して，対立するリアリティ経験を主張する当事者たちだけが関与する争いではない。本章が目を向けてきたのは，直接の当事者たちよりもむしろ，リアリティ分離状況という「事実」を裁定することが困難な状況を前にしながらもその状況に一定の評価づけをおこなうことで事態を一定の方向性へと進展させる，当該状況の外部者たちの活動についてであった。以下であらためて整理しておこう。

A 事案に関して，学校の事後対応が「不適切」なものであったと評価づけたのは，遺族のリアリティ経験に依拠した報道を展開したマスメディアであった。マスメディアは時に，「隠蔽」のような強い言葉を用いて学校の事後対応のあり方を特徴づけた。学校の事後対応をそのように捉えることは Y 先生にとって同意できないものであったが，Y 先生はそのような解釈に対抗するために自身のリアリティ経験を主張することもできない状況に置かれていた。学校関係者は常に「個人」として社会的に発言できるわけではないため，自らのリアリティ経験とは異なる「事実」が報じられていることに違和感を覚えたとしても，自らのリアリティ経験を主張できない場合があるということである。

とはいえ，対立・競合するリアリティ経験を非対称的な仕方で扱うために「各個人の経験者としての資格に優劣をつける」（草柳 1991: 114）ことがどのように実行されるかは状況依存的である。本章で取り上げたケースにおいては学校よりも遺族の経験者資格が重視されたと言えるが，反対に，学校の経験者資格が遺族よりも重視されることで，遺族のリアリティ経験が周辺化されてしまう事態も起こりうる。そのどちらの場合も，当事者たちのリアリティ経験が「公平」には扱われていないという意味で，望ましい事態とは言い難い。

その点に照らして見るならば，B 事案における第三者委は，遺族と学校の経験者資格を序列化することに対しては慎重な姿勢を保っていたと言える。第三者委と対照的であったのは，マスメディアの関与の仕方である。B 事案においても，マスメディアは基本的に，遺族のリアリティ経験に依拠する立場選択をおこなっていたからである。

本章では，子どもの自殺事件発生後の学校の事後対応がどのように問題化されうるのか，また，結果として「不適切」なものと評価づけられるのはいかにしてか，といった問いのもとで，A 事案と B 事案という具体的事例に即して検討を進めてきた。その際，本章で一貫して注意を向けてきたのは，問題化のプロセスにどのようなアクターがいかなる仕方で関与していたかという点である。この点に関して，2 つの事例の検討を踏まえてまず指摘できるのは，どちらの事例においてもマスメディアが大きな役割を果たしていたことである。マスメディアは，学校の事後対応が「どのようなものであったか」という点についての一定の理解を，報道という活動を通じて社会的に構成する。そうした活動は，仮に報道内容とは矛盾するリアリティ経験がほかの誰かから主張されていたとしてもおこなわれうる。本章で取り上げた事例について見る限り，マスメディアは，遺族の主張に依拠して報道を展開するという非中立的な仕方で状況に関与することによって，学校の事後対応を問題化していた。

以上の分析知見を踏まえれば，学校の事後対応が第三者委やマスメディアのような外部的なアクターによって「不適切」なものと意味づけられたとしても，そうした評価を無批判に受け入れることには，無自覚のまま学校のリアリティ経験を「皮肉」ることにつながってしまう危険性が潜んでいることが指摘できる。学校のあるべき事後対応について規範的議論を展開しようとする研究者たちもまた，そうした危険性から逃れられないことを自覚しなければならない[(15)]。

最後に本章の議論の意義と限界について述べておこう。本章では，学校の事後対応をめぐって生じた「経験の政治学」というこれまで焦点化されてこなかった問題状況を検討し，そこに関与する諸アクターの関係を描き出した。そうした課題に取り組むことで，学校の事後対応に関する議論がしばしば見落としてしまう学校現場のリアリティがあることを具体的に示したことが本章の意義だろう。

一方で，本章にはデータの制約という点に関して次のような限界がある。第 1 に，A 事案の検討に際しては，学校関係者である Y 先生の語りに依拠したものの，対立するリアリティ経験を主張する遺族や，教育委員会職員などの関係者のリアリティ経験に接近することによって，さらに複層的・多元的な仕方で「現実」を記述できる可能性がある。また第 2 に，B 事案に関しては，当事者のリアリティ経験に直接的に接近できなかった。仮に当事者へのインタビュー調査が可能であった場合，第三者委の調査報告書やマスメディアの報道からは知ることのできないリアリティ経験が語られる可能性がある。収集・分析可能なデータに制約があることは言うまでもないが，限定的なデータ収集となっている点は本章の限界である。

（15）　実際，ある研究者が B 事案を「いじめ隠蔽事件」と特徴づけた記事も見られた（「それでどういじめ被害者を支援し，加害者加担社会を変えるか？2　被害者家族と考える私立学校の甘い対策」『Yahoo！ニュース』2021/8/10 配信記事 2024/12/12 最終確認）。

第7章　子どもの自殺に関する新たな概念としての「指導死」
——遺族の語りから見る社会的経験の変容

7.1　本章の目的

本章の目的は,「指導死」という近年新たに登場した概念が, 子どもの自殺をめぐる人びとの社会的経験のありようにいかなる変化をもたらしたのかを考察することである(1)。

ある新たな概念が登場することによって, 人びとの生き方や経験のありようがそれまでとはまったく異なったものになる場合がある。このことは, すでによく知られた事実であるとも言える。たとえば, ある時期以降, 性的な事柄に関わる嫌がらせの行為が「セクシュアル・ハラスメント」として捉えられるようになったことや, 一定の性格特性や行動の傾向を備えるとされた子どもが「発達障害児」と捉えられるようになったことなどはよく知られたことであろう。とはいえ, 通常の日常生活のコンテクストで目を向けられるのは, たとえばある行為が「セクハラ」かどうかという点であるはずだ。その意味で, ある特定の概念の歴史に目を向けることはあまり日常的でない, 特別な関心の向け方だと言えるだろう。

既述のとおり, 子どもの自殺に関するこれまでの社会学研究では, とりわけ「いじめ自殺」に対して, そうした特別な関心が向けられてきた。それらの研究が共通して指摘していたのは,「いじめ自殺」という概念・類型が社会的に広く認識されたのは, 1980 年代においてだということであった (山本 1996; 間山 2002; 伊藤 2014; 北澤 2015)。

ではなぜ, 1980 年代における「いじめ自殺」概念の成立という歴史的経緯

(1)　新たな概念の登場という事態については, 第5章も参照のこと。

に対して関心が向けられてきたのか。もちろん論者によって立場は微妙に異なるが，それでも共通しているのは，いずれの論者も「いじめ自殺」という新たな概念（同時に，そう名指される出来事）の成立によって，それ以後，子どもが有意味に「いじめ自殺」できるようになってしまったという「不幸」な事態が生じてきたと認識していることである。なかでも，そうした問題意識を最も明示的に述べた間山広朗は，「いじめ」や「いじめ自殺」をめぐる言説＝語り方を変えていくことが「いじめ自殺」という出来事の〈根絶〉を導くと主張し，「いじめ自殺」という「現実」に向き合う研究実践にもそうした認識と態度が求められると指摘した（間山 2002: 157）。

他方，新たな概念の成立という事態が常にそのような「不幸」な帰結を導いてしまうというわけでもない。「セクハラ」という概念が登場したことで「被害」経験が新たな仕方で理解可能にされたことや，かつては「しつけ」の範疇と見なされていた子どもの扱い方が「児童虐待」という新たな概念のもとで問い直されるようになったことなどを想起すれば，新たな概念の成立という事態が，ある人びとにとっての「救済」としての意味を有したり，社会全体の「改良」に寄与したりするものでもありうることは想像に難くない。

また，それまで用いられていなかった新たな言葉や表現を意識的・自覚的に掲げることで，「問題」の在り処を人びとに広く知らせようとするような社会運動も存在する。本章が着目する，「指導死」概念をめぐってなされてきた遺族たちの実践もまた，そうした社会運動のひとつである。というのも，「指導死」とは，教師の指導がきっかけになった児童生徒の自殺をあらわすために，遺族となった親たちが中心となり，2007 年につくり出した言葉とされるからである（大貫 2013a: 2）。また，その言葉が用いられる以前にはこれと同様の意味内容（「教師の指導をきっかけとした児童生徒の自殺」）を指示できる名詞形の言葉が存在しなかったことを踏まえれば，それは新たな概念だとも言える。そこで本章では，「指導死」を単に新しい言葉としてではなく新たな概念として捉え，「指導死」概念が人びとの社会的経験のあり方をいかに変えてきたのかという点を，特に子を亡くして遺族となった親たちの語りにもとづいて検討する。それにより，子どもの自殺という「問題」の現在を，「いじめ自殺」をめぐる議論とは異なる角度から描き出したい。

7.2　新たな概念と経験の可能性

以上のような本章の関心にとって重要であるのは，新たな概念の登場という事態によって何が・どのように変わりうるのかという点である。この点を明確にするために，以下では，あらためて間山（2002）の議論を整理した上で，I. ハッキングによる新たな概念の登場という事態に関する議論を見る。そうした作業を通じて，新たな概念としての「指導死」に注目する本章の分析上の立場を明示する。

まず，間山（2002）において，新たな概念の登場という事態に対する2つの異なる立場が区別されていたことにあらためて着目したい。間山は，P. ウィンチの議論を参照しつつ，「いじめ自殺」概念が登場する以前に「いじめ自殺」があったか否かと考えることは無意味だと述べているが，そうした主張は，「『いじめ自殺』は昔からあったが問題視されていなかっただけである」といった見解に対する異議申し立てとして提示されている。ここで肝心なのは，「いじめ自殺」概念の成立以前の時期を振り返って，「いじめ自殺」と「同種」の出来事を見つけることができたとしても，その両者は「同じ」ものではありえないということである。後から見れば「同種」の出来事であるようにも思えるかもしれない，それらの出来事をめぐる人びとの可能な経験のありよう（経験の可能性）は，概念の成立以前・以後では決定的に異なっている。間山が明確に論じたのはこの点であった。

この論点に関連する議論をおこなっていたのがハッキングである。ハッキングは，それまでの哲学的な伝統において「存在論」という用語のもとでおこなわれてきた議論を批判的に検討し，そこで共有されてきた「何が存在し何が存在しないのか」といった問題よりも，「『名づけ』というわれわれの営みが，われわれが名づける対象といかなる相互作用を及ぼし合うのか」（Hacking 2002=2012: 2–3）といった問題に関心を向ける，「動的唯名論（dynamic nominalism）」という立場の有効性を主張した。ハッキングは，「動的唯名論」を彼にとって「唯一の理解可能な唯名論」であると述べ，それを「人間や人間の行為の多くの種類が，そうした種類を名づける方法をわれわれが発明すると同時に出現する，と主張する」（Hacking 2002=2012: 235）立場と定義した。そうした哲学的立場を提案するなかで，ハッキング自身は「児童虐待」「同性愛」「多重人格」といった概念を例に，人や行為や出来事を分類可能にするそれらの概念の登場がそれぞれいかなる事態をもたらしてきたのかを論じた（Hacking 1999=2006, 2002=2012）。それらの議論をここで詳細に見ることはできないが，重要なのは，そのような人や行為や出来事を新たな仕方で分類可能にする新たな概念が登場することで，「ある人物であること」（同様に「ある行為であること」「ある出来事であること」）の「可能性の空間自体が変容する」（Hacking 2002=2012: 223）という点である。今日では「いじめ自殺」か否かが問題となりうる子どもの自殺であっても，「いじめ自殺」概念の登場以前の時期にはそもそも「いじめ自殺」という出来事の存立自体が論理的に不可能だった。この意味で，新たな概念の登場という事態は，人や行為や出来事がどのようなものでありえるかという可能性条件それ自体を変えてしまう契機なのだ(2)。

本章では，ハッキングやそれと重なる「いじめ自殺」論を参考にしながら，新たな概念の登場という事態が人びとの社会的経験をいかに変えるのかを具体的に検討する。その作業に先立って考えておきたいのは，「指導死」という概念に備わるいくつかの特徴についてである。第１に，「指導死」には「自殺」の下位概念だという特徴がある。「指導死」という言葉においては「いじめ自殺」のように表現上「自殺」であることが直接語られているわけではないが，そこでの「死」は「自殺」であることを含意している。第２に，それは「子ども」，なかでも「児童生徒」がおこなう自殺と意味づけられている。その意味で「指導死」は，「いじめ自殺」と同じように「学校」と概念上結びついている。第３に，その言葉の上に，すでにその「自殺」の原因が語られているという特徴がある。この点は，「いじめ自殺」や「過労死」(3) とも共通しているが，その上で注意を向けておきたいのは，「いじめ」や「過労」と「指導」の違い

(2)　なお「概念分析の社会学」（酒井ほか編 2009）の方針は，ハッキングの議論をエスノメソドロジーの立場と結びつける試みであり，ハッキングの議論の社会学的な展開例である。そうした研究方針にもとづく経験的研究をまとめた編著では，実に多種多様なトピックが，概念のもとで可能になる人びとの実践という観点から分析されている（酒井ほか編 2009; 酒井ほか編 2016）。

(3)　ただし，一般的に「過労死」は，「自殺」に限定されず，脳血管疾患や心臓疾患等による体調の悪化による「病死」を含む概念として用いられるため，その点では異なる。

である。「いじめ」や「過労」がそれ自体「悪しき」ものであり，できることなら「現実」から取り除かれるべきものと見なされているのに対して，「指導」はまったくそうではないだろう。「指導」を学校教育現場から取り除くことは，教師と児童生徒のあいだの様々なやりとりがその概念のもとで捉えられている今日の状況下においては，論理的に不可能であるからだ。「指導死」概念に備わるこうした特徴は，「指導死」事件の遺族たちが筆者に対して語っていた，教育学系の研究者や法律家たちから「指導死という言葉はおかしい」という評価を向けられてきたという経験とも関わっているように思われる。とはいえ，教師の「指導」が児童生徒の「自殺」に結びつきうるというまさにそのことを問題提起することが，「指導死」事件の遺族たちの活動の目的とされていた以上，そうした表現上の問題は些末な事柄ではありえず，活動それ自体の成否にも関わる問題であった。

では，そうした表現上の「難しさ」を抱え込んでいた「指導死」概念をめぐる遺族たちの活動は，いかなる展開を経てきたのだろうか。以下では，遺族たちの語りにもとづきながら「指導死」事件の遺族たちの活動を再検討していくことで，この問いに答えていく。それは同時に，「指導死」概念が人びとの社会的経験のあり方をいかに変えてきたのかを検討する作業として位置づくことになる。

7.3　インタビュー調査および資料収集の概要

ここで調査の対象と方法について説明しておきたい。本章のもとになった調査は，2018 年 10 月に 1 人目の「指導死」事件の遺族へのインタビューが実現したことにはじまり，その後，計 7 名の「指導死」事件の遺族からお話をうかがった（そのうち，複数回インタビューに応えてもらった対象者は 3 名）。各回の総時間は，概ね 1 時間～2 時間程度である。そのすべての場合において，事前に必要な倫理的配慮についての説明をした上で，承諾を得て会話を録音した。なお，インタビュー調査は，スノーボールサンプリング式に対象者からまた別の対象者を紹介してもらうことで展開した。

インタビュー対象者の一覧は**表 7-1** に示すが，計７名のインタビュー対象者は，それぞれ様々に異なった属性を有している。ここでは，対象者の個人情報に配慮しながら，手続き的な点と本章の議論に関わる点について，必要最低限の補足をしておきたい。

まず手続き的な点についてであるが，**表 7-1** からもわかるように，A さん，B さん，D さんには複数回の聞き取りをおこなった。D さんに関しては，ご自身の経験に関わるお話を２度にわたって聞き取りさせていただいた。A さん，B さんも同様であるが，加えて他の「指導死」事件の遺族を紹介してもらう際に遺族同士で知り合った経緯等について尋ねる必要があったため，複数回の調査にご協力いただいた。また，これも**表 7-1** からわかることであるが，調査対象者の遺族のなかには，「指導死」という言葉がつくり出されるより前の時期に子どもを亡くした人と，それよりも後の時期に子どもを亡くした人がともに含まれている。そのため補足しておきたいのは，ここで「指導死」という言葉が発案されるより前の時期に子どもを亡くした遺族（A さん，D さん，E さん，F さん）を「指導死」事件の遺族として同定しているのは，遺族たち自身がインタビュー以前から「指導死」遺族としての活動をおこなったり，公的な場で経験を語ったりしてきた事実を踏まえてのことである(4)。とはいえ，言うまでもないが，「指導死」事件の遺族であることが可能となったのは「指導死」概念が提案された後の時点のことである。

また，「指導死」概念が一定の社会的認知を得た後の時期の子どもの自殺の語られ方を検討するために，「指導死」という言葉が用いられた新聞記事，判決文等の資料についても網羅的に収集した。新聞記事の収集方法としては，各社のオンラインデータベースサービスを利用して該当記事を収集した。判決文等に関しては，裁判所ウェブサイトの裁判例検索サービスや株式会社 TKC が提供するデータベース「LEX／DB インターネット」および法律雑誌上の判例解説記事を収集した。また，文部科学省のような行政機関によって公表される行政文書において直接的に「指導死」という言葉が用いられた例は現時点まで

(4)　なお，調査対象者のなかには大貫編（2013）に実名で手記を寄稿している遺族も含まれている。たとえばそこでも，「指導死」概念が提起される以前の経験を「指導死」事件の遺族として語っている様子を確認することができる。

表 7-1 インタビュー対象者一覧

	仮名	子との関係	子が自殺した時期	調査実施日	備考
1	A	母	2004 年 3 月	2018. 10. 20	
2	B	母	2011 年 6 月	2019. 1. 12	
3	B			2019. 1. 17	2 回目
4	B			2019. 2. 23	3 回目
5	C	母	2009 年 5 月	2019. 3. 21	
6	A			2019. 8. 24	2 回目
7	D	父	2000 年 9 月	2020. 2. 3	
8	E	父	1994 年 9 月	2020. 2. 7	
9	D			2020. 7. 2	2 回目
10	B			2020. 11. 18	4 回目
11	A			2020. 11. 21	3 回目
12	F	母	2004 年 5 月	2020. 11. 21	
13	G	父	2015 年 11 月	2020. 11. 28	

のところ確認できないが，関連する資料として，自殺事件に関する第三者調査委員会の調査報告書がある。本章では，2018 年に公表されたある事件の調査報告書にも言及する。

7.4 「指導死」概念と遺族の経験

先述した本章の関心にとって，ある遺族たちによって「指導死」概念が提起される前の時期とそれより後の時期を明確に区分しながら議論を進めていくことが決定的に重要である。そこで以下では，次の 3 つの局面に分けて，「指導死」問題とそれをめぐる遺族の社会的経験のあり方を具体的に検討する。まず，「指導死」という言葉がつくり出される前の時期に関する遺族たちの語りから，従来遺族たちがいかなる立場を強いられていたのかを検討する。次に，「指導死」概念が一定の社会的認知を獲得するきっかけにもなった「体罰自殺」事件をもとに「指導死」と「体罰自殺」の概念上の関係について整理した上で，その「体罰自殺」事件に対する「指導死」事件の遺族たちの語りを検討する。最後に，より近年の「指導死」事件の遺族の語りと，その事件に関する調査報告書および新聞記事を検討する。

7.4.1 「指導死」概念が提起されるまで

ここではまず，「指導死」という言葉がつくり出される前の時期の経験に関する遺族たちの語りから，従来遺族たちがいかなる立場を強いられていたのかを検討する。

なお，そうした時期における遺族たちの経験談は，7人の「指導死」事件の遺族たちの手記を収めた書籍である『指導死』（大貫編 2013）でも一部伝えられていた。だが，そこにおける遺族としての経験談は，基本的には「子どもを自殺で失った親」という立場から学校側の対応に苦しめられた経験を語ったものであり，必ずしも「指導死」事件の遺族たちに固有な経験を教えてくれるものではない。

その一方で，「『指導死』の誕生」（大貫 2013b: 88）の経緯についての記述は，「指導死」事件の遺族としての当時の経験を際立たせるものになっている。というのも，遺族たちのあいだでは「子どもの自殺のことを，人に話して理解してもらうことがとても大変」，「なかなかわかってもらえない」という困難が共有されていたとされるからだ（大貫 2013b: 88）。特に注目したいのは，そうした遺族同士の会話のなかで「いじめ自殺は，まだいいよね。いじめで子どもが自殺することを多くの人が理解しているから」という発言がなされていたというエピソードである（大貫 2013b: 89）。そこでは，すでに社会的にその存在が認知された「いじめ自殺」と，そうではない（のちに「指導死」として語られる）彼らの子の自殺とが明確に比較対照されている。そうした遺族間の会話を経て，結果的に「指導死」という呼び名がつけられるに至ったのだとされる。

そうして「指導死」という言葉が誕生した当初，それがいかに定義されていたのかは後述する。ここでは，インタビューの場で語られた，「指導死」概念が存在しなかった頃の経験についての遺族の語りを見ておきたい。2004年に子を亡くした遺族のAさんは，事件後の学校側の対応について次のように語った（以下，遺族のアルファベットは**表 7-1** に対応している）。

A：調査委員会とか求めたんですけど，当時はまだそういう制度もなくてそんなものはできません。で，教育委員会も一緒になって，学校は調査をするところではありませんと。過去に指導によって死亡した子はひとりもいません。どこにもまったくそういう事例はない。だからそんなこと，ありえないんだ，指導で死ぬということはと。だから，家庭に問題があったか，本人自身に問題があったんですって結論が出て。
(2020年11月21日インタビュー)

ここでのAさんの語りは，「指導死」という言葉が存在しなかった頃，遺族がいかなる立場に置かれることになっていたのかを明瞭に示している。Aさんによれば，子どもが「指導で死ぬ」ことはありえないし，現にそうした事例は過去には生じていないといった認識が学校側から遺族に対して語られることで，調査委員会の設置を求める遺族に対してのある種の説得がおこなわれていたのである。このような遺族の経験的な語りからも，「指導死」という「問題」や，それを指し示すための概念が存在しなかった当時の状況が確認できる。

その点に関して，Aさんは別の場面で次のようにも語っていた。

A：そんな事例は，指導で死ぬなんてことは1件もないんだって，教育委員会から言われたんで，過去にもそういう事件は起きてないと。
筆者：て言われて。
A：言われて，でもそんなはずないと思って，必死に調べて，それこそ当時，例えば犯罪被害者の会とかに電話しても，犯罪じゃないからっていうことで，やっぱり対応してもらえないし，学校の事故の，とかにも連絡するけど，事故じゃないからって言って，聞いてもらえないし，やっぱりいじめでもないしっていうので，どこにも，誰にも相談するところがなくて。
筆者：やっぱりそうだったんですね。
A：はい。そこがすごくきつくて。
(2018年10月20日インタビュー)

ここでの，当時は相談できる機関がなかったという A さんの語りにおいて，A さんからいくつかの相談窓口候補が挙げられた上でそのいずれもが棄却されていることは，「誰にも相談するところがな」かったという A さんの経験を根拠づけることにもなっているだろう。

さらに，上記の語りに続けて A さんは，「そんなこんなで，結局どうしようもなくって，裁判したいわけじゃなかったけど，事実を知るためには裁判しかないのかっていうところで，裁判になった」とも語った。事実を知るための最終手段として学校側を相手に裁判を起こす遺族が存在している状況は今日も変わらないが，他方で近年では，いわゆる第三者調査委員会によって児童生徒の自殺に関する背景調査がおこなわれる事例も増加しており，その意味で，遺族の置かれる状況には制度的な変化も生じている。

そうした点については後述するが，その前に見ておきたいのは，「指導死」という言葉がはじめて広く使われるようになった 2013 年以降の時期についてである。議論を先取りして述べれば，その時期に，ある「体罰自殺」事件をきっかけに「指導死」という言葉が知られるようになったことで，「暴力（体罰）をともなわない指導によっても子どもは自殺しうる」という「指導死」概念の中核がおびやかされかねない事態が生じていた。

7. 4. 2 「指導死」と「体罰自殺」の関係をめぐって

2007 年に提起された「指導死」という言葉であるが，その後しばらくは限られた遺族のあいだでのみ通じる言葉であったという。そうした状況が変わりはじめた時期について，自身も遺族である大貫隆志は，「2013 年 1 月 8 日から始まった大阪桜宮高校の，いわゆる『体罰』自殺事件報道をきっかけに，『体罰』の是非を含むさまざまな議論が加熱しました。それとともに『指導死』という言葉も広く使われた」（大貫 2013a: 1）と述べている。実際，いわゆる三大紙（『朝日新聞』『毎日新聞』『読売新聞』）を確認すると，2009 年の中学生の自殺事件に関して「指導死」という言葉を紹介した『毎日新聞』の特集記事(5) や，

(5)「現場発：福岡・中 1 自殺から／2『指導死』『善意』も子供追い詰め」『毎日新聞』2009/3/31 西部版朝刊。

「指導死」親の会が主催したシンポジウムについて伝えたいくつかの記事を例外として，基本的には上記の大阪市の体罰事件関連の報道において「指導死」という言葉が広く使われはじめたことがわかる。

なお，その事件は，2012年12月に大阪府大阪市の高校生が部活顧問の教員による体罰をきっかけに自殺したとされる事件（以下，桜宮高校事件）であるが，同月に開かれた生徒の通夜ではすでに当該教員自身が体罰を認めて保護者らに謝罪していたという経緯もあって，事件は報道されはじめた当初から，教師の「体罰」によって生徒が自殺した事件（以下，「体罰自殺」）として報じられた。それが時に，「指導死」という文脈でも語られたということである(6)。

だが，「体罰自殺」が「指導死」（の一種）として語られるという事態は，「指導死」という概念の定義に関わる，微妙な問題をはらむものであった。というのも，「指導死」はもともと，その提案者らによって，教師からの直接的な身体的暴力という意味での「体罰」指導をきっかけとする自殺とは区別されていたからである。むしろ，「一見何の問題もないような普通の指導ですら『子どもが死に追い込まれる』」（大貫 2013a: 4）場合があるということ，まさにそのことを主張し問題提起するためにつくり出されたのが「指導死」という言葉であった。それゆえ，「体罰自殺」が「指導死」と呼ばれることは，「当初の想定とは違う使われ方」（大貫 2013a: 4）だったのである。

さて，そうであるならば，「指導死」という言葉の提案者である遺族たちには，「体罰自殺」との関係をめぐって，2つの方針がありえたと言える。ひとつは，もともとの定義を固持し，「体罰自殺」を「指導死」に含み込むような語法は誤りであると主張する方針である。もうひとつは，「体罰自殺」も「指導死」の一種と見なす方針である。結果的に，「指導死」という言葉の提案者である遺族たちは後者の方針を採用することになった。すなわち，「体罰」のような暴力的指導をきっかけとした児童生徒の自殺も，広義の「指導死」に含まれるものとして，定義を拡張したのである（大貫 2013a: 4）。

また，桜宮高校事件のような「体罰自殺」事件と「指導死」概念をめぐって

(6) たとえば，「1年前通報，調査ずさん　学校，生徒には聞かず　体罰翌日，高2自殺」という見出しの記事（『朝日新聞』2013/1/9 大阪版朝刊）など。

は，事件が「指導死」として語られたことで「指導死」の定義自体が拡張するといった相互的な関係が見られたことに加えて，さらに複雑な事態が生じていた。その事態は，桜宮高校事件の判決文において「指導死」という言葉がいかに用いられたのかを検討することで明らかになる。

桜宮高校事件に関する民事裁判では，当該高校生の自殺が「体罰自殺」であるか否かがあらためて争点とされた。すなわち，すでにメディア報道等では「体罰自殺」であることが自明視されながら語られていたとはいえ，教師の「体罰」行為や言動と当該生徒の自殺との因果関係に対する法的判断が，この時はじめて示されることになったのである。そして，その判決文中では，その争点（教師の「体罰」行為や言動と当該生徒の自殺との相当因果関係の有無）に関する裁判所の判断が示されるなかで，次のように「指導死」が言及されることとなった(7)。

> 高校や中学校等の生徒や児童が教員の指導を契機として自殺に至ったとされる事例は，昭和27年頃から平成24年頃までの間に約60件（平成元年以降は約40件，平成10年以降は約30件）に上っており，平成19年頃以降，これらはいわゆる「指導死」と呼ばれ，教育関係者やメディア等によって社会問題として取り上げられており，補助参加人が本件暴行等を行った平成24年11月以前にも，このような「指導死」の事例が相当の件数に上っていることを指摘した上で，個々の具体的な事案の経緯等について詳細に紹介する雑誌記事や単行本等も相当数刊行されていたものである。…（中略）…これらの事実に照らせば，補助参加人が本件暴行等を行った平成24年11月頃の当時において，教員の指導を契機として生徒や児童が自殺に至るいわゆる「指導死」の事例が相当の件数に達していて社会問題化しており，そのことが報道や公刊物等を通じて社会一般に広く知られるようになる中で，文部科学省は，全国の高校や中学校等の教員に対し，生徒や児童の自殺の件数が増加しており，生徒や児童に対する暴行や心理的外傷を与える言動（身体的，心理的虐待）が生徒や児童の自殺の危険性を増大

(7)　東京地裁平成28年2月24日判決。判決文は『判例タイムズ』1432号から引用した。

> させることについて注意喚起を促し，また，体罰等を行ってはならず，生徒や児童に対して自殺防止の措置や配慮を含む適切な指導を行うべき旨の示達を周知していたことが認められる。（傍点は引用者）

こうした認定を根拠の一部としながら，判決文では，当該教員における生徒の自殺までの予見可能性が認められ，「体罰」と自殺の相当因果関係が認定された。ここで着目したいのは，上記引用部に見られるように，「指導死」の存在が認められているばかりか，桜宮高校事件の前にもそれが「社会問題化しており」，そのことが「社会一般に広く知られるようにな」っていたと記述されていることである。すなわち，この判決文の論理において「指導死」は，単に「体罰自殺」に関係するものとして言及されただけでなく，桜宮高校事件以前から「社会問題化して」いたものとされることで，「体罰自殺」事件とされた桜宮高校事件に関する法的な評価を決定するための資源とされていたのである(8)。ここに，桜宮高校事件をきっかけに社会に広まり，定義を拡張されるに至った「指導死」が，その桜宮高校事件に関する裁判において参照されるといった循環的な関係が観察可能である。さらにはこの判決がマスメディアによって報じられる際に「指導死」という言葉が用いられることによっても，「体罰自殺」を含み込むものとしての——すなわち，当初提起された「指導死」概念からは意味が変化した——「指導死」が人口に膾炙していくことになったのである。

7.4.3 自殺の原因としての「指導」とその例外化

それでは，教師の直接的な暴力を原因とした児童生徒の自殺である「体罰自殺」とそれとは異なるものとしての「指導死」という，当初遺族たちにも意識されていた区別は，その後は意味を失ったのか。必ずしもそうではない。むし

---

(8) ただし，2012 年以前に「指導死」が社会一般に広く知られていたとする判決文の記述に関しては，一定の留保が必要であると思われる。というのも，その時期にはすでに，「指導死」という言葉が社会で広く使用されていた，というわけではないからである。なお，同裁判記録を閲覧したところ，原告側が証拠資料として提出した 2012 年までの「指導死」という言葉を用いた記事はわずかに 2 件のみ（いずれも週刊誌）であった。

ろ，遺族たちによっても両者は大きく性質の異なる概念として用いられ続けているように思われる。その点を検討するために，ここでは２人の「指導死」事件の遺族たちによる語りを取り上げたい。

以下は，Bさんと筆者が「指導死」事件をめぐる裁判について話を進めるうちに，桜宮高校事件をどう考えるかが話題となった場面でのBさんの語りである。

B：指導死ってほとんどがその，有形力，かたちがないんですよ。だから桜宮みたいに，殴られたっていうのは，うーん，指導死としてはちょっと。指導死なんですけど。殴られて死んだわけではないので。
(2020年11月18日インタビュー)

このようなBさんの語りには，「指導死」概念の両義性があらわれている。すなわち，桜宮高校事件は，「殴られて死んだわけではない」（傷害致死といった事例ではない）以上は「指導死」だとも言えるが，ほかの「ほとんど」の「指導死」事件は直接の「体罰」が存在しなかった事例を指しているのであり，それゆえに桜宮高校事件のような「体罰自殺」の事例は，「指導死」としては周縁的な事例として捉えられているのである。

では，「体罰自殺」と「指導死」はどのような点が異なっているのだろうか。ここでは特に，子どもの自殺の原因としての「体罰」と「指導」をめぐる常識的理解の違いに着目したい。かつて学校側を相手に民事裁判を起こした経験を有するある「指導死」事件の遺族は，裁判で主張が認められることの難しさについて語るなかで，次のように述べた。

F：〔「指導死」事件の裁判では〕あと，因果関係が，直接的に結びつかない。
筆者：法の常識みたいなところで，まだあんまり認められない。
F：ほんとに，一発でも殴ってくれてたら。
筆者：そうすると因果関係が。
F：そう，暴力はもう絶対駄目じゃないですか。したら裁判も勝てるんですよ，多分。

(2020年11月21日インタビュー,〔 〕内は引用者の補足)

ここでは，直接の暴力のない「指導死」と「体罰自殺」の場合が対置され，「体罰自殺」の事例であれば遺族側が「裁判も勝てる」可能性があるという内容が述べられている。

もちろん，実際に「体罰」と「自殺」の因果関係が認められ，遺族側が裁判で勝訴できるか否かは個別の事例による。しかし重要なのは，「体罰自殺」であれば，そうした判決が出される可能性があるとFさんが述べていることである。実際，これまでのところ「指導死」事件に関する裁判で教師の指導と児童生徒の自殺の相当因果関係が認定された事例は見当たらないが，「体罰自殺」事件の場合には，体罰と自殺の相当因果関係を認定する判決が2000年以来見られるようになってきている(9)。

もちろん「体罰」であれ「いじめ」であれ，それが児童生徒の自殺の直接の原因となったということを認定する判決は，相対的には稀である。だがその一方で，「いじめ」や「体罰」が児童生徒の自殺の原因になりうることは一般的な知識になっている。では「指導」の場合はどうか。Bさんは，「指導死」事件の遺族たちが事件について他人に語る時に直面する困難を次のように語った。

B：なんでそんなことで死んじゃうんだろうって，たぶん普通の人ならみんな思うんですけど。…（中略）…確かにそうですよね。なんでそんなことで死んじゃうんだろうって。同じことをされても死なない人もいるなかで，なんでその子は死んだんだろうと思われてしまうこともちろんあるわけですし。

(2019年1月17日インタビュー)

ここでBさんは，「指導死」の事例がしばしば「なんでそんなことで死んじゃうんだろう」といったかたちで他者から捉えられてしまう場合があることを

(9) その先駆的事例として，1994年に起きた小学生の自殺事件をめぐってその両親が提起した損害賠償請求訴訟（神戸地裁2000年1月31日判決）。詳しくは第2章を参照のこと。

語っている。とはいえ，そうした人びとの「無理解さ」を非難しているわけではない。むしろ，「たぶん普通の人ならみんな思う」と，そうした人びとの疑問が通常生じうるものであるという理解が示されている。

その上でさらに着目したいのは，「同じことをされても死なない人もいるなかで，なんでその子は死んだんだろうと思われてしまうこともちろんある」という発言である。この発言は，直接的にはやはり，遺族が「指導死」事件について語る上での難しさを述べるものだ。というのも，「同じ」指導を受けても自殺しない児童生徒が存在しているという事実を参照することは同時に，ではなぜ「その子」は自殺したのかという疑問を生じさせ，結果的には「その子」やその自殺を例外化することにもなりうるからである。

ではそうした例外化はいかにして達成されるのだろうか。その点を考える上ではJ. クルターによる「パーソナリティカテゴリー」についての議論（Coulter 1989）が参考になる。クルターは，人びとが他者の行為を説明する際にしばしばその行為者のパーソナリティに言及することに着目し，そうした人びとの実践は，（その行為を産出した「原因」の探究に取り組んでいるのではなく）当の行為を説明（あるいは推論）するためのひとつの方法なのだと論じた（Coulter 1989: 103–112）。自殺という行為も，それを説明しようとする人びとの実践場面において，自殺者当人の性格特性が参照されやすい行為であるだろう。そして，自殺者当人の性格特性に訴えて自殺を説明することは，ほぼ必然的に，その人だからこそ自殺してしまったのだという個体主義的な説明にもつながる。またその結果，説明の対象となった自殺は「例外的」なものとして捉えられることにもなりうる。

そのように考えれば，上記のBさんの語りは，「指導死」が，そうした例外をつくり出す説明形式で語られてしまう事態の避け難さを述べたものと捉えることができる。ここで重要なのは，そうした例外化の説明形式が，たとえば「いじめ」や「体罰」の被害に遭えば誰でも自殺に追い込まれうるといった主張とはまったく別種の説明だということである。「いじめ」や「体罰」はすでに子どもの自殺の原因の語彙として制度化されており，その意味では社会的に「正当化」されている。他方，「指導」はそうではないだろう。であるからこそ，「指導死」の事例は常に例外化の対象でありえてしまう。そして，そうした事態の避け難さは,「指導」を自殺の原因として語ること自体の難しさに由来するものだと考えられる。

では,「体罰自殺」ではない「指導死」事件の遺族たちは,自身の子の自殺が教師の指導を原因とする自殺であるという主張を認めさせることに「失敗」し続けなければならないのだろうか。実のところ,遺族たちは常にそうした立場に追いやられているわけではない。しかもそれは,単に人によっては遺族の主張を聞き入れる,といった意味でそうだというわけでもない。そうではなく,より公的な実践レベル(10) でも,教師の指導を原因とする自殺という理解,同時に「指導死」という出来事の存在が認められるようになってきていると言えるのである。

7.4.4 近年の「指導死」事件をめぐる遺族の経験と制度的条件の変化

以下では,2015 年に子を亡くした「指導死」事件の遺族である G さんの語りから,近年の「指導死」事件の遺族としての経験がどのようなものでありえるのかを検討する。なお,G さんの子の自殺事件は,「体罰自殺」事件ではない。すなわち,直接の暴力的指導の存在しない——その意味でいわば原型的な——「指導死」事件である。

G さんは,自らの子の自殺事件の発生以前には,子どもの自殺問題一般に対して特別な関心を抱いたことはなかったし,「指導死」という言葉も知らなかったと語った。では,事件発生後に遺族となった G さんは,いかにしてわが子の自殺を「指導死」事件として捉えるようになったのだろうか。その直接的な経緯は,次のように語られた。

G:亡くなった直後から,学校のほうに調べてくださいというのも言ってたんですけど,それをしながら自分でもネットで色々調べていたんですよね。…(中略)…で,ネットで色々検索してる中で確か武田さち子さんのホームページにもあたったんですよね。あと大貫さんの『指

(10) 何をもって「公的」と呼ぶのかは難しい点だが,以下に見るように,ここでは行政的アクターである地方公共団体や教育委員会,そのもとで組織される第三者調査委員会といった公共的な機関によっておこなわれる実践のことを指す。

> 導死』の本が出てきたのでそれも購入しまして，あれ読んでみると，これ事案はそっくりじゃないかと。
> (2020年11月28日インタビュー)

ここでは，子の自殺という事件の発生後にGさんが何をしたのかが述べられている。同時にそれは，「指導死」という言葉やそう呼びあらわされている子どもの自殺事例との，Gさんにとっての出会いを説明する語りでもある。Gさんは，「ネットで色々検索」することで「指導死」に関する情報に辿り着いた(11)。したがって，Gさんが遺族となった2015年の時点においては，「指導死」という言葉をもともとは知らなかった人であっても，少なくとも子どもの自殺に関してネット検索をおこなえば関連情報に出会える程度には，「指導死」が広く語られている状況があった。

それだけではない。Gさんはその後，ほかの「指導死」事件の遺族ともコンタクトを取るに至り，学校側とのやりとりに関することなどについても相談し，経験を踏まえたアドバイスを得ることにもなったという。その相談が具体的にどのようなものであったにせよ，そこにおいて「指導死」事件の遺族としての連帯と言えるような関係性が成立していたこと自体が，遺族にとっての社会的状況の変化を証明するものだと考えられるだろう。

「概念分析の社会学」の方針にもとづく研究には，ある遺伝性疾患の患者会のメンバーたちが，医学研究の発展や法改正によってもたらされた新しい分類のもとで，新たな仕方で関係性を取り結ぶようになった事態に着目した前田泰樹の研究があるが，前田は，そうした社会的実践のありようを「新しい分類のもとでの連帯」として論じた（前田2016)。ここで見たGさんとほかの「指導死」事件の遺族たちの関係形成も，そうした「新しい分類のもとでの連帯」のひとつである。重要なのは，そうした連帯が単に（ネット社会の進展といった）技術的・環境的な条件の変化によってもたらされたものであるのではなく，──ここでは「指導死」という──新たな概念のもとで可能になっていること

(11)　Gさんが言及した武田さち子氏は，1990年代より活動を続けている教育評論家である。武田氏のウェブサイト「日本の子どもたち」には，これまでの子どもの自殺事件の事例や遺族たちの活動の歴史が過去数十年にわたってまとめられている。

だ。「指導死」という概念がなければ，互いに「同じ」〈「指導死」事件の遺族〉として出会い，関係を取り結ぶことはできなかったはずだからである。そしてこの意味で，新たな概念が登場する事態は，人びとがいかに関係しうるか，さらには，人びとがいかに出会いうるかといった可能性にまで影響を及ぼすものである。

以上のことを確認した上で，先述したような，公的な実践レベルでの「指導死」事件をめぐる変化についても述べておきたい。ここで注目しておきたいのは，G さんがほかの「指導死」事件の遺族からのアドバイスを踏まえて，いわゆる第三者調査委員会の設置を要望していくことになったという経緯である。事件に関する第三者調査委員会の調査結果は，2018 年 12 月 9 日付で『調査報告書』として一般に公表された。ここでその内容を詳細に述べることはできないが，重要なのは，結果的には教師の「不適切な」指導が自殺の主たる原因であると認定されるに至ったことである。

確認しておけば，先述のとおり，自殺の原因としての教師の指導という論理は，裁判においていまだ認められるに至っていない。しかしながら，第三者調査委員会の事実認定においては，そうした裁判例に見られるものとは異なる傾向を見ることができる。すなわち，そこにおいて教師の指導は自殺の原因たりえているのである。ここに，第三者調査委員会という一種の行政的アクターによる事実認定という，公的な実践レベルでの変化を見ることができる。

上記のような実践上の変化は，公的な実践としての事実認定のあり方が，結果的に「指導死」という概念を社会に広めていく活動およびその資源となりうることを示している点で，注目に値する。もちろん，そうした新たな概念を広める活動に関わるアクターになりうるのは，「指導死」事件の遺族という「当事者」たちだけではない。G さんの子の事件に関しても，「指導死」という言葉を用いながら第三者委員会の報告書の内容を紹介する以下の記事が『毎日新聞』に掲載された。

> 鹿児島県奄美市で 2015 年 11 月，市立中 1 年の男子生徒（当時 13 歳）が自殺した。市の第三者委員会は昨年 12 月，直前に担任の男性教諭から受けた不適切な指導が原因だったとする報告書を市に提出した。なぜ「指導

> 死」は起こったのか――。第三者委が指摘する教育現場の問題点や，再発防止を模索する取り組みを追った。（『毎日新聞』2019/1/14 朝刊，傍点は引用者）

上記のようなマスメディアの報道もまた，「指導死」という言葉を社会に広げていく活動の一例であり，同時にそれは，「指導死」という概念のもとでの新たな社会的経験の可能性を拓くことにも寄与しうるものである。そして，本章でここまで遺族たちの語りにもとづきながら具体的に見てきたように，「指導死」をめぐる様々な活動は，子どもの自殺に関する「現実」のあり方を，少なくともその一部において確実に変化させてきた。

7.5　本章のまとめ

本章ではこれまで，「指導死」という新たな概念のもとで，子どもの自殺に関する人びとの経験の可能性がいかに変容したのかを，遺族たちの語りにもとづいて考察してきた。

そうした議論の前提として，「指導死」をめぐっては，「指導」と「自殺」が通常結びつきうるものとして用いられていないことに由来する，表現上の問題が存在していたことを確認した。その上で，そうした問題は単に表現上の問題であるばかりか，「指導死」概念を提起した遺族たちの当初の目的にとっても直接関わる問題であったことを，「体罰自殺」と「指導死」の関係を問うことによって示した。

当初よりそうした微妙な問題をはらんでいた「指導死」という概念であるが，結果的には，今日に至るまでに一定の社会的認知を獲得してきたと言える(12)。では，そうした概念の登場とその広まりは，何をもたらしたのだろうか。

この問いに対する答えとして本章での議論からまず言えるのは，教師の指導

(12)　近年では，新聞記事などにおいて「指導死」という言葉が用いられる事例も散見されるようになっている。その例として，「指導巡る死『真摯に向き合って』　調査求める母親，応じない道教委　道立高生自殺」という見出しの記事（『朝日新聞』2021/11/10 朝刊，北海道面）など。

をきっかけに自殺したとされる子どもの自殺をめぐって，その遺族が置かれることになる社会的状況や可能な経験のあり方に，「指導死」概念は一定の変化をもたらしてきたということである。「指導死」という概念が，「指導死」という出来事の存在を可能にするものでもある以上，それがまったく「ない」とすら語られていた頃に，遺族たちが強いられていたような立場は，今日では解消されるに至ったと言える（とはいえ，それは経験の可能性という水準でのことであって，個別具体的な事例においてそれぞれの遺族が実際にどのような他者の反応に晒されることになるのかはまた別であることは言うまでもない）。そして，より近年の「指導死」事件について見ることで確認できたように，遺族が置かれうる社会的状況の変化には，子どもの自殺事件に関して組織される第三者調査委員会の広まりといった制度的な要因も関係している。「指導死」に関する言説とともに制度的条件も変化しつつあるということである。

本章で見てきたように，「指導死」という新たな概念の登場は，遺族となった人たちの経験の可能性を変容させてきた。重要なのは，同時にそれが，社会一般のより広範な人びとにとっての可能な経験の変化でもあるということだ。「指導死」という出来事が成立した後の時点である今日，この社会に生きる人であれば誰であれ，「指導死」は存在しない等といったことを有意味に述べることはできない。その意味で，「指導死」という新たな概念の登場とその広まりは，子どもの自殺をめぐる「現実」や，人びとにとって可能な社会的経験を変容させてきたのだと言える。

最後に，ではそうした新たな概念の登場という事態は，「いじめ自殺」がそうであったとされるように「不幸」な帰結を導いてしまったのか，それとも「セクハラ」や「児童虐待」がそうであったように人びとの「救済」につながったと言えるのかという問題を考えてみたい。筆者の見るところ，少なくとも「いじめられて死ぬほど苦しい」子どもが実際に自殺してしまう事態ほど，「指導が死ぬほど苦しい」子どもが自殺するという事態は，今日においても容易に理解可能なものと見なされていないように思われる。言い換えれば，今日でも，ある教師の指導が子どもの自殺の原因として社会的に認められるためには，当該の指導が通常許容されうる範囲を相当程度逸脱した「不適切な」ものであることの証明が必要とされている。それは，「不適切な」ものであることが前提とされている（それゆえ，加害・被害関係をもとより含意している）「いじめ」が子どもの自殺の原因として語られる場合とは異なる。そしてそうである以上，「指導死」は少なくとも「いじめ自殺」と同じように「不幸」な帰結を導くことにはなっていないと考えられる。他方で，「指導死」は，まずはそれまでその出来事を語ることができなかった遺族たちを「救済」する役目を果たしてきたと言える。その意味では，これまでのところ「指導死」概念を必要としてきたのも第一義的には遺族たち自身であったと言えるのかもしれない。

「指導死」概念がある人びとを「救済」する意味を有してきたというここでの議論に関しては，さらに「被害者」である子どもの「救済」という点を考える必要もあるだろう。必ずしも「指導死」概念が登場することのみによって可能になるわけではないものの，そうした概念の広まりが，教師の指導のあり方をはじめとし，学校教育現場での様々なやりとりのあり方を問い直していくためのひとつの契機となりうることは明らかである。そうした社会的状況の変化はまた，子どもやその親といった「当事者」にとって，教師の「不適切な」指導やそれによる被害経験に対する訴えをより容易にするものでもあるだろう。なお，そのような新たな概念の登場による「被害者の救済」という点に限って言えば，「いじめ」や「いじめ自殺」という概念にも，子どもやその親といった「当事者」たちにとっての「救済」に役立ってきた側面があることも否定できない。「いじめ自殺」に関する既存研究では十分注意が向けられてこなかったが，そうした側面が「いじめ自殺」概念の「解体」（北澤 2015）を困難にしている可能性には，より注意が向けられて然るべきであるだろう。そうした今日の「現実」のありようを踏まえたその上で，いかに「いじめ問題」や「いじめ」という「物語」を組み替えていけるのかが問われなければならないと思われるのだ。次章では，このような関心のもとで，「いじめ自殺」事件の遺族たちの経験を問うことを試みる。

第 8 章　〈遺族〉というカテゴリーと経験
——「いじめ自殺」で子を亡くした遺族の語りから

8. 1　本章の目的

どんなに頑張っても息子は戻ってくることはありません。

上記の言葉は，大津市事件(1) の遺族によって記された「息子の一周忌を迎えるに当たり」(2) という文章からの抜粋である。あまりにも重い言葉だが，それでも遺族は生きていかなければならない。そのような境遇に，遺族はいかに折り合いをつけていくのだろうか。難しい問題であるが，ここでは大津市事件の遺族が同じ文章のなかで続けて次のように述べていたことに着目したい。

ただ，もし息子がこの「いじめ問題」を解決することを「使命」として生まれてきたのであれば，私達は彼に代わって，その使命を果たしていくことが何より重要なことだと考えています。

ここでは，子を失った「原因」であるところの「いじめ問題」の解決をわが子の使命として理解した上で，それを自身の使命として受け止めること，そうした遺族としての決意が表明されている。

わが子を失うという悲しい経験を自らの運命として引き受けようとする遺族のこのような語りを前にした時，私たちは何を思うだろうか。通常，できるだけそうした遺族の悲しみに寄り添いたいと考えるだろうし，そうすることが聞

(1)　2011 年に滋賀県大津市で発生した中学生自殺事件を指す。第 5 章を参照のこと。
(2)　訴訟の支援を呼びかけるウェブサイトにて公開されていたが，「息子の一周忌を迎えるに当たり」と題された当該の文章は，現在，閲覧できない状態となっている。

き手の責務であるようにも感じられるだろう。少なくとも，遺族に対して「そんな思いを抱く必要はない」等ということを軽々に述べることはできないはずである。意図的にせよ非意図的にせよ，もしそのような「非共感的」な態度を示す人がいれば，その人は十分遺族に寄り添っていない人と評価され，非難されうるだろう。その意味で，〈遺族〉(3) というカテゴリーの担い手たちに対して通常人びとが示すことができる態度は決して自由なわけではなく，常に一定の制限を受けている。

言い換えれば，私たちは，ある人の〈遺族〉に対する考え方や，その表現の仕方（語り方）の適切さ／不適切さを判断することができるのであり，その基準から大きく逸脱するような語りに直面した際には，それを「非道徳的である」とか「遺族に寄り添っていない」といった仕方で評価しうるということだ。そうした実践は，〈遺族〉をどう理解するかということに関わる社会的な規範によって可能になるものである。

そしてそうである以上，〈遺族〉とは，単に「家族を亡くした人」という属性を有する一群の人びとのことを指す言葉であるだけではなく，様々な場面において一定の仕方で用いられている社会的カテゴリーなのだと言える――逆に言えば，遺族であるからといって，いつ・いかなる時も〈遺族〉としてふるまい続けているわけではないことは明らかだ。それゆえ本章では，「いじめ自殺」事件で子を亡くした親たちの経験を〈遺族〉というカテゴリーに結びついたものとして捉え，その具体的なありようを考察する。それは言い換えれば，遺族にとってわが子の「いじめ自殺」がいかに経験されてきたのかを問うことである。〈遺族〉にとって可能な経験という観点から，「いじめ自殺」事件の遺族たちの活動の歴史を辿り直すことで，現在の「いじめ問題」の構図を問い直すこと，これが本章の目的である。

(3)　以下，それが社会的なカテゴリーであることを特に強調したい文脈では〈遺族〉表記を用いる。逆に――たとえばここでの大津市事件の遺族といったように――ある特定の人を想定する文脈では，遺族とそのまま表記する。

8.2 「いじめ自殺」事件における「学校の壁」

「いじめ自殺」事件の遺族たちの語りを収めた本がある。1996年にジャーナリストの鎌田慧が著し，2007年に文庫化された『いじめ自殺——12人の親の証言』（鎌田2007）である。そこには，1986年から1996年のあいだに起きた「いじめ自殺」事件に関する遺族たちの証言が収められている(4)。

この本で最初に紹介されているのは，1986年に起きた鹿川裕史君の自殺事件をめぐる遺族の語りである。まず注目したいのは，鹿川裕史君の父親による，「とにかく学校で，あれだけゆさぶられて，もう事実が出ているのに，いじめを学校が認めないっていうのも不思議でした」（鎌田2007: 6）という語りである。ここから確認できるのは，その時期にはすでに，〈いじめの事実を追及する遺族〉と〈いじめを認めない学校〉という対立的な関係が成立していたことである(5)。

さらに，1988年12月に起きた岩脇寛子さんの自殺事件の遺族は，わが子の自殺がいじめによるものであった可能性を疑いはじめ，寛子さんの学校での様子を調べようとした時のことを，次のように回顧している(6)。

それがいじめだったと知ったとき，どんなにつらかっただろう，なぜ寛子

---

(4)　ある子どもの自殺事件について，仮にその遺族が「いじめ自殺」だと考えたとしても，それだけで「いじめ自殺」という社会的な「事実」が成立するわけではない。何らかのかたちで「いじめ自殺」であることが公的に認められなければ，それが「いじめ自殺事件である」という理解は遺族をはじめとする一部の人たちにとっての理解，いわば「主観的現実」に留まることになるだろう。その意味で，鎌田（2007）に収められているのはより正確に言えば，〈いじめ自殺かどうかが争われた事件の遺族〉の語りである。

(5)　ただし，1980年前後の「いじめ自殺」が社会に定着していくことになった時期に，〈いじめの事実を追及する遺族〉と〈いじめを認めない学校〉という対立関係がどの程度一般的に見られるものであったのかは先行研究でも明確にされておらず，今後さらに探究すべき課題として残されていることを指摘しておきたい。

(6)　この事件に関しては，それが遺書であることがはっきりとわからないうちに警察によって押収されてしまい，その後の新聞報道によってはじめてわが子の死が「いじめ自殺」であることを知らされたという驚くような経験が，遺族によって述べられている（鎌田2007: 27)。このエピソードもまた，当時の遺族たちがどのような立場に置かれていたのかを伝えるものである。

が自殺しなければならなかったのだろうということを，どうしても親として知りたくなって，そうして知ってやること自体が，寛子の慰めになると思ったんです。ところが，学校で何があったかまったく知らせてもらえない。理解することがどうしてもできないものですから，その点を明らかにしたくて教育委員会に「事故報告書」の開示請求をしたのです。（鎌田 2007 : 38）

このような遺族の語りは，「学校で何があったか」を知ることが当時の遺族たちにとっていかに難しいことであったのかを教えてくれるものであり(7)，鎌田（2007）ではそのような学校側の消極的態度が「学校の壁」という言葉で表現されている。

その岩脇寛子さんの遺族からも「同じ問題」として言及されているのが，1991 年 9 月に東京都町田市で起きた中学生，前田晶子さんの自殺事件である。前田さんの事件をめぐっても，学校側が保持する情報の公開を求める訴訟が遺族によって提起されるに至った。そして，それらの事件がメディア報道を通じて広く知られるようになるにつれ，遺族が置かれている状況にも，次第に注目が集められるようになっていった。そうした経緯についてはさらに後述するが，それに先立って次節では，カテゴリーに結びついた権利・義務といった観点から，〈遺族〉というカテゴリーの特徴を考察しておきたい。

8.3 〈遺族〉カテゴリーの社会的意味

8.3.1 〈親〉である〈遺族〉の義務

子を自殺によって亡くした遺族たちはしばしば，周囲の人びとや見知らぬ他者から「どうして親が知らなかったのか」と非難された経験を語ることがある。だが，それ以上に頻繁に聞かれるのは，「なぜ気づけなかったのか」「気づけな

(7) 「自殺する弱い子を育てた親が悪いといわれて」と題された遺族のこの文章では，第 3 節でも言及するように，同級生の保護者などからの非難によって沈黙を強いられたという〈遺族〉としての経験も伝えられている（鎌田 2007 : 24–44）。

かった自分のせいで」といったかたちで自らを責める，いわゆる自責の念についての語りである。

なぜ，遺族は，他者からの非難に苦しんだり，自責の念に苛まれたりしなければならないのだろうか。こうした点を考える上では，H. サックスのカテゴリー論が参考になる。サックスは，〈親〉と〈子〉がまさにその典型例であるように，互いに権利や義務を割り振られたものとして慣習化されているカテゴリー的な関係性を「標準化された」カテゴリーペアと呼んだ（Sacks 1972–1995）。一般的に，〈親〉というカテゴリーの担い手は，その〈子〉に対して世話をすべき・保護すべき・愛情を表現すべき等，様々な義務を有する存在である。他方，〈親〉であればこそ，〈子〉の行動を管理したり厳しく叱ったりすることも妥当なふるまいとして許容されやすいだろう。このように，両者は互いに権利・義務を持ち合うことで，カテゴリー的な対関係を成しているのである。

そうしたカテゴリー関係にもとづいて配分される権利・義務のなかでも，〈子〉の命を守ることは，その〈子〉に対する〈親〉の重要な義務のひとつだと言える。そしてもちろん，それらのカテゴリー関係とそれにもとづく権利・義務についての理解は，同じ社会の成員たちによって共有されている常識的知識である。そうであるからこそ，〈子〉を亡くした遺族は皆一様に〈親〉としての責務を果たせなかった自分自身を責めうるのであり，そうしたふるまいは〈遺族〉である以上は社会的に期待されたものであるとすら言いうるのである。そして，とりわけ〈親〉–〈子〉というカテゴリー関係の規範的結びつきが強固であるがゆえに，〈遺族〉にとってそうした事態は避け難いものでもある。ここに，子を亡くすという直接の悲劇に留まらない，〈遺族〉にとっての第2の悲劇が存在している。以下ではその点を，〈遺族〉にとっての「孤独」と「被害」の経験に着目することでさらに考えてみたい。

8.3.2 〈遺族〉としての孤独を語ること

以下で見るのは，2019年に子を自殺で亡くした遺族に対するインタビュー場面でのやりとりからの抜粋である[8]。母親であったMさんは，子の自殺と

（8） 実名を公表していない遺族であるため，Mさんと仮名表記する。

いう出来事から約 1 ヶ月後の自身の状況について，次のように語った（N は M さんの子を意味する）。

M：ふとひとりの時に，スマホで死について調べる。ブログを見始めて，共感を求めるんですねきっと。

筆者：あーなるほど。同じ，というか子どもを亡くされた方とか特に。

M：そうなんです。いくら姉が来てくれても，義理の妹が来てくれても，姉に 3 人子どもいる。義理の妹にも子どももいて，共感できないんですよ。わかってもらえても。こんなに思って来てくれても。

筆者：あー M さんのほうが。向こうはだから共感を示すように振る舞ってくれるけども。

M：くれたと思う。N の死を悲しんできてくれるけど，でも子どもを亡くしたわけじゃないから，子どもを亡くすっていう共感はできないんですよ。N を亡くしたっていう共感はできるんですけど，身内としては。

筆者：なるほど。

M：でも，自分の子を亡くしたっていうとなると話は別なんですよね。だから，妹が子どもを連れて来るんですけど，見ると辛くて。そんなこと本人には言えなかったですけど。思い出す，うちにも子どもがいたのにって。

（2020 年 3 月 13 日インタビュー）

上記の場面において，M さんは「姉」や「義理の妹」といった「身内」の人びととの当時の関わり方がどのようなものであったのかを筆者に話してくれている。注目したいのは，M さんのもとを訪ねて来てくれた「姉」や「義理の妹」ですら，〈遺族〉である M さんに「共感」することはできないはずだと M さんが語っていることである。そしてその理由は，「姉」や「義理の妹」は「子ども」を亡くす経験をしていないからだと説明されている。すなわちそこでは，わが子を亡くした親である M さんとそうではない親族というかたちで，〈遺族〉と〈遺族ではない人〉とが区別されているのだ。

そのような区別は，当たり前のものであるようにも思われるかもしれない。

確かに，わが子を亡くした「当事者」である〈遺族〉とそうでない人びとは――それがたとえ亡くなった子の親族であったとしても――決定的に異なる立場に置かれており，両者の経験はまったく違っているはずだと考えたくなるのも自然である。しかしその一方で，M さんも実際に「N を亡くしたっていう共感はできる」と述べているように，「身内」も皆それぞれ N の死によって自分と「同じ」ような悲しみを経験したのだと語ることも可能なはずである。そうであるならば，「身内」の人びとと自分とをカテゴリー的に区別し，親族たちが共感することはできないと述べることで，M さんはこのインタビュー場面において何をしていたことになるのだろうか。

まず言えるのは，M さんはそのような仕方で自身が置かれた状況や経験を語ることで，いわば「遺族であること」をしていた，ということである。本章の冒頭でも述べたように，遺族はいつ・いかなる時も〈遺族〉として存在し続けるわけではない。それは，ある人が家庭では〈父親〉としてふるまう人であるからといって，いつ・いかなる場面でも〈父親〉であるわけではないのと同じことである。そしてその意味では，「遺族であること」も，具体的な場面において達成されるカテゴリーにもとづく実践である。そうであるからこそ本章では，子を亡くした親たちが「遺族であること」をするとはどのようなことで，それはいかなる帰結を導きうるのかを，〈遺族〉カテゴリーをめぐる人びとの実践として考察したいのである。

さらに着目したいのは，M さんが〈遺族〉である自らと〈遺族ではない人びと〉である「姉」や「義理の妹」を区別する上で，「姉」や「義理の妹」にはそれぞれ子がいることに言及している点である。サックスは，〈夫〉をなくした〈妻〉が，そのことによって「夫以外のもの（さえも）失ってしまったことに気づく」（Sacks 1972＝1995：138）場合についても論じている(9)。サックスが引用している会話データのなかには，ある〈夫〉を失った〈妻〉が「友達」は「一応いると言える」と述べた上で，しかし「みんなには自分の夫がいる」と語ったデータがある（Sacks 1972＝1995：139）。そこからも示唆されるのは，

(9) ただし，サックスが論じているのは死別によって〈夫〉を亡くした〈妻〉のケースだけではない。離婚によって〈夫〉を失った〈妻〉もまた，様々な場面においてほかの人びとよりもカテゴリー的に優先される地位にある〈夫〉を失った者として，それ以前とは異なった立場に置かれうる。

私たちにとっての可能な経験において，社会的カテゴリーとそれに関する常識的知識がきわめて重大な意味を持っているということである。

そのことは，M さんによる「姉」や「義理の妹」についての語りにもあらわれているだろう。M さんは決して「姉」や「義理の妹」の人柄や性格に対する否定的な発言をしているわけではない。むしろ M さんはインタビューの別の場面で，M さんを常に気にかけ，M さんのもとに足繁く通ってくれた「姉」や「義理の妹」に対する感謝の思いを語っていた。にもかかわらず，〈遺族〉としての M さんに対する「姉」や「義理の妹」の共感の不可能性が語られていたのである。それほどまでに，私たちの経験のあり方において，いかなるカテゴリーのもとで人を分類・区別するかという問題は重大な意味を持ちうるということだ。

では〈遺族〉というカテゴリーの担い手となることで，あらゆる人間関係が失われてしまうのかといえば，必ずしもそうではないだろう。その点を考えるためにも，次に「同じ遺族としての経験」という理解の仕方について考察する。

8.3.3 「被害者」としての〈遺族〉

第 2 節で言及した岩脇寛子さんの父親は，〈遺族〉としての自身の経験を次のようにも語っている。

> 自殺する弱い子を育てた親が悪いんだということをだいぶいわれました。自殺の原因というものをまったく考えずに，ただ死なせた親が悪いという。子どもを亡くして，その上世間の人から責められて，遺族は二重，三重の被害に遭う。いじめで子どもに自殺された親は，みな大なり小なり同じ経験をお持ちだろうと思いますね。（鎌田 2007: 29）

この語りにおいては，〈遺族〉もまた被害に遭う存在，すなわち〈被害者〉でありうることが主張されている。ここでは特に，「世間の人」による非難の言葉が，そうした被害経験を導くものとされている。だが，当然ながら〈遺族〉が苦しめられるのは「世間の人」の言葉によってだけではない。

そこで次に見たいのは，以下の，ある「いじめ自殺」事件に関する新聞記事からの抜粋部分である。その事件の遺族を支援した「兵庫学校事故・事件遺族の会（当時）」代表の内海千春さんは，同じくかつて子どもを自殺で亡くした〈遺族〉という立場から，次のような言葉を寄せている。

> 事件当時，一番つらかったのは，学校関係者の弔問でした。…（中略）…「わかりません」といわれる人にお参りされる。頭は下げるが，「お答えできません」と口をつぐまれる。これほどたまらないことはありませんでした。はっきり言って加害行為でした。事件後の二次被害でした。学校事故の特徴は，この二次被害だと思います。学校の誠意のない対応に，我々は子どもに続いて，自分たちも殺されました。（『読売新聞』2005/6/16 朝刊，下関地域面）

ここでは，「学校の誠意のない対応」によって遺族が苦しめられる事態が「いじめ自殺」も含む「学校事故」に共通する特徴であること，またそれが〈遺族〉にとっては「加害行為」として経験されるものであることが主張されている。特徴的なのは，そうした主張が単に個人的な経験についての語りとしてではなく，〈遺族〉カテゴリーの担い手たちに共通する経験として語られていることである。

このような自らの経験についての「集合的な語り方」(10) は，「同じ」〈遺族〉としての「同じ」経験が想定されることで可能になる。逆に言えば，遺族たちはそうした「集合的な語り方」をすることで，本来それぞれ個別的で多様でありえる経験を，ほかの〈遺族〉たちとの「共通経験」として提示することができるのである。

では，そうした〈遺族〉としての「集合的な語り方」はいかなる過程を経て

(10) 〈遺族〉たちの「集合的な語り方」に着目するここでの議論は，イタリアの歴史家 A. ポルテッリの議論（Portelli 1991）に着想を得ている。ポルテッリは，人びとの語りには「制度的モード」「集合的モード」「パーソナルモード」という大別して 3 つのモードがあると述べ，「集合的モード」の語りをある特定のコミュニティの伝統や生活実践を通じて培われた慣習的な用語法やモデルストーリーと定義した。ここで着目している遺族の「集合的な語り方」も，遺族同士の人間関係やコミュニティを基盤に成り立っているものであり，〈遺族〉たちにとってのモデルストーリーの提示であると言えよう。

共有されてきたのだろうか。次節では，遺族たちの関係形成や活動の歴史を辿ることで，その点を明らかにする。

8.4 〈遺族〉としての経験の共有

8.4.1 「同じ」〈遺族〉という理解のもとでの「同じ」経験

第 2 節では 1980 年代以降の「いじめ自殺」事件を複数取り上げたが，そうした時期においてすでに遺族同士がつながりはじめていたということに，ここであらためて着目したい。

たとえば，鹿川君事件の遺族は，1994 年に愛知県西尾市で起きた大河内清輝君の自殺事件に際し，大河内君の両親を直接訪ねたという（鎌田 2007: 7）。また，前田晶子さんの遺族も，自著のなかで様々な遺族たちとの交流について述べている。そうした交流がはじまった経緯については，「私たちがこういう活動をやり，いろいろな集会で訴え，裁判を行っていることを知って，私たちと同じ立場に置かれたひとたちが電話をかけてきてくれました」（前田・前田 1998: 226）と述べられているが，なかでも大河内君の遺族との出会いは重要なものであったとされている。

以下は，前田さんの遺族が大河内君の事件を知った時のことを回顧している語りである。

> 1994 年 11 月 27 日，大河内清輝君がいじめで自殺しました。遺書をお父さんが発表したことから，マスコミあげていろいろな報道がありました。
>
> これら報道を見たり聞いたりし，また取材した報道機関の人たちから話を聞けば聞くほど，晶子のときと同じように，ごまかしと隠蔽に右往左往している学校・市教委の姿が浮かびあがってきました。私はいてもたってもいられない気持ちで，緊急請願書を西尾市と愛知県に送り，その審議の場で私に口頭意見陳述させるように求めました。（前田・前田 1998: 227）

ここでは，わが子の事件と，別の事件である大河内君の事件における学校・

市教委の対応のあり方が「同じよう」なものとして重ねられている。もちろん，それぞれの事件の詳細に目を向ければ，そのありようは様々に異なっているはずだ。そうであるとしても，重要なのはむしろ，同じ「いじめ自殺」事件の〈遺族〉というカテゴリーのもとで，同じ経験を想定したり，「同じよう」な状況を想定したりすることが可能にされているということである。そして，これまで見たように，そうした同じ「いじめ自殺」事件の〈遺族〉という理解にもとづく連帯は，1980年代から1990年代にかけてすでに観察可能になっていた。

では，より近年の「いじめ自殺」事件をめぐる遺族同士の関わり合いには，どのような特徴を見ることができるのだろうか。次に，2006年に福岡県筑前町で起きた森啓祐君の自殺事件をめぐる遺族たちの活動について見ていくことで，2000年代以降のありようを検討したい。

8.4.2 〈遺族〉としての支援と経験の共有

森啓祐君の自殺事件の概要は次のとおりである。2006年10月11日，啓祐君は自宅倉庫で亡くなった。その後，家族によって遺書が発見され，そのなかに「いじめられて，もういきていけない」という文言が残されていたため，遺族たちは学校側にアンケート調査を依頼する。その結果，学校での様々なトラブルを知ることになった。しかし，10月16日に開かれた学校側の記者会見では，「いじめと自殺の因果関係はない」という見解が公にされた（森・森 2008: 38）。

そうした事態を受けて遺族は，事件の「真相解明」を目指した活動と，「親の知る権利」の保障を求める社会運動に関わっていくことになる。その一連の経緯は，のちに遺族たちが著した本にもまとめられている（森・森 2008）。そこではほかの「いじめ自殺」事件の遺族との出会いについても言及されているが，なかでも重要なものと位置づけられているのは，1998年に高校1年生の娘香澄さんを亡くした遺族である小森美登里さんとの出会いである。その経緯は次のように述べられている。

> 私たちは，同じ遺族の立場で相談できる人がほしいと思っていました。そんなときに，いじめ問題について，マスコミでもかなりとりあげられてい

> た NPO 法人「ジェントルハートプロジェクト」の小森美登里さんという方がいることを知りました。小森さん自身も，お子さんを自殺で亡くされた方なのです。「あぁ，この方だったら，私の思いを聞いていただけるのではないか」と思って，ある記者の方を通じて，小森さんに連絡をとっていただきました。ちょうど町の調査委員会が遺族側の聞き取りをするというときに来ていただきました。（森・森 2008: 82–83）

ここでもやはり，「同じ遺族」というカテゴリーにもとづく理解に重要な意味が与えられていると言える。というのも，森啓祐君の遺族が小森さんに対して「この方だったら，私の思いを聞いていただけるのではないか」という思いを抱いたことにおいて，小森さんを同じ「いじめ自殺」事件の〈遺族〉として理解可能であったことが決定的に重要であったと考えられるからである。

それでは，実際に遺族たちが出会うことで，いかなる実践が可能になるのだろうか。筆者が実施したインタビューにおいて小森さんは当時のことを次のように語ってくれた。

> 小森：電話を頂き，すぐに福岡へお邪魔しましたが，偶然その日は夜に調査委員会の報告がある日でした。
>
> 筆者：森さんにですか。
>
> 小森：はい。期待しないようにと伝えました。啓ちゃんのことや親のことを悪く言ってきたりするかも知れないので覚悟してねと。ショックを受けないように報告の中で起こりそうなことを伝えて帰りました。その後森さんから「小森さんの言った通りでした，事前に聞いておいて良かった」と言われて，「じゃあこれから起きそうなこと言うからね」って言って。
>
> 筆者：えっと，そのこれから起きそうなことって，もちろん香澄さんのこととか，その当時までにはもう相当色々なケース見て。
>
> 小森：そうそう，それと，私自身が経験した，信じているお友達がこれから離れていく可能性もあるよ，とか，気付くとひとりぼっちとか，孤独になっちゃうこともあるかもしれないし，とか，自分が想像で

きる，これから身に起きるであろうことを。
(2020年3月16日インタビュー)

ここでは，新しく遺族となった森さんに対して，小森さんが「これから起きそうなこと」の予測を伝えていたということ，それ自体に着目したい。それらの予測は具体的には，調査委員会による遺族への対応のあり方や人間関係上の変化に関するものであったようだが，そうした予測を語る／聴くことも，「同じ」〈遺族〉であるという理解にもとづいて可能になっているカテゴリー的な実践だと言える。また，そうした「同じ」〈遺族〉の「同じ」経験という理解は，遺族たちの活動を下支えする条件にもなりうる。実際に，小森さんや森さんはそれ以後，多くの「いじめ自殺」事件の遺族と関係を結びながら，「親の知る権利」を求める活動を展開していくことになった。

それらの活動が，遺族たちが置かれていた状況を改善することに寄与してきたことは間違いない。しかし同時に，そこで学校や教育委員会がいかなる存在として捉えられてきたのかという点にも注意を向けておく必要がある。というのも，これまで見てきたように遺族たちにとって「いじめ問題」とは，学校や教育委員会による事後対応をめぐる「被害」の問題としても経験されてきたからだ。そこでは，〈被害者〉としての遺族と〈加害者〉としての学校・教育委員会という対立関係が語られていた。

そうした対立関係はいつしか自明視され，前提とされてきてしまったのではないだろうか。そして，そのような前提が置かれている限りにおいて，新たに遺族になった人が――仮に何らの「被害」も経験していない段階にあるとしても――学校・教育委員会に不信感を抱いてしまうことは自然である。言い換えれば，〈被害者〉としての遺族と〈加害者〉としての学校・教育委員会という対立関係のもとで両者を捉える理解の枠組みこそが，新たな遺族たちにとっての「不信の構造」を生みだしてしまっているようにも思えるのである。では，そうした「不信の構造」とも言うべき社会状況のもとで新たに遺族となった人にとって，事件はいかに経験されるのか。次節では，大津市事件の遺族の語りをもとにその点を検討する。

8.5　事件はいかに経験されるのか

8.5.1　〈遺族〉として過去の事例を参照すること

まず，大津市事件の遺族がいつ・いかにしてわが子の死を「いじめによる自殺」ではないかと考えはじめたのかという点を確認したい。2013 年に週刊誌に掲載された遺族の手記では，その経緯が次のように記されている。

> お葬式が終わって嫁と子どもたちと一緒に自宅へ帰ってからも，ずっと放心状態でした。そこに嫁の実家から電話がかかってきたんです。
>
> ある下級生のお母さんから，「あんなん，いじめ殺されたみたいなもんやで」と言われた，と。実家は銭湯をやっているのですが，教えてくれた人はその銭湯の常連でした。しかも，別の父兄からも同じことを言われたといいます。いじめ殺されたと言われても，何のことかすぐに理解できなかった。急いで銭湯まで走りましたが，その方はすでに帰ったあとでした。
> （『文藝春秋』2013 年 4 月号，p. 207）

同手記によれば，男子生徒が亡くなった 10 月 11 日には通夜があり，その翌日に葬式があったという。それゆえ，上記は男子生徒が亡くなった翌日の 10 月 12 日の出来事についての記述ということになる。そして上記に引用した遺族の回想にもとづけば，男子生徒の死の翌日には，ある保護者の噂話を間接的に聞いたことで，遺族はわが子の死が「いじめによる自殺」であった可能性を考えはじめることになっていたのである。

では，その後遺族はどのような行動を取ったのだろうか。手記は次のように続けられている。

> でも，その「いじめ」という言葉がパッと耳に残ったのです。「これは俺がしっかりせなあかん」と思いました。それで息子の机の上にパソコンを置いて，朝までいじめに関する情報を集めました。もう必死だった。すると，真相を知るにはなるべく早く同級生たちにアンケート調査を行なっ

> たほうがいいこと，いじめ自殺問題を解明しようとした過去の裁判事例では，ほとんど遺族側が負けていること，などを知って驚きました。（『文藝春秋』2013 年 4 月号，p. 207）

以上より，大津市事件の遺族が，ネットを介して過去の「いじめ自殺」事件に関する情報を参照しながら自分自身の取るべき行動を検討していたことがわかる。

そのような語りからは，2011 年当時新たに「いじめ自殺」事件の遺族になった人が，インターネットを通じて，過去の「いじめ自殺」事件に関する多くの情報を得られる状況があったことを確認することができる。そうした情報は，新たな遺族が自らの置かれている状況を理解し，どのような行動を取るべきかを考えるための重要な資源であり，その意味で遺族の助けとなりうるものであることは否定できない。しかしその一方で，そうした知識を参照することで，新たに遺族となった人が学校側への対立感情を強めてしまうこともありうるだろう。つまり，学校や教師，教育委員会といった存在一般が（「隠蔽体質」といった言葉で象徴されるように）遺族にとっての「悪しき」主体として認識されることで，その帰結として，新たに遺族となった人が相対しているその学校や教師，教育委員会までもが先験的に「悪しき」主体としてまなざされてしまう可能性があるということである。

そうした問題については，第 6 節で再度立ち返って考えたい。その前に以下では，大津市事件の遺族の裁判場面における語りをもとに，「いじめ自殺」事件の遺族が語りうるのはどのようなことなのかという点をさらに検討したい。

8.5.2　「いじめ自殺」事件の〈遺族〉として語りうること

大津市事件に関する民事訴訟における遺族に対する証人尋問（2017 年 9 月 19 日）では，原告となった遺族とその代理人による，次のようなやりとりが見られた(11)。

（11）　証人尋問は 2017 年 9 月から 12 月にかけて 4 回実施されたが，共同研究チームの複数メンバーで裁判を傍聴し速記録を共同作成した。本共同研究に関しては，北澤・間山編（2021）を参照のこと。

原告側代理人：息子さんがいじめを受けていたことは，結局，亡くなるまで気づかなかったのですか。

原　告　　　：いや，気づきませんでした，全く。

原告側代理人：ご家族では，気づかなかったことでどのような反応がありましたか。

原　告　　　：やっぱりもう，気づいてやれなかったことに対して，もう私も，ほかの子どもたちもそうですけど，悔いてます，なぜ気づけなかったということに対して。

上記は，原告側代理人（以下，代理人）による原告（遺族）への証人尋問の終盤におけるやりとりである。ここにおいて，遺族は何を尋ねられ，何を語ることになっているのだろうか。

まず，代理人が遺族に，いじめに気づかなかったのかという点を尋ねていることに着目したい。遺族はその質問に気づけなかったと即答しているが，続けて代理人は気づけなかったことへの遺族たちの反応について尋ね，それに遺族は，自身や亡くなった子のきょうだいである「ほかの子どもたち」が「なぜ気づけなかった」のかと悔いていると応答している。そうしたやりとりは，あくまで証人尋問という場における問いかけと応答であり，日常的なものであるとは言い難い(12)。そうであるとしても，そこでの遺族の語りから，「いじめ自殺」事件の〈遺族〉として語りうることとは何であるのかという点を検討することが可能である。とりわけここで着目したいのは，いわゆる自責の念の語られ方である。

その点を考える上で，遺族たちの罪悪感とその「中和化」のあり方を社会学的に検討したJ. ヘンズリンの研究（Henslin 1970）が参考になる。ヘンズリンは，自殺した者の死に対して遺族たちが覚えることになる罪悪感をいくつかの

(12)　ここで引用しているのは原告側代理人による原告（遺族）への証人尋問場面であるが，そうである以上，戦略的にこのようなやりとりがなされたと考えることもできる。というのも，たとえば「いじめに気づけなかったのか」という趣旨の質問とそれへの応答がなされる際には，当のいじめの存在は自明視されることになるのであり，いじめの存在を立証しようとする遺族側にとっては，そうした質問–応答のやりとりをすること自体がひとつの戦略的なふるまいでありえるからである。

パターンに整理した上で，それを弱めるための「中和化」の方法が存在することに着目した。ヘンズリンによれば，その主要な方法のひとつは，当該の自殺を他人や人為的でないほかの要因によって引き起こされたものと見なすことであるという。たしかに，一般的に言って，その自殺をそのような仕方で捉えることができる時には，遺族にとっての罪悪感や自責の念は弱まるだろう。

だが，再び上記の証人尋問場面における遺族の語りに目を向けると，事態はそう単純ではないことがわかる。というのも，そこでは，自殺の原因としてのいじめの存在に気づけなかったことを「悔いて」いるという仕方で，遺族にとっての自責の念が語られているからである。いじめは通常，一定の期間継続的におこなわれると考えられている。そうである以上，ともに日常を過ごしていた遺族たちにとってはある意味では「いじめに気づけた」チャンスがあったと考えることができてしまう。それゆえに，遺族たちは「いじめに気づけなかった」ことへの後悔の思いや自責の念に苛まれる事態から逃れることが困難なのである。

それだけではない。遺族はしばしば，そうした後悔や自責の念を語るべき・語らなければならない存在としてもまなざされている。そのことは，たとえば遺族自身が公の場で「いじめに気づけなかったのも仕方がない」といった発言をするのは難しい，といったことを考えてみればわかりやすいだろう。そして，そうした〈遺族〉のふるまいに関わる一般的な理解は，「家族」に関わる社会的な規範によって可能になっているものであり，私たちはここに再び〈遺族〉というカテゴリーの規範性を見ることができる。

また，そのように考えるならば，遺族たちの感情経験も彼らだけの問題ではありえないことになる。次節では最後に，社会の側が〈遺族〉カテゴリーの担い手たちに何を強いてきたのか，それはいかなる帰結を生んできたのかを考えるとともに，私たちの進むべき方向性を探ってみたい。

8.6　本章のまとめ

ある遺族は，かつて筆者に「遺族は泣いてるか，怒っている姿しか求められない」と語ったことがあった。また別の遺族は，近所の人から明るい様子で買い物をしているのが「おかしい」と言われ，それ以来すこし遠くにあるスーパーに通うようになったと語った。

こうしたエピソードには，社会の側が〈遺族〉カテゴリーの担い手たちに何を強いてきているのかが象徴的にあらわれている。「遺族であればこうであるべき」という人びとの規範的な理解は——上記のエピソードのように，時に暴力的だとすら言えるような仕方で——遺族たちのふるまい方を制限し，彼らに不自由な立場を強いることにもつながっている。これまで本章で〈遺族〉というカテゴリーに着目してきた理由のひとつは，このような意味での〈遺族〉カテゴリーの規範性を浮き彫りにするためであった。

その上で最後に考えたいのは，こうしたカテゴリカルな理解が何をもたらしてきたのかという点である。本章では，現代のいじめ問題の構図がいかなる歴史の上に成り立っているのかを，遺族たちの経験や活動という側面から検討してきた。念頭に置いていたのは，「いじめ自殺」事件の〈遺族〉と学校側との対立関係は，実のところカテゴリー的に運命づけられた原理的なものではないということだ。それは，〈被害者〉と〈加害者〉が原理的に対立的なカテゴリー関係に置かれていることとは異なっているのである。そしてそうである以上，現状では容易に達成できそうもない課題に思えるとしても，〈遺族〉と学校側との対立関係は組み換えていくことが可能であるはずなのだ。

とはいえ，本章が辿ってきたのは，そうした方向性とはいわば逆向きの歴史的展開であった。すなわち，〈遺族〉と学校側との対立関係がいかに深まり，前提とされてきたのかという点に本章は着目してきた。特に，経験を共有する実践には新たに遺族となった人の学校側への不信に帰結してしまう可能性があること，また，過去の事件に関する情報を参照することで新たな遺族が学校側を先験的に「悪しき」主体と見なしてしまう可能性があること，少なくともそうした事態が起こりうる社会的状況がもたらされていることを指摘した。

もちろん，遺族と学校側との不幸な対立関係は，遺族が学校側をどうまなざすかといった問題に留まるものではない。まず踏まえなければいけないのは，そのような対立関係は，かつての——あるいは今日でも時に——学校や教育委員会によって遺族たちに対する「不誠実」な対応が取られ，それによって遺族たちが不当に苦しめられた事態が生じていたことでもたらされたという側面が確実にあることだ。そうしたケースの遺族たちが強いられた苦境や，悔しさ，やりきれない思いには計り知れないものがある。

その上で，さらに考えなければならないのは，学校側を先験的に「悪しき」主体と見なすような見方は，遺族たちばかりではなく，より広く社会的に共有されている見方でもあるという点である。そうした見方が採用されている事態は，マスメディアや市井の人びとの言説ばかりではなく，「いじめ問題」に関わる研究者の言説においても見ることができる。たとえば，憲法学者の木村草太は，第三者調査委員会のような外部機関の介入の必要性を論じるなかで，「学校でのいじめは，究極的には，いじめが生じるような学校を放置した教育委員会の責任問題となる」のであり，それゆえに「学校はもちろん，教育委員会も，いじめを隠蔽したり否定したりする強い動機を持っている」（木村 2017: 23）と断じる。ここでも，学校や教育委員会は，あらかじめ「悪しき」動機を有する「悪しき」主体として前提とされているのである。そうした言説は，遺族と学校側との不幸な対立関係を煽るものではありえても，その解消に寄与するものではないだろう。

では，遺族と学校側との不幸な対立関係の解消に向けて，いかなる方向性がありえるのか。今後のあり方を具体的に構想することは筆者の手に余る作業だが，以下では2つのエピソードを紹介することで，今後進むべき道筋について，少なくとも可能性を示すことができればと思う。

第1に，学校事故やいじめ事件に関わる活動を長年続けてきたある遺族が，筆者に，子どもの自殺事件を「教育の問題」として扱うべきだという考えを語ってくれたことである。その人は，第三者調査委員会のような外部機関の介入が遺族たちの活動の歴史の上に可能にされたものだという事実を重視する一方で，そうしたあり方が終着点ではありえないと繰り返し語った。目指すべきはむしろ，亡くなった子どもと日常的に関わっていた学校の教師こそが，遺族と対話し，同級生らから話を聞き取り，「事実」を確かめていくべき主体となることであるという。そうしたあり方が，子どもの自殺事件を「教育の問題」として扱うということだ。遺族のなかにも，学校側との対話的関係を諦めることなく，子どもを亡くした「同じ」大人である教師と遺族が協力的に事態を収めていくことを理想とする人が存在するのである。その人が語るように，「当事者」たちが協同的に「事実」を検証していくあり方を理想として，それを支える制度設計を目指すのがひとつの道である。

第 2 に，裁判外紛争解決手続き（ADR）を活用した事例に学ぶことである。兵庫県多可町で 2017 年に小学 5 年生が自殺した事件では，ADR による問題解決という手段が採用され，遺族と当該学校の管理者である多可町の和解が成立した。なお，この事件では，第三者調査委員会によってすでに児童の自殺に関する事実認定がなされており，ADR を活用した和解がなされる以前に「事実」をめぐる争いは決着していた。その点を踏まえれば，この事例の意義の主張には一定の留保が必要であると言わざるをえないが，裁判とは違って双方の対立図式を前提としない ADR には，遺族と学校側の対話的・協同的関係を可能にする契機が含まれていると考えることができる。そして実際に，多可町の事例でも，遺族側代理人は，町教育委員会が「遺族と同じ方向を向いてきた」と評価していたことが伝えられている(13)。ADR には，遺族と学校側とが，対立的なカテゴリー関係の要素となるのではなく，同じく問題解決を志向する存在として位置づけられることを制度的に担保する側面があるのである。そうした制度を活用した実践が広まっていくとすれば，それは遺族と学校側の対立関係を前提としない取り組みが広まることでもある。その先には，〈遺族〉と学校側という対立的なカテゴリー関係が組み換えられていく可能性もまた存在しているはずだ。

以上は，筆者なりに今後ありえる道筋やその可能性を述べたに過ぎず，希望的観測の域を出ないかもしれない。しかしながら，今日までに積み重ねられてきた遺族たちの活動の努力に今後も頼っているだけでは「いじめ問題」をめぐる対立構図を変えていくことができないとすれば，私たちは今や，いかなる新たな道筋がありえるのかを探らなければならない地点に到達していることになる。対立を前提とし続けるのではなくその解消を目指すこと，そのための具体的方策を探ることは，「当事者」たちだけではなくこの社会のすべての人にと

(13)「遺族，多可町と和解」と題された『神戸新聞』の記事（2020/2/28 朝刊）によれば，いじめによるとされる子どもの自殺事件で，地方自治体と遺族が ADR を利用した解決事例としては，全国初であると見られる。

っての責務である。

終　章

9.1 「学校問題」としての子どもの自殺問題

本書ではこれまで，子どもの自殺問題の様々な側面に記述を与えてきた。各章で様々な主題を扱ってきたのは，まさに，子どもの自殺問題をめぐる人びとの実践の多様なあり方に即して子どもの自殺問題を描きだしていくことを本書が目指すがゆえのことであった。

戦後から1970年代終わりまでの時期を中心とする子どもの自殺言説を検討した第1章では，本書にとっての主な先行研究として位置づくことになる伊藤(2014)の議論を補助線として，具体的な資料に即した記述をおこなった。そうした記述を通じて明らかにされたことのひとつは，メディア報道，議会，白書や書籍といった様々なテクストにおいて相互的な参照関係が存在していたことである。とりわけ1970年代後半の時期に象徴的であったように，時に「社会問題」や「学校問題」としての子どもの自殺が理解可能になるのも，そうした種々のテクスト間の参照関係のなかで子どもの自殺という事象が語られるのを通じてのことであった。

子どもの自殺事件に関する裁判を扱った第2章でも，結果的に，言説の参照関係に注意を向けることになった。子どもの自殺に関する「学校の責任」が認定された裁判例においては常に，子どもの自殺に関する社会的な言説状況が一定の社会通念をあらわすものとして参照されていたからである。裁判において子どもの自殺に関する学校・教師側の法的責任の有無や程度が争われる時に，そうした法的な判断を決定する際にひとつの基準となるのは，社会のなかで子どもの自殺が学校と関係づけてどのように語られているか，すなわち「学校問題」としての子どもの自殺がどのように社会的に構成されているかという点である。それゆえに，裁判例の動向によって示されるのは，子どもの自殺と学校の関係づけのあり方が，時代とともにどのように移り変わってきたのか／こなかったのか，という社会の変化だと言える。そして第2章で取り上げた裁判事例の検討からは，「体罰自殺」と「いじめ自殺」に関する社会の認識の変化が示唆されることになった。

おそらく，子どもの自殺に関して“学校の「責任」はいかに問われてきたのか”という問いを考える本書のなかで，その問いをいわば裏面から検討する意味で重要な位置に置かれているのは，災害共済給付制度を取り上げた第3章である。というのも災害共済給付制度は，直接に「責任」を問題とすることなく，いわば子どもの自殺の原因の所在だけを有意に関連した（relevant）問題として扱う実践を導くものだからだ。第4章で検討した第三者調査委員会によって取り組まれる，いじめをはじめとする「原因」事象と子どもの自殺の因果関係を判断・認定する実践もまた，少なくとも法的な意味での責任を直接に問題にする制度的実践ではないという点で，災害共済給付制度にもとづいた実践とも共通点を有する。その上で，第3章と第4章における具体的な検討を通して本書が記述したのは，これら2つの制度的実践の結びつきのあり方であった。ある特定の子どもに関する学校側の「責任」を問題にせずとも，学校生活上の出来事，それも学校が「管理」するものとされる日常的状況のなかで生起する出来事を，子どもの自殺の原因として語ることは可能である。そして災害共済給付制度にもとづく給付金の支給可否を判断する実践と第三者調査委員会による背景調査の実践という2つの制度的実践の結びつきが可能にしているのも，そのような仕方で事態を決着させる，子どもの自殺に対する社会的な対処のありようであった。

第5章と第6章では，子どもの自殺という出来事をめぐる「当事者」としての学校・教師よりもむしろ，そうした「当事者」を取り巻く外部的アクターの活動に着目した。子どもの自殺事件に関しては，事件後の時点における学校や教師の対応が問題化される場合も少なからずある。そのような事後対応における学校側の「問題」は，外部的アクターのどのような活動によって構成されるのか。第5章と第6章は，この問いを具体的事例に即して検討するものであったと言うことができる。そして，そのような意味での事件の構成過程におけるマスメディアというアクターの関与のあり方は明らかに「中立」的なものではないが，その非中立性は，マスメディアがある一定の「事実」を前提として報道活動を展開していることによってもたらされている。その時，「事実」とは何か。どのような社会的条件下において，ある現実理解を「事実」として扱うことが可能になっているのか。これらの事柄が反省的に問われるべきであることが，第5章と第6章の議論からは示唆された。

このような論点は，第8章での「いじめ自殺」をめぐる〈遺族〉と学校側の対立関係の構図に関する議論においてもある部分共有されている。第8章では，〈遺族〉というカテゴリーのもとで可能になる遺族たちの活動に着目したが，〈遺族〉というカテゴリーはそれ自体が遺族たちにとっての連帯を可能にするという点で重要な役割を果たしている一方で，――〈遺族〉というカテゴリーのもとで可能になる「同じ」経験という理解のあり方については第7章で「指導死」事件の遺族たちの語りからも検討した――特に「いじめ自殺」事件の〈遺族〉であるという自己理解は，本来は個別具体的に多様であるはずのほかの誰かの経験や「いじめ自殺」をめぐる社会的な言説状況が参照されることによって，先験的に学校側を「悪しき」主体と見なしてしまう認識を共有することにもつながってしまいうる。そのような認識には，たしかに過去の問題事例を踏まえたものという側面もあるだろう。その意味で，それは社会的な「常識」として一概に否定できるようなものではないが，だが先験的に学校側を「悪しき」主体と見なし続けてしまう限り，〈遺族〉と学校側のカテゴリー的な対立関係が問い直されることはありえない。現状の社会的状況下においては困難な課題ではあるようにも思われるものの，先験的に学校側を「悪しき」主体と見なすのではないかたちで，より個別的に，残された「当事者」たちによる協同的な実践を可能にするための道筋が検討されなければならない。

以上，各章での議論について振り返ることで，子どもの自殺問題をめぐる人びとの実践を記述する作業を通じて，本書がどのような「見取り図」を提示してきたのかを述べた。この「見取り図」についてさらに，「学校問題」という概念との関係で説明を加えるのであれば，次のようになるだろう。すなわち，子どもの自殺をめぐっては，学校の「責任」を直接的に問う実践のほかに，「責任」を直接には問わないものの学校の「問題」を構成する実践が生起してきた。複雑に絡み合いながら展開してきたこれら2種類の実践の歴史が，現代の日本社会における，「学校問題」としての子どもの自殺問題を構成している。

9.2 「他者」としての自殺した子ども

ここで，すでに遠く消え絶えた「過去」であるかのように思われるかもしれない，子どもの自殺をめぐるかつての社会的な言説のありようについて，考えをめぐらせてみたい。

はじめに見るのは，1957年に掲載された雑誌記事である。その記事では，「わが娘を『自死』という納得し得ぬ力で奪われた」2人の母親の手記が取り上げられている(1)。

> 【傷あとのあまりに深く…（富永はな）より抜粋】
>
> あの日から1年，私は何とかして令子の死の原因を知りたいと狭い想像のオリの中であがきつづけた。新聞を見ても書店を歩いても，自死の文字だけが大きく飛込んでくる。私はむさぼるように求めて読んだが，令子の死は結局謎である。常識的に考えたなら，令子を死に追いやる何ものも見出せないように思われる。…（中略）…“死”へのある程度の接近は観念や感傷からも出来る。が最後の一線をふみ切るには何か大きなバネが必要ではなかろうか，私の想像も及ばない何らかのなまなましい苦悶があったのでなかろうか。
>
> しかし，私にはその片鱗もみせなかった。毎晩の，あの笑顔，あの朝の明るさ，なんという恐ろしいわが子の心であろう。（「娘に自死された母親の手記」『婦人朝日』1957年3月）

(1)　同記事によれば，自殺した令子さんは高校2年生であったという。また，己代子さんは中学校卒業後，農協で働くなかで，5通の遺書を残して自殺したとされる。遺書のなかには「私はだんだん近眼になって来ますから生きていたって仕方がないからあきらめます」という文言や，「死の第一の原因は，農協へ勤めるのがいやになりました」といった文言も記されていたとされるが，それでも母親は「元気ものの己代子が，勤めがいやになった……ただこれだけで死ぬ気になったのだろうか」と，その理解・納得し難さを強調している。

> 【風もなく消えた若い灯…（鈴木かね）より抜粋】
> わからない，わからない，どうしてもわからない，末娘の已代子が自死するなんて――（「娘に自死された母親の手記」『婦人朝日』1957年3月）

これら2人の母親の語りから示唆されるのは，次のような端的な事実だろう。すなわち，子どもの自殺はしばしば残された人びとにとって「謎」を残す出来事であり，容易には「わからない」，「わかりえない」ものとして経験されうるということだ。

そして子どもの自殺が「わからない」ものとしてまなざされ，語られる社会的状況は，相当程度普遍的なものだろう。実際，上記に引用した記事中の親たちによる言葉は，今日，自死によって子を亡くした親が語りうる事柄でもあるように思われる。その意味では，子どもの自殺は人びとにとって謎を残す出来事，いわば「わからない」，「わかりえない」出来事であり続けている。

その上で，ではそうした子どもの自殺の「わからなさ」は，私的な語りの「場」を超えた，たとえば新聞や雑誌という社会的な「場」においても，かつてと変わらず語り続けられているだろうか。この点を考えようとする際に浮かび上がるのは，かつて学校の教師という「当事者」は子どもの自殺をどのように語ることができていたのか，より正確には，新聞や雑誌という社会的な「場」において提示される教師の語りはどのようなものでありえたのかという疑問である。

この点を考えるために次に見るのは，1972年に掲載された，中学生・高校生による自殺が続発している状況について報じたある記事である。

> もう1つ，8月26日に自宅で睡眠薬自死をした山梨県富士吉田市の中学3年，O君（14）の場合。
>
> O君も学校の成績がきわめてよく，機業を営む両親も健在。家からも先生からも将来に期待をかけられていた。
>
> 「彼は高校受験をめざしてがんばっていて，成績も今年になってグッと伸びたところでした。私のところへもよく相談にきました。性格的にも明るくて，とても孤独なふうには見えませんでしたね。ええ，なぜO君が

> 自死なんかしたのか，まったく心当たりがないんです」
> 両親にも思い当たることがなく，O 君が睡眠薬を持っていたことなどまったく知らなかったという。（「相次ぐ動機なき少年たちの自死」『週刊言論』1972/9/22）

上記引用部に見られるように，この記事では，学校の教師による，生徒の自殺の理由が「わからない」といった語りが取り上げられている。なお，そうした親や教師にとっての「わからなさ」は，読者にとっても理解可能なかたちで提示されている。というのも同記事では，家庭環境(2) にも，成績や進路に関しても，性格上も，当該生徒が自死するに足るような「問題」は見いだすことができなかったことが伝えられているからである。そうした記述は，一般的に考えうる自殺の理由・動機，すなわち自殺の「動機の語彙」（Mills［1940］1963=1971）を参照し，そのいずれの動機の語彙でも説明できないことを強調することで，「動機なき」自殺を理解可能にするものだと言える。

ここで重要なのは，そうした理由・動機が「思い当たらない」という事態の語り手に，自殺した生徒と直接関わっていた教師がなることができていることである。もちろん今日でも，個人的な経験の語りの「場」においては，教師が，自らと直接関わりのあったある生徒の自殺を「わからない」出来事として語ることはあるに違いない。だが，新聞や雑誌という社会的な「場」において，そのような教師の語りが取り上げられることはまずないように思われる。というよりも，そのような教師の語りが公にされる場合があるとすれば，それは，学校生活上の出来事との関係を十分に問い直したり可能な調査の限りを尽くしたりすることなく，生徒の自殺を安易に「わからない」ものとして語る「非難されるべき無責任な教師」の語りとして，問題的に取り上げられる場合であるのではないだろうか(3)。

---

(2) 今日では一般的に，自殺した子どもの家庭環境に言及すること自体が控えられるようになっており，子どもの自殺が伝えられるに際して「両親も健在」といった情報が伝えられること自体がほぼ見られなくなっている。それもまた，時代の移り変わりにともなう，自殺者やその遺族への倫理的配慮のあり方の変化であることは言うまでもないが，それ自体が子どもの自殺の「可能な語り方」に関わるひとつの社会的変化として捉えられることを指摘しておきたい。

もし，そうであるとすれば，社会的な「場」における子どもの自殺の「可能な語り方」は，時代とともにある部分，変化してきたと考えるべきであるようにも思われる。仮説的に述べれば，それは，少なくとも社会的な「場」において観察可能な，教師を含む人びとによって特定の子どもの自殺が「わからない」ものとして語られていたかつてのありようから，「わかりうるもの」「わかるべきもの」としてのみ子どもの自殺が語られるようになったという社会の変化をあらわしているようにも思われるのだ。

このような仮説的な考察に関して，最後に，1978年に掲載された次のような雑誌記事について見ておきたい。この記事は，第3章でも言及した府中市事件を取り上げたものだが，ここで注目したいのは，遺族となった父親の語りである。

> 「担任の三宅先生が苦しんでいらっしゃる。それを思うと，もう，本当にお気の毒で夜も眠れないんですよ」
>
> 東京都下府中市・都営住宅50棟6号室，1階の居間。わずか9才の身で自死を遂げてしまった赤平浩美ちゃんの父親・清さんは，そういって沈痛に頭を垂れた。…（中略）…「先生は悪くない。これは，学校の責任でもなんでもないんですよ。三宅先生は，本当にいい先生で，浩美のことには，普段から，細かく気を使ってくださって……」
>
> 清さんは，幾度も幾度も，そのことを強調する。
>
> 「先生は，昨日も焼香に来てくださったんです。仏壇の前で，涙を流していらっしゃる先生に，わたしは申し上げました。
>
> “先生，浩美のことで，学校を辞めるなんてことは，絶対にいわないでください。そんなことをしても，浩美はけっして喜ばないはずですから……それだけは，約束してください”って……。
>
> だって，三宅先生が学校を辞めなければならない理由なんて，なにひとつないんです。

(3) 本書第5章で見た大津市事件における「いじめと自死の因果関係は不明である」という学校・教育委員会側の見解も，そのような文脈に位置づけられることになった，「わからない」という語りと考えることができるかもしれない。

> それなのに，心ない人たちは“学校の責任を追及しろ”という内容の手紙をくださる。わたしたちを励ましてくださるお気持ちは，うれしいんですが，そういうことをするつもりは，わたしたちにはまったくないんです。浩美がなぜ死んだのか，それを考えるのは，わたしたち親のつとめなんですから」（「衝撃事件レポート　先生，悔やまないで！　浩美の死はあなたの責任ではない！」『微笑』1978/11/25）

この記事で取り上げられている遺族の語りに特徴的なのは，担任教師の「責任」を否定し，担任教師を社会的非難から擁護しようとする姿勢である。この府中市事件は，教師の叱責の後に児童が学校内で自殺してしまった事件であり[(4)]，死亡見舞金の支給決定という結果にもあらわれていたように，学校での出来事に起因する自殺として意味づけられていた。にもかかわらず，遺族は担任教師を厳しく非難したり，責任を追及したりしていたわけではなく，その意味で両者のあいだに対立関係は生じていなかったのである[(5)]。

と同時にここで再び注目したいのは，わが子が自殺した理由を考えるのは「わたしたち親のつとめ」だとして，わが子の自殺を「わからないもの」として引き受けようとする遺族の語りである。こうした遺族の語りからは，自殺してしまった子どもという存在について，あるいは，自殺した子どもと残される人びとの関係について考察を加えようとする上で，いかなる含意を引き出すことができるだろうか。

この点を考える上で参照したいのは，奥村隆の他者論である。奥村は，もし私たちが他者の「こころ」を完全に理解できるのだとしたら，という「ありえない想定」（奥村 1998: 234）にもとづいて，「自己」と「他者」の関係をめぐる刺激的な議論を展開している。

> 完全に理解されてしまうとき，「私」など存在しない。「私」のこころのす

(4)　なおこの事件は，大貫編（2013）の末尾に付された資料「『指導死』一覧」においても，過去の「指導死」の事例として取り上げられている。

(5)　ただし，記事中の遺族の語りからは，「学校の責任」の追及を求める人びとの声も一部存在していたことが示唆されている。

> みずみまで他者によって「理解」されるとき，「私」のなかに「私だけ」の場所などどこにもないことになる。あるいは，「私」のなかにあるものはすべて他者に「理解されてしまう」程度のものでしかない。どこに「私」固有のものがあるというのだろう。私は，他者の「理解」によって，どんどん蒸発していってしまう。逆にいえば，他者に「理解」されない場所をもつことによって，「私」は「私」でありはじめる。（奥村 1998：236）

奥村（1998）において，このような指摘は，ほかでもありえる可能性という意味での「自由」に関する議論として提示されている。自殺者，あるいはすでに亡くなってしまった人に，そのような意味での「自由」はもとより存在しないかもしれない。だが，残される側の人びとである私たちには，一定の「自由」が常に残されると言える。逆説的ではあるが，私たちは，自殺した子どものことを完全に理解できてしまわない限りにおいて，自殺した子どもという「他者」を理解しようとし続けることができる。子どもの自殺が「わからない」ものとして捉えられている状況は，このような意味での，残された人びとにとっての「自由」である。

奥村は，私たちが完全に「他者」を理解することができないことは，むしろ「他者」と共存し続けるための基底的な条件であると論じる。もしそのように考えられるのであれば，自殺した子どもが「わからない」ものとして捉えられている状況は，ある意味では，自殺した子どもという「他者」との共存を可能にする状況として捉えることができるだろう。「わからない」からこそ，その「他者」の「こころ」を考え続けることができるという点において，その「他者」がすでに亡くなってしまっているかそうでないかということは，本質的な差異ではない。そして，自殺した子どもが「わからない」ことが残される人びとにとってその「他者」のことを考え続けることを可能にするのだとしたら，自殺した子どもが「わからない」状況は必ずしも一概に「悪い」事態ではないと言えるのではないか。子どもの自殺という悲しい出来事が起きてしまった後，残された人びとにとって可能なのは，自殺した子どもの「こころ」を考え続けることだけかもしれない。だがその時，私たちはその子どもを完全に理解したと思い込んではいけないのだろう。そうではなくて，その子どもの「他者」性を認めることではじめて，その子どもは「こころ」を持ったひとりの「他者」として，私たちの「こころ」のなかに存在し続けることができるのだ。

9.3 課題と展望

最後に，本書で十分に取り組むことのできなかった実践の記述，すなわち「子どもの自殺問題の社会学」にとって残された課題について述べる。それは同時に，「子どもの自殺問題の社会学」研究に今後も取り組み続けようと考える筆者自身の研究展望について述べることでもある。

本書の課題のひとつとして，「いじめ自殺」が社会に定着していく時期であったとされる1980年代以降の時期に，子どもの自殺の具体的事例に対する意味づけや解釈がいかに争われていたのかを主題的に検討できなかったことが挙げられる。もちろん，この点はすでに先行研究においても考察が加えられてきた論点であるが（伊藤 2014; 北澤 2015），「学校問題」としての子どもの自殺問題の理解可能性を問い直す観点から1980年代以降の時期の「いじめ自殺」やそれ以外の子どもの自殺事件に関する社会的な言説をさらに見直していくことで，より豊かな仕方で子どもの自殺と学校の関係史を描き出すことが可能になるようにも思われる。その作業は，「学校像の変容」（広田 1998）を問い直すという教育社会学的関心にも寄与しうるだろう。

また，本書には，戦後以降の日本社会を対象にした子どもの自殺問題論だという特徴がある。もちろんそれは，固有の歴史的文脈が存在していることを重視するがゆえのことであるが，さらに古い時代や，異なる国や地域における子どもの自殺をめぐる人びとの実践やそれを可能にしている制度について問うことで，今日の日本社会における子どもの自殺問題の像を，比較の視点から捉え直すことが可能になるかもしれない。今後さらに取り組むべき課題のひとつである。

初出一覧

各章の初出は以下の通りである。ただし，ほとんどの章では大幅な加筆・修正を加えている。

序　章　書き下ろし

第1章　今井聖，2021，「『子ども』の自殺はいかに語られていたのか(1)」『立教大学大学院教育学研究集録』18: 1–18.
今井聖，2022，「『子ども』の自殺はいかに語られていたのか(2)」『立教大学大学院教育学研究集録』19: 60–75.

第2章　今井聖，2021，「『体罰』に関する試論――その理解可能性と社会的意味をめぐって」『神奈川大学心理・教育研究論集』49: 81–98.

第3章　今井聖，2021，「〈子ども〉の自殺をめぐる補償・救済の論理――災害共済給付制度における運用上の変化に着目して」『教育社会学研究』108: 141–161.

第4章　書き下ろし

第5章　今井聖，2020，「『いじめ自殺』事件における過去の再構成――大津いじめ事件の『自殺の練習』報道に着目して」『現代の社会病理』35: 81–96.

第6章　今井聖，2023，「児童生徒の自殺事件をめぐる学校の事後対応はいかに問題化されるのか――M. ポルナーの『経験の政治学』の視角から」『現代の社会病理』38: 51–68.

第7章　今井聖，2021，「『指導死』概念は何をもたらしたのか――遺族の語りから見る社会的経験の変容」『ソシオロゴス』45: 21–38.

第8章　今井聖，2021，「『いじめ自殺』事件をめぐる〈遺族〉の経験」北澤毅・間山広朗編『囚われのいじめ問題――未完の大津市中学生自殺事件』岩波書店，150–177.

終　章　書き下ろし

あとがき

「自殺の原因は○○だ」という表現は，普通に聞かれるものだ。だが，よく考えてみると，原因として位置づけうる何らかの事象が想定できるとしても，それは常に同じ結果を導くものといった意味での「原因」ではない。自殺である以上，最終的にその行為を実行するのは自殺者当人であり，そこにはその人の意思が介在しているという前提を，私たちは容易に手放さない。

このような，原因や意思といった概念のもとで可能になっている自殺をめぐる社会的現実のありようは，責任をめぐる実践の諸相とも深く結びついている。ある自殺をめぐって責任の所在が問題となるような事態が生じる理由のひとつには，その自殺の原因をどのように考えるかという点に解釈の余地がある（と見なされる）場合が少なくないということがあるだろう。自殺の原因をどのように捉えるかはそれほど簡単な問題ではないし，ある人の自殺に関して誰にどのような意味での責任を問うべきかという問題も簡単ではない。本書でおこなってきたのは，このあたりまえの事実をいくつかの側面から確認してきたことに過ぎないのかもしれない。

*

ここで最後に，あるひとりの教師の語りを紹介したい。以下に引用するその語りは，とある「体罰自殺」事件に関する裁判の過程で，体罰をしたとされる教師の同僚であった別の教師が語った陳述内容からの抜粋である。

> ■からの暴力が自殺の一番の原因であるとは思いますが，同時に，様子がおかしいと気づいていたのに声掛けが足りなかった私にも責任があると思っています。また，練習ノートに「もうわけがわからない」と記入してあったにもかかわらず見逃したサブコーチやメールでのやり取りなど彼とか

> かわっていた全ての人が，何か違った行動をしていれば違う結果になったのではないでしょうか。そういう意味では彼とかかわった全ての人が多かれ少なかれ彼の自殺に対して責任があると思っています。（「■」は引用者による匿名化）

ここで語られているのは，誰かから問われる責任ではない。そうではなく，自殺した生徒との関わりを思い起こしながら，自ら引き受けるべきものとしての責任が語られている。もちろん，子どもの自殺という結果を招いた原因事象との関係で，誰かの責任が問われなければならないような場合やそうした状況もあるだろう。だが，誰かの責任を問う／責任が問われることとは区別できる，残された人びとがどのように自らの責任を考え，引き受けていくことができるのかという問題も重要である。それは，誰かがほかの誰かの責任を問うこととは別の，亡くなってしまった子どもに向き合おうとする人に何ができるのかという実践的な問題である。

*

本書は，2022 年 3 月に立教大学大学院文学研究科から博士号を授与された学位論文「子どもの自殺をめぐる人びとの実践の教育社会学的研究」を大幅に改稿したものである。改稿の作業のなかで自分なりに改善できたと思う点も少なくはないものの，結局は多くの課題が残ったままになってしまった感触もある。だから，本書の出版が筆者の研究にとっての区切りとなるという思いはあまりない。今後も引き続き，本書でうまく扱うことができなかったテーマや，論じきれなかった事柄について，自分なりに言葉を紡いでいくほかないと考えている。

とはいえ，なんとか本書をかたちにできて良かったという思いも抱いている。というのも，本書のもとになった筆者の研究は，どちらかといえば純粋な学術的関心というよりも，現代の日本社会で起こっている事態に対する筆者の問題意識から出発したというのが正直なところであり，だからこそ，研究の成果を書籍にまとめて世に問いたいと考え続けてきたからだ。

それだけではない。本書の内容から明らかであるように，多くの研究協力者の存在なくしては決して，本書をこのようなかたちでまとめることはできなかった。とりわけ，本書を執筆するなかでほとんど常に頭に思い浮かんでいたのは，これまでにお話を聞かせてくださったり資料を共有してくださったりした，数多くのご遺族の方々の顔である。自身が自死遺族であるわけでもない私のような者が調査・研究という目的でご遺族の方々に接近していくことは，果たして許されることなのか。まして，ご遺族の方々の支援につながるような議論を直接的におこなうわけでも，単にご遺族の方々の思いを代弁するような議論をおこなうわけでもない筆者のような研究者が，ご遺族の方々と関係を築こうとすることは正しいことなのか。このような疑問は結局のところ解決できないまま，今日まで胸に抱き続けてきているものだ。とはいえ，協力してくださったご遺族の方々の思いを裏切らないためにも，研究成果をできるだけ広く世に問うていくことを目指さなければならないと考えてきた。

だから，ここではまず，本書のもとになった調査・研究にご協力いただいたご遺族の方々に対する感謝の思いを述べておきたい。すべての方のお名前を挙げることはできないが，これまで私と関わり続けてくださっている小森美登里さん，大貫隆志さん，山田優美子さん，安達和美さんをはじめ，筆者の調査・研究にご協力いただいたご遺族の方々，あらためてありがとうございます。お許しいただけるのであれば，これからもご縁を続けさせてください。

また，本書のもとになった調査・研究には学校関係者，マスメディア関係者，弁護士など，ご遺族以外の方々からも様々なかたちでお力添えをいただいた。個々のお名前を挙げることはできないが，そうした様々な方々による調査・研究へのご協力がなければ知ることができなかった情報や，関心を向けることができていなかった事柄もあるに違いない。お時間を割いて調査・研究にご協力くださったことへの御礼を申し上げたい。

次に，筆者の研究を様々な意味で支えてくださった方々にも，謝意を表したい。先に述べたように本書にはもとになった学位論文があるが，その学位論文の審査において主査を務めてくださったのは当時の指導教授，秋葉昌樹先生である。秋葉先生が立教大学に着任された2019年は，私がすでに博士課程後期課程に籍を置いて4年目になる年であったが，その直前にお会いした時から学位論文の提出に至るまで常に，その時々の私にとって必要な言葉をかけてくださった。今でも私は，秋葉先生からいただいた言葉を折に触れて思い出して，自分を励ましながら日々を過ごしている。

学位論文の審査において副査を務めてくださったのは，立教大学の前田泰樹先生と，駒澤大学の伊藤茂樹先生である。前田泰樹先生もまた，幸運なことに私が立教大学で大学院生として過ごしているあいだに，別の大学から立教大学に移動して来られた。そのおかげで，前田先生が社会学研究科で開講している授業（大学院ゼミ）に参加したり，前田先生がご担当しておられた全学共通科目のティーチング・アシスタントをさせていただいたりするなかで，短くない時間をご一緒することができた。そのような時間に私は，エスノメソドロジーをはじめとする社会学の理論や方法に関するいくつもの素朴な疑問を，前田先生にぶつけさせていただいた。そうした日々のやりとりや，学位論文の審査の場でいただいたコメントはすべて，筆者が自身の研究をより良いものにしていくために間違いなく重要なものばかりであった。同じく副査を務めてくださった伊藤先生には，少年の社会復帰に関する研究会などで今でも日頃からお世話になっている。私にとって伊藤先生は，「何を主張したいのか」だけでなく，「その主張にどのような意義があるのか」を読み手や聞き手にきちんと伝えることの必要性と重要性を思い起こさせてくれる存在である。学術的な議論である以上，それらの点を意識することはあたりまえかもしれないが，少なくとも私にとって，それらの点をきちんと述べることはほとんどいつも難しい課題である。とはいえ，その課題と格闘することなくしては，研究の内容や意義が多くの人に伝わることはありえない。学位論文からも大幅に改稿された本書を伊藤先生がどのように読んでくださるのかは，私がおそれながらも楽しみにしていることのひとつである。

立教大学名誉教授の北澤毅先生には，私の修士課程（博士課程前期課程）1 年目から，私が博士課程後期課程の 3 年目を終えるまでの期間，指導教授を務めていただいた。つまり，私を研究の道に導いてくださったのは，北澤先生である。不真面目な学部生として過ごした 4 年間が終わりに近づくなかで進路に悩んでいた私が当時，「とりあえず大学院に進学してみよう」などと思うことができたのは，進路相談にご対応くださったばかりか，大学院進学を後押ししてくださった北澤先生の言葉があったからである。そして北澤先生は，私に社会学の面白さを教えてくださった先生でもある。社会学部出身の私は，北澤先生と出会うまでにもすでに様々な場で，社会学とはどのような学問であるのかという点に関する説明を目にしたり，耳にしてきていた。しかし残念なことに，あまり社会学の面白さを実感できずにいた。そのようななかで，学部4年次の時に聴講した北澤先生の授業や先生が書かれた本や論文からは，確かに社会学的な思考の面白さを感じられたことを今でも覚えている。あの頃から今日に至るまで，私は北澤先生の影響を受け続けている。

北澤先生の研究室に所属していた先輩，後輩たちにも，今に至るまでずっとお世話になっている。なかでも，私にとっては最初から先輩というよりは「先生」であった神奈川大学の間山広朗先生からは，これまでずっと研究をなんとか前に進めていくために有益な助言やコメントをいただいてきた。間山先生をはじめとする，北澤研究室の先輩，後輩たちの存在に，私はいつも助けられている。また，立教大学名誉教授の有本真紀先生と，有本先生の研究室に所属していた先輩，後輩たちにもずっとお世話になっている。

在籍した大学や所属した研究室だけでなく，外部の研究会などの場においても，多くの方々から研究を進めていく上で参考になるコメントをいただいてきた。非行研究会，社会言語研究会，神戸大学の坂井晃介さんが主宰する歴史社会学研究互助会，京都大学の藤村達也さんが主宰する教育社会学研究互助会などは，私にとって刺激的な居場所であり続けている。

お世話になった個人のお名前を挙げはじめると際限がなくなってしまうが，学位論文を提出して以降の改稿方針を考えるなかで構築主義とエスノメソドロジーの関係を主題とするかたちで個別にご意見を聞かせていただいた岡田光弘先生と酒井信一郎さんには，ここで名前を挙げて感謝の思いを伝えさせていただきたい。また，本書の草稿を丁寧に読んだ上で，私の議論に付き合ってくれた琉球大学教育学部の学生である渡邉昇さんにも，とても感謝している。

琉球大学は私の現在の職場であるが，学校教育講座教育学系の方々をはじめとして，琉球大学の同僚教員・職員の方々からも日々支えられている。琉球大学教育学部に着任する前，私は立教大学文学部でいわゆる助手職をしていたが，オーバードクターとしての期間を終えた私の仕事と研究をともに応援してくださった教育学科の先生方も，私にとってはそれぞれ大きな存在であった。

本書の刊行にあたっては，勁草書房の伊従文さんからお力添えをいただいた。書籍のタイトルさえはっきりと決めることができずにいた不甲斐ない自分が，曲がりなりにもはじめての単著をかたちにすることができたのは，伊従さんのおかげである。

最後に，私のことを常に支え，応援してくれた両親および兄と，毎日をともに過ごしてくれている家族の妻・礼央奈，息子・晴，ぽわ太郎にも，心からの感謝を伝えたい。いつも本当にありがとう。

*

本書の刊行にあたり，令和 6 年度琉球大学研究成果公開（学術図書等刊行）促進経費の助成を受けた。また本書には，日本学術振興会科学研究費補助金（研究活動スタート支援：21K20242），公益財団法人日工組社会安全研究財団の社会安全に関する研究助成，立教大学学術推進特別重点資金を受けておこなわれた研究の成果が含まれている。

2024 年 12 月 12 日

今井 聖

参考文献一覧

Anscombe, G. E. M., 1963, *Intention*, Oxford: Basil Blackwell.（菅豊彦訳，1984，『インテンション――実践知の考察』産業図書.）

新井肇，2016，「インタビュー『いじめ防止対策推進法の施行状況に関する議論のとりまとめ』を読み解く」『季刊教育法』191: 6–15.

Atkinson, J. M., 1978, *Discovering Suicide: Studies in the Social Organization of Sudden Death*, Pittsburgh: The University of Pittsburgh Press.

Best, J., 1993, "But Seriously Folks: The Limitation of the Strict Constructionist Interpretation of Social Problems," Holstein, J. A. and Miller, G. eds., *Reconsidering Social Constructionism: Debate in Social Problems Theory*, New York: Aldine De Gruyter, 129–147.

———, 1990, *Threatened Children: Rhetoric and Concern about Child-Victims*, Chicago: The University of Chicago Press.

———, [1989] 1995, "Constructionism in Context," Best, J., ed., *Images of Issues: Typifying Contemporary Social Problems*, Second Edition, New York: Aldine de Gruyter, 337–354.

———, 2017, *Social Problems*, Third Edition, New York: W. W. Norton & Company.（赤川学監訳，2020，『社会問題とは何か――なぜ，どのように生じ，なくなるのか？』筑摩書房.）

Bogen, D. and Lynch, M., 1993, "Do We Need a General Theory of Social Problems?," Holstein, J. A. and Miller, G., eds., *Reconsidering Social Constructionism: Debate in Social Problems Theory*, New York: Aldine De Gruyter, 213–237.

Coulter, J., 1989, *Mind in Action*, Cambridge: Polity Press.

独立行政法人日本スポーツ振興センター，2013，『災害共済給付ハンドブック　児童生徒等の学校の管理下の災害のために〈増補版〉』ぎょうせい.

Douglas, J. D., 1967, *The Social Meaning of Suicide*, Princeton: Princeton University Press.

Durkheim, E., 1893, *De la division du travail social: Etude sur l'organisation des sociétés supérieures*, Paris, Press Universitaires de France.（井伊玄太郎訳，1989，『社会分業論　上・下』講談社.）

———, 1895, *Les Règles de la Méthode Sociologique*, Paris: F. Alcan.（菊谷和宏訳，2018，『社会学的方法の規準』講談社.）

———, 1897, *Le suicide. Etude de sociologie*, Paris: F. Alcan.（宮島喬訳，1985，『自殺論』中

央公論新社.）

Eglin, P., 1979, "Resolving Reality Disjunctures on Telegraph Avenue: A Study of Practical Reasoning," *The Canadian Journal of Sociology*, 4(4): 359–377.

Eglin, P. and Hester, S., 2003, *The Montreal Massacre: A Story of Membership Categorization Analysis*, Waterloo: Wilfrid Laurier University Press.

福田健太郎，2008，「学校事故と学校設置者の責任――いじめ事案から見た法理論の現状と課題」『人文社会論叢　社会科学篇』20: 81–101.

―――，2021，「学校事故における賠償範囲論の展開――いじめを理由とする自殺の事案を中心に」『青森法政論叢』22: 1–20.

藤巻祐規，2004，「『社会問題の社会学』再考――一つの解釈」『年報社会学論集』17: 155–165.

―――，2006，「社会問題の状況的な再定式化に向けて」『早稲田大学大学院文学研究科紀要　第1分冊』51: 47–54.

藤原信行，2012，「自殺動機付与／帰属活動の社会学・序説――デュルケムの拒絶，ダグラスの挫折，アトキンソンの達成を中心に」『現代社会学理論研究』6: 63–75.

―――，2016，「自ら命を絶つ者は不幸でなくてはならない――突然死した者を自殺者と同定する過程をめぐる規範的秩序と実践」『生存学研究センター報告』26: 160–187.

Garfinkel, H., 1967, *Studies in Ethnomethodology*, Englewood Cliffs, NJ: Prentice-Hall.

Garfinkel, H. and Sacks, H., 1970, "On formal Structures of practical Action," McKinney, J. C., and Tiryakian, E., eds., *Theoretical Sociology: Perspectives and Developments*, New York: Appleton Century Crofts, 337–366.

Hacking, I., 1995, *Rewriting the Soul: Multiple Personality and The Science of Memory*, Princeton, NJ: Princeton University Press.（北沢格訳，1998，『記憶を書きかえる――多重人格と心のメカニズム』早川書房.）

―――, 1999, *The Social Construction of What?*, Cambridge, MA: Harvard University Press.（出口康夫・久米暁訳，2006，『何が社会的に構成されるのか』岩波書店.）

―――, 2002, *Historical Ontology*, Cambridge, MA: Harvard University Press.（出口康夫・大西琢朗・渡辺一弘訳，2012，『知の歴史学』岩波書店.）

Henslin, J., 1970, "Guilt and Guilt Neutralization: Response and Adjustment to Suicide," Douglas, J., ed., *Deviance and Respectability: The Social Construction of Moral Meanings*, New York: Basic Books, 192–228.

広田照幸，1998，「学校像の変容と〈教育問題〉」佐伯胖・黒崎勲・佐藤学・田中孝彦・浜田寿美男・藤田英典編『岩波講座　現代の教育　第2巻　学校像の模索』岩波書店，147–169.

―――，2001，『教育言説の歴史社会学』名古屋大学出版会.

Holstein, J. A. and Miller, G., 1993, "Social Constructionism and Social Problems Work," Holstein, J.

A. and Miller, G., eds., *Reconsidering Social Constructionism: Debate in Social Problems Theory*, New York: Aldine De Gruyter, 151–172.

保坂克洋，2017，「発達障害児支援としての『予防的対応』――放課後児童クラブにおける相互行為に着目して」『教育社会学研究』100: 285–304.

Ibarra, P. R., and Kitsuse, J. I., 1993, "Vernacular Constituents of Moral Discourse: an Interactionist Proposal for the Study of Social Problems," Holstein, J. A. and Miller, G., eds., *Reconsidering Social Constructionism: Debate in Social Problems Theory*, New York: Aldine De Gruyter, 25–58.（中河伸俊訳，2000，「道徳的ディスコースの日常言語的な構成要素――相互作用論の立場からの社会問題研究のための一提案」平英美・中河伸俊編『構築主義の社会学――論争と議論のエスノグラフィー』世界思想社，46–104.）

今井聖，2018，「動機論の展開――理解社会学からエスノメソドロジーへ」『立教大学大学院教育学研究集録』15: 1–15.

稲葉浩一・山田鋭生，2021，「『大津市いじめ自殺事件』における『中心』のリアリティ――担任教師の証言をてがかりに」北澤毅・間山広朗編『囚われのいじめ問題――未完の大津市中学生自殺事件』岩波書店，209–236.

稲村博，1978a，『子どもの自殺』東京大学出版会.

――――，1978b，『若年化する自殺』誠信書房.

稲村博・斎藤友紀雄，1980，『わが子に限って――自殺の予防と対策』鷹書房.

石橋秀起，2014，『立命館大学法学叢書第 18 号　不法行為法における割合的責任の法理』法律文化社.

石飛和彦，2012，「『いじめ問題』にみる教育と責任の構図」『教育社会学研究』90: 83–98.

市川須美子，2007，『学校教育裁判と教育法』三省堂.

伊藤昊児，1977，「学校事故とその救済の実態」学校事故研究会編『学校事故の法制と責任』総合労働研究所，41–62.

伊藤茂樹，1997，「『いじめは根絶されなければならない』――全否定の呪縛とカタルシス」今津孝次郎・樋田大二郎編『教育言説をどう読むか』新曜社，207–231.

――――，2000，「子どもの自殺の社会的意味」『駒澤大學　教育学研究論集』16: 23–47.

――――，2014，『「子どもの自殺」の社会学――「いじめ自殺」はどう語られてきたのか』青土社.

伊藤進，1992，「学校における『いじめ』被害と不法行為責任論――最近の『いじめ』判決を素材として」星野英一・森島昭夫編『現代社会と民法学の動向　上――不法行為』有斐閣，265–284.

鎌田慧，2007，『いじめ自殺――12 人の親の証言』岩波書店.

勝井映子・加藤慶子・木下裕一・小西智子・三木憲明・横山巌・小野田正利，2018，「座談会　いじめ重大事態の第三者委員会の姿を問う」『季刊教育法』197: 6–23.

木村草太，2017，「いじめ対策と人権」『自治労通信』785: 22–25.

北澤毅, 2012, 「『教育と責任』の社会学序説――『因果関係と責任』問題の考察」『教育社会学研究』90: 5–23.

――――, 2015, 『「いじめ自殺」の社会学――「いじめ問題」を脱構築する』世界思想社.

――――, 2021, 「『事実』認定の方法と論理――第三者調査委員会報告書と判決文を読む」北澤毅・間山広朗編『囚われのいじめ問題――未完の大津市中学生自殺事件』岩波書店, 113–147.

越直美, 2014, 『教室のいじめとたたかう――大津いじめ事件・女性市長の改革』ワニブックス.

小宮友根, 2017, 「構築主義と概念分析の社会学」『社会学評論』68(1): 134–149.

小西洋之, 2014, 『いじめ防止対策推進法の解説と具体策――法律で何が変わり, 教育現場は何をしなければならないのか』WAVE 出版.

越川葉子, 2017, 「『いじめ問題』にみる生徒間トラブルと学校の対応――教師が語るローカル・リアリティに着目して」『教育社会学研究』101: 5–25.

――――, 2021, 「『いじめの加害者になる』という経験――元生徒と保護者の語り」北澤毅・間山広朗編『囚われのいじめ問題――未完の大津市中学生自殺事件』岩波書店, 179–207.

草柳千早, 1991, 「リアリティ経験と自己—他者関係――ゴフマン－レインの『経験の政治学』への視角」『関東学院大学文学部紀要』64: 103–120.

共同通信大阪社会部, 2013, 『大津中２いじめ自殺――学校はなぜ目を背けたのか』PHP 研究所.

Lee, R. E. J., 1984, "Innocent Victims and Evil-doers," *Women's Studies International Forum*, 7(1): 69–73.

Loftus, E. F., and Ketcham, K., 1991, *Witness for the Defense: The Accused, the Eyewitness, and the Expert Who Puts Memory on Trial*, New York: St. Martin's Press.（厳島行雄訳, 2000, 『目撃証言』岩波書店.）

Lynch, M., 2001, "Ethnomethodology and the Logic of Practice, The Practice Turn in Contemporary Theory," Schatzki T. R., Knorr Cetina K., and von Savigny, E., eds., *The Practice Turn in Contemporary Theory*, London: Routledge, 131–148.（椎野信雄訳, 2001, 「エスノメソドロジーと実践の論理」『社会学理論の〈可能性〉を読む』情況出版, 195–218.）

前田泰樹, 2016, 「新しい分類のもとでの連帯――遺伝学的シティズンシップと患者会の活動」酒井泰斗・浦野茂・前田泰樹・中村和生・小宮友根編『概念分析の社会学 2――実践の社会的論理』ナカニシヤ出版, 27–45.

前田泰樹・水川喜文・岡田光弘編, 2007, 『ワードマップ　エスノメソドロジー――人びとの実践から学ぶ』新曜社.

前田功・前田千恵子, 1998, 『学校の壁』教育史料出版会.

間山広朗, 2002, 「概念分析としての言説分析――『いじめ自殺』の〈根絶＝解消〉へ向けて」『教育社会学研究』70：145–163.

———, 2018,「大津いじめ自殺問題過熱報道の再構成——集合としてのテレビ報道の観点から」『いじめ問題の解読——混迷からの脱却を目指す実証研究　平成25–29年度科学研究費補助金基盤研究（B）研究成果報告書』, 1–12.

Mills, C. W.,［1940］1963, “Situated Actions and Vocabularies of Motive,” Horowitz I. L. ed., *Power, Politics and People: The Collected Essay of C. Wright Mills*, New York: Oxford University Press, 439–452.（田中義久訳, 1971,「状況化された行為と動機の語彙」青井和夫・本間康平監訳『権力・政治・民衆』みすず書房, 344–355.）

Miller, G., and Holstein, J. A., 1989, “On the Sociology of Social Problems,” Holstein, J. A. and Miller, G. eds., *Perspectives on Social Problems*, 1: 1–16.

元森絵里子, 2016,「自殺を予見する——現代のいじめ自殺訴訟と子ども・教育」貞包英之・元森絵里子・野上元『自殺の歴史社会学——「意志」のゆくえ』青弓社, 179–232.

森順二・森美加, 2008,『啓祐, 君を忘れない——いじめ自殺の根絶を求めて』大月書店.

内藤朝雄, 2009,『いじめの構造——なぜ人が怪物になるのか』講談社.

中河伸俊, 1986,「自殺の社会的意味」仲村祥一編『社会病理学を学ぶ人のために』世界思想社, 125–146.

———, 1999,『社会問題の社会学——構築主義アプローチの新展開』世界思想社.

日本学校安全会, 1980,「災害共済給付事業の展望」『学校安全』52：26–48.

西阪仰, 1992,「エスノメソドロジストは, どういうわけで会話分析を行うようになったか」好井裕明編『エスノメソドロジーの現実——せめぎあう〈生〉と〈常〉』世界思想社, 23–45.

野村武司, 2023,「『いじめ自殺』と不法行為責任」『現代法学』44：3–26.

小賀野晶一, 2001,「地方行政判例解説　龍野市小学六年生体罰自殺事件（神戸地裁姫路支部平成12. 1. 31判決)」『判例地方自治』208：88–93.

尾木直樹, 2013,『いじめ問題をどう克服するか』岩波新書.

岡田光弘, 2001,「構築主義とエスノメソドロジー研究のロジック」中河伸俊・北澤毅・土井隆義編『社会構築主義のスペクトラム——パースペクティブの現在と可能性』ナカニシヤ出版, 26–42.

岡崎文規, 1960,『自殺の社会統計的研究』日本評論新社.

岡沢亮, 2022,「エスノメソドロジーとテクストデータ」『社会学評論』72(4)：540–556.

奥村隆, 1998,『他者といる技法——コミュニケーションの社会学』日本評論社.

大貫隆志, 2013a,「はじめに——『指導死』とは」『「指導死」——追いつめられ, 死を選んだ七人の子どもたち。』高文研, 1–8.

———, 2013b,「子どもを失った親が向き合うもの——なぜ〈「指導死」親の会〉ができたのか」『「指導死」——追いつめられ, 死を選んだ七人の子どもたち。』高文研, 81–92.

大貫隆志編，2013，『「指導死」――追いつめられ，死を選んだ七人の子どもたち。』高文研.

大澤卓也，2013，「社会問題に対する社会的反作用のエスカレーションする過程分析」『立命館産業社会論集』49(3)：113-131.

Pollner, M., 1975, "'The Very Coinage of Your Brain': The Anatomy of Reality Disjunctures," *Philosophy of the Social Sciences*, 5: 411-430.（山田富秋・好井裕明・山崎敬一編訳，1987，「お前の心の迷いです――リアリティ分離のアナトミー」『エスノメソドロジー――社会学的思考の解体』せりか書房，41-86.）

Portelli, A., 1991, *The Death of Luigi Trastulli and Other Stories*, Albany: State University of New York Press.

Sacks, H., 1963, "Sociological Description," *Berkeley Journal of Sociology*, 8: 1-16.

————, 1972, "An Initial Investigation of the Usability of Conversational Data for Doing Sociology," Sudnow, D., ed., *Studies in Social Interaction*, New York: Free Press, 31-73.（北澤裕・西阪仰訳，1995，「会話データの利用法――会話分析事始め」北澤裕・西阪仰編『日常性の解剖学――知と会話〔新版〕』マルジュ社，93-174.）

————, 1992, *Lectures on conversation vol. 2*, Cambridge: Basil Blackwell.

貞包英之，2016，「『自殺を意志する』――20世紀初頭における厭世自殺」貞包英之・元森絵里子・野上元『自殺の歴史社会学――「意志」のゆくえ』青弓社，30-93.

酒井泰斗・浦野茂・前田泰樹・中村和生編，2009，『概念分析の社会学――社会的経験と人間の科学』ナカニシヤ出版.

酒井泰斗・浦野茂・前田泰樹・中村和生・小宮友根編，2016，『概念分析の社会学2――実践の社会的論理』ナカニシヤ出版.

佐々木亨，1977，「日本学校安全会法成立の背景」学校事故研究会編『学校事故の法制と責任』総合労働研究所，144-158.

渋谷敬三，1960，『日本学校安全会法の概説』第一法規出版.

潮海一雄，1992，「学校における『いじめ』と学校側の責任――とくに，いじめによる自殺を中心として」星野英一・森島昭夫編『現代社会と民法学の動向　上――不法行為』有斐閣，129-147.

Spector, M., and Kitsuse, J. I., 1977, *Constructing Social Problems*, Menlo Park, CA: Cummings Publishing Company.（村上直之・中河伸俊・鮎川潤・森俊太訳，1990，『社会問題の構築――ラベリング理論をこえて』マルジュ社.）

住友剛，2017，『新しい学校事故・事件学』子どもの風出版会.

平英美・中河伸俊，2006，「構築主義アプローチの到達点――エンピリカルな見地からの課題と展望」平英美・中河伸俊編『新版　構築主義の社会学――実在論争を超えて』世界思想社，285-328.

高木光太郎，2006，『証言の心理学――記憶を信じる，記憶を疑う』中公新書.

徳岡秀雄，1988a，「自己成就的予言としてのいじめ問題」『関西大学社会学部紀要』20(1)：159

-180.

————, 1988b,「モラル・パニック状況でのいじめ問題」『現代日本の公共政策』, 392–421.

Treviño, A. J., ed., 2018a, *The Cambridge handbook of social problem Vol. 1*, New York: Cambridge University Press.

————, 2018b, *The Cambridge handbook of social problem Vol. 2*, New York: Cambridge University Press.

對馬あきな, 2019,「災害共済給付制度の現状と課題——共済掛金における負担の在り方に着目して」『立法と調査』419: 122–138.

Winch, P., 1958, *The Idea of a Social Science and its Relation to Philosophy*, London: Routledge & Kegan Paul.（森川真規雄訳, 1977,『社会科学の理念——ウィトゲンシュタイン哲学と社会研究』新曜社.）

Wittgenstein, L., 2009, *Philosophische Untersuchungen*, 4th ed., Oxford: Basil Blackwell.（鬼界彰夫訳, 2020,『哲学研究』講談社.）

Woolgar, S., and Pawluch, D., 1985, "Ontological Gerrymandering: The Anatomy of Social Problems Explanations," *Social Problems*, 32(2): 214–227.（平英美訳, 2000,「オントロジカル・ゲリマンダリング——社会問題をめぐる説明の解剖学」平英美・中河伸俊編『構築主義の社会学——論争と議論のエスノグラフィー』世界思想社, 18–45.）

山口由樹, 2016,「日本スポーツ振興センターによる災害共済給付における『故意』による死亡の認定」『共済と保険』58(3): 28–35.

山本雄二, 1996,「言説的実践とアーティキュレイション——いじめ言説の編成を例に」『教育社会学研究』59: 69–88.

————, 2009,「ドキュメントを読む——いじめ自殺訴訟判決を例に」『教育社会学研究』84: 65–81.

横田昌紀, 2012,「児童生徒のいじめ自殺訴訟の現状——因果関係を中心に」『判例タイムズ』1358: 4–29.

人名索引

あ　行
アトキンソン，G. E. M.　25–26
市川須美子　83
伊藤茂樹　5–6, 8–10, 15–16, 19, 27, 34–36, 47, 58n30, 64–66, 211
イバラ，P. R.　16
ウィンチ，P.　10n7, 169
ウールガー，S.　14–15
ウィトゲンシュタイン，L.　10n7
ウェーバー，M.　25
岡田光弘　19n14
小賀野晶一　75n16
尾木直樹　131
奥村隆　218–219
小野田正利　129n22

か　行
鎌田慧　191–192
北澤毅　7–8, 16–17, 132–133, 151
キツセ，J. I.　11–14, 16–17
木村草太　207
草柳千早　158
クルター，J.　182
小西洋之　128–129

さ　行
サックス，H.　10n7, 25–26, 193, 195
スペクター，M.　11–14, 16–17
住友剛　150

た　行
平英美　17
ダグラス，J. D.　24–25
武田さち子　183, 184n11
徳岡秀雄　4–5

な・は　行
中河伸俊　15n10, 17, 23–24
野村武司　80, 85
ハッキング，I.　135, 169–170
広田照幸　5–6
藤原信行　26
ベスト，J.　13n8, 15
ヘンズリン，J.　204–205
ボーゲン，D.　16–17
ポーラッチ，S.　14–15
ポルテッリ，A.　197n10
ポルナー，M.　151–152, 158, 164

ま・ら　行
前田泰樹　184
間山広朗　134, 136n5, 168–169
元森絵里子　67, 78–80
リンチ，M.　16–17, 32
レイン，R. D.　151, 158

事項索引

あ 行

新たな概念　21, 128, 133–136, 143, 167–170, 184–188

いじめ自殺　ii, 4–7, 10n6, 16–18, 20–21, 27, 34, 63, 67, 68n2, 69, 75n16, 77, 79–87, 95, 98, 102, 110, 129, 131, 134, 167–170, 174, 187–188, 190–191, 196–201, 203–204, 206, 212–213, 220

いじめの重大事態の調査に関するガイドライン　109–110, 112

いじめ防止対策推進法　3, 20, 84, 101, 105, 107, 109–110, 111n3, 113, 116, 119, 123, 128, 150

遺書　4, 24–25, 43–44, 46, 49, 120, 126n16, 154n5, 191n6, 198–199, 214n1

遺族　2n3, 21, 26, 45, 67, 81, 83n31, 89, 93–97, 99–100, 120–125, 127, 128–130, 138, 150, 154–156, 158–166, 168, 171–177, 179–208, 213, 217–218

因果関係　7, 68–78, 80–84, 87, 95–97, 100, 108, 111–113, 116–117, 119–122, 123n14, 124–126, 128–129, 146, 159n8–n9, 178–181, 199, 212, 217n3

隠蔽　133, 141, 147, 156, 164, 166n15, 198, 203, 207

エスノメソドロジー　17, 18n13, 19n14, 32, 34n13, 170n2

追い込まれた末の死　i, 100n12, 101

か 行

概念分析の社会学　170n2, 184

学校災害　20, 89–92, 102

学校の管理下　90–91, 94–97, 99, 102, 105n14, 127, 130

学校問題　2, 4, 59–63, 87, 105n14, 211, 213–214, 220

カテゴリー　8, 21, 24–26, 33–35, 37–38, 40–42, 50, 60–64, 110, 190, 192–193, 195–197, 199–201, 205–206, 208, 213

間接的加害者　6–8

クレイム申し立て活動　13–14, 16–17, 40–41, 96

経験の政治学　151–153, 158–159, 164, 166

言語ゲーム　10n7, 17

故意　93–94, 98–101, 103, 105, 146

構築主義　11, 13n8, 14–18, 19n14

構築的分析　33

子どもの自殺が起きたときの緊急対応の手引き　149, 154, 163n14

子どもの自殺問題　iv, 1–2, 8, 11, 18–19, 23, 56, 183, 211, 213–214, 220

さ 行

災害共済給付　20, 89–93, 97n9, 98–99, 101–103, 105, 106n15, 107, 125, 126n17, 127, 130, 212

再構成　21, 133, 135–136, 143, 146

再調査　116–117, 119–124, 126–128

裁判外紛争解決手続き（ADR）　208

事実的因果関係　68, 81

事実認定　87, 108, 130, 133, 146, 150–151, 185, 208

指導死　20–21, 69, 76n18, 167–188, 213, 218n4

死亡見舞金　89–90, 91n3, 92–102, 105–107, 124–128, 130, 218

社会問題　5, 10–17, 19n14, 39–40, 63–64, 75, 110, 111n3, 131, 178, 211

社会問題化　9, 15–16, 19, 36, 64–65, 131, 133, 178–179

集合的な語り方　197

重大事態　20, 109–112, 119, 128–129, 150

証言　131, 136, 138, 141, 143–145, 191

相当因果関係　68–71, 73–74, 75n16, 76–78, 80–82, 84, 178–179, 181

第三者調査委員会（第三者委）　20–21, 95, 100, 103, 105–110, 111n3, 112–113, 116–117, 119, 121, 124–126, 128–131, 144–145, 147, 150–151, 153, 159–161, 163–166, 173, 176, 183n10,

185–187, 207–208, 212

た 行

体罰自殺　20, 69–70, 73n12, 76–77, 86–87, 102, 173, 176–181, 183, 186, 212
中和化　204–205
調査報告書　100, 113, 116, 119–123, 125–127, 129, 144–145, 147, 150, 159, 161, 166, 173–174
通常損害　68, 75, 77–86
動機　3, 18, 25–26, 49–50, 58n29, 60–63, 134n3, 207, 216
動機の語彙　4, 216
特別損害　68–69, 77–78, 83, 85
突然死　159–163

は 行

パーソナリティカテゴリー　182
人びとの実践　18, 19n14, 25, 32, 170n2, 182, 195, 211, 213, 220
非難　iii, 7, 151, 182, 190, 192–193, 196, 216, 218
不適切な対応　3, 128–129, 162
法的責任　7–8, 67–69, 76, 86–87, 89, 211

ま 行

マスメディア　4–5, 21, 53, 97, 131–132, 143, 146–147, 154, 156, 158, 160–161, 164–166, 179, 186, 207, 213
メディア報道　2, 64, 66, 92n5, 96, 130–134, 143, 146, 161, 178, 192, 211

や・ら 行

予見可能性　68–69, 71–81, 83–85, 87, 179
リアリティ経験　21, 151–153, 157–158, 161, 163–166
リアリティ分離　152, 156, 161, 163–164
理解可能性　34–35, 39n18, 41n19, 66, 133, 220
例外化　182

著者略歴
1991 年　埼玉県生まれ
2021 年　立教大学大学院文学研究科博士課程後期課程単位取得退学
2022 年　博士（教育学）
現　在　琉球大学教育学部　講師

主要業績
「〈子ども〉の自殺をめぐる補償・救済の論理 ── 災害共済給付制度における運用上の変化に着目して」（『教育社会学研究』108，2021 年）
「『指導死』概念は何をもたらしたのか ── 遺族の語りから見る社会的経験の変容」（『ソシオロゴス』45，2021 年）
「『いじめ自殺』事件をめぐる〈遺族〉の経験」（『囚われのいじめ問題 ── 未完の大津市中学生自殺事件』岩波書店，2021 年）
「児童生徒の自殺事件をめぐる学校の事後対応はいかに問題化されるのか ── M. ポルナーの『経験の政治学』の視角から」（『現代の社会病理』38，2023 年）

子どもの自殺問題の社会学
学校の「責任」はいかに問われてきたのか

2025 年 2 月 28 日　第 1 版第 1 刷発行

著 者　今（いま）井（い）　聖（さとし）
発行者　井 村 寿 人

発行所　株式会社　勁（けい）草（そう）書 房
112-0005 東京都文京区水道 2-1-1　振替　00150-2-175253
（編集）電話 03-3815-5277／FAX03-3814-6968
（営業）電話 03-3814-6861／FAX03-3814-6854
精興社・牧製本

ISBN978-4-326-25184-1　　Printed in Japan

https://www.keisoshobo.co.jp